总第42辑

中国审判指导丛书

涉外商事海事审判指导

最高人民法院民事审判第四庭 编

人民法院出版社

图书在版编目（CIP）数据

涉外商事海事审判指导. 总第42辑 / 最高人民法院民事审判第四庭编. -- 北京：人民法院出版社，2025.1. -- (中国审判指导丛书). -- ISBN 978-7-5109-4269-3

Ⅰ. D922.294.4

中国国家版本馆CIP数据核字第2024YN3491号

涉外商事海事审判指导（总第 42 辑）
最高人民法院民事审判第四庭　编

责任编辑	郭　粹
执行编辑	李益名
出版发行	人民法院出版社
地　　址	北京市东城区东交民巷 27 号（100745）
电　　话	（010）67550562（责任编辑）　67550558（发行部查询）
	65223677（读者服务部）
客服QQ	2092078039
网　　址	http://www.courtbook.com.cn
E－mail	courtpress@sohu.com
印　　刷	三河市国英印务有限公司
经　　销	新华书店

开　　本	787 毫米×1092 毫米　1/16
字　　数	257 千字
印　　张	17.25
版　　次	2025 年 1 月第 1 版　2025 年 1 月第 1 次印刷
书　　号	ISBN 978-7-5109-4269-3
定　　价	68.00 元

版权所有　侵权必究

《涉外商事海事审判指导》编辑委员会

主　　任　王淑梅

副 主 任　沈红雨　胡　方　王海峰　刘慧卓

委　　员　(以姓氏笔画为序)

　　　　　马东旭　龙　飞　李　伟　杨弘磊

　　　　　杨兴业　杨　蕾　陈宏宇　奚向阳

　　　　　郭载宇　黄西武

执行编辑　刘园园

卷 首 语

《涉外商事海事审判指导》（总第42辑）经过精心编辑和大家见面了。本辑栏目设置继续保持《涉外商事海事审判指导》的一贯特色，包括"领导讲话""司法文件""请示与答复""案例评析""调查与研究""信息与资料"六个传统栏目。

领导讲话 该栏目收录了2021年9月陶凯元副院长关于外国民商事判决承认与执行的国际司法合作的重要讲话。

司法文件 该栏目收录了2021年修正的《最高人民法院关于仲裁司法审查案件报核问题的有关规定》和《全国法院涉外商事海事审判工作座谈会会议纪要》。

请示与答复 作为本丛书的特色栏目，本辑继续收录了2021年下半年最高人民法院针对各高级人民法院有关国际商事仲裁裁决司法审查法律问题请示的复函，并附有各高级人民法院请示的内容，具有较强的指导意义。为便于检索，本栏目设置"申请确认仲裁协议效力案件""申请撤销仲裁裁决案件""申请不予执行仲裁裁决案件""申请认可和执行港澳台仲裁裁决案件""申请承认和执行外国仲裁裁决案件"五个子栏目。

案例评析 本辑收录了上海埃斯埃医疗技术有限公司诉莱茵技术（上海）有限公司服务合同纠纷案、株式会社新韩银行与宁波南衡进出口有限公司信用证纠纷案以及江苏大唐航运股份有限公司与江苏汉瑞物流供应链管理有限公司航次租船合同纠纷案三个案例，分别对格式仲裁条款的司法审查、新型交易模式下认定信用证欺诈的构成要件以及航次租船合同纠纷中疫情及其防控措施导致的滞期费的分担进行了法律分析，对于涉外商事海事审判具有很强的指导意义。

调查与研究 本辑收录了南京海事法院以司法、立法、执行三种管辖权分配为视角撰写的关于法院参与中国法域外适用法律体系建设的路径的调研报告。该调研报告立足于统筹推进国内法治和涉外法治,对中国深度参与全球治理进行了有益探索。

信息与资料 本辑收录了最高人民法院民四庭庭长沈红雨2021年11月20日在第六届东湖国际法律论坛上的发言。发言题目是《中国法院适用国际条约的实践——以跨境民商事争议为视角》。

目　录

【领导讲话】

外国民商事判决承认与执行的国际司法合作的中国实践与建议
——海上丝绸之路（泉州）司法合作国际论坛上的专题发言
（2021年9月15日）……………………… 陶凯元（1）

【司法文件】

最高人民法院
关于修改《最高人民法院关于仲裁司法审查案件报核问题的
有关规定》的决定
（2021年12月24日）………………………………（4）

最高人民法院
关于仲裁司法审查案件报核问题的有关规定
（2021年11月15日修正）……………………………（5）

最高人民法院民事审判第四庭
关于印发《全国法院涉外商事海事审判工作座谈会会议纪要》
的通知
（2021年12月31日）………………………………（7）

【请示与答复】

（一）申请确认仲裁协议效力案件

最高人民法院
  关于青岛地某劳务有限公司、青岛青某建筑劳务有限公司、
  孙某忠申请确认仲裁协议效力纠纷一案的复函
  （2021年9月28日）……………………………………（33）

  附：山东省高级人民法院关于申请人青岛地某劳务有限公司、
  青岛青某建筑劳务有限公司、孙某忠与被申请人山东泓
  某商贸有限公司申请确认仲裁协议效力纠纷一案的请示
  （2021年8月20日）………………………………（34）

最高人民法院
  关于赫某默（上海）智能科技有限公司申请确认仲裁协议
  效力一案的复函
  （2021年9月7日）…………………………………（40）

  附：重庆市高级人民法院关于赫某默（上海）智能科技有限
  公司申请确认仲裁协议效力一案的请示
  （2021年5月19日）………………………………（41）

最高人民法院
  关于武汉时某环保科技有限公司申请确认仲裁协议效力一
  案的复函
  （2021年11月11日）………………………………（48）

  附：湖北省高级人民法院关于申请人武汉时某环保科技有限
  公司与被申请人广某药业有限公司申请确认仲裁协议效
  力纠纷一案的请示
  （2021年9月8日）…………………………………（49）

（二）申请撤销仲裁裁决案件

最高人民法院
    关于申请人某市自然资源和规划局、某湾循环经济产业集聚区管理委员会与被申请人博某房地产有限公司申请撤销仲裁裁决一案的复函
        （2021年8月19日） ················（52）
  附：浙江省高级人民法院关于申请人某市自然资源和规划局、某湾循环经济产业集聚区管理委员会与被申请人博某房地产有限公司申请撤销仲裁裁决一案的报核报告
        （2021年1月6日） ··················（53）

最高人民法院
    关于某市自然资源和规划局申请撤销仲裁裁决一案的复函
        （2021年9月27日） ················（64）
  附：山东省高级人民法院关于某市自然资源和规划局申请撤销仲裁裁决一案的请示
        （2021年6月24日） ················（65）

最高人民法院
    关于杨某申请撤销仲裁裁决一案的复函
        （2021年9月15日） ················（74）
  附：广东省高级人民法院关于杨某申请撤销仲裁裁决一案的请示
        （2021年6月9日） ··················（75）

最高人民法院

关于寿光市德某汽车销售有限公司、田某明申请撤销仲裁裁决一案的复函

（2021年9月27日） ………………………………………… (79)

附：山东省高级人民法院关于申请人寿光市德某汽车销售有限公司、田某明与被申请人创某天地投资有限公司申请撤销仲裁裁决一案的请示

（2021年8月4日） ………………………………………… (80)

最高人民法院

关于边某永申请撤销仲裁裁决一案的复函

（2021年12月16日） ……………………………………… (86)

附：北京市高级人民法院关于申请人边某永申请撤销（2015）中国贸仲京裁字第1177号仲裁裁决一案的请示

（2021年7月6日） ………………………………………… (87)

最高人民法院

关于中国某集团有限公司、中国某集团辽宁有限公司申请撤销中国国际经济贸易仲裁委员会（2020）中国贸仲京裁字第1406号仲裁裁决一案的复函

（2021年12月17日） ……………………………………… (94)

附：北京市高级人民法院关于中国某集团有限公司、中国某集团辽宁有限公司申请撤销中国国际经济贸易仲裁委员会（2020）中国贸仲京裁字第1406号仲裁裁决一案的请示

（2021年10月18日） ……………………………………… (96)

最高人民法院

关于对达某奇家居股份有限公司申请撤销北京仲裁委员会（2018）京仲裁字第0242号仲裁裁决再请示案的复函

（2021年9月10日） ………………………………………… (106)

附：北京市高级人民法院关于达某奇家居股份有限公司申请
撤销北京仲裁委员会（2018）京仲裁字第 0242 号仲裁裁
决案件的再请示
　　（2020 年 11 月 26 日）………………………………（108）

（三）申请不予执行仲裁裁决案件

最高人民法院
关于岳某君、裴某申请不予执行仲裁裁决一案的复函
　　（2021 年 10 月 22 日）………………………………（129）

附：四川省高级人民法院关于不予执行北京仲裁委员会
（2018）京仲裁字第 0441 号仲裁裁决的报告
　　（2021 年 5 月 31 日）…………………………………（130）

最高人民法院
关于尹某申请不予执行仲裁裁决一案的复函
　　（2021 年 8 月 31 日）…………………………………（136）

附：广东省高级人民法院关于尹某申请不予执行仲裁裁决一
案的请示
　　（2021 年 4 月 26 日）…………………………………（137）

最高人民法院
关于不予执行北海国际仲裁院（2019）北海仲字第 1-1287
号仲裁裁决一案的复函
　　（2021 年 12 月 14 日）…………………………………（144）

附：云南省高级人民法院关于拟同意西双版纳傣族自治州中
级人民法院不予执行北海国际仲裁院（2019）北海仲字
第 1-1287 号仲裁裁决的报告
　　（2021 年 10 月 23 日）…………………………………（145）

最高人民法院

关于对吉林仲裁委员会（2015）吉仲裁字第 7 号等 75 份仲裁裁决不予执行请示的复函

（2021 年 12 月 2 日） ……………………………（149）

附：吉林省高级人民法院关于拟对吉林仲裁委员会（2015）吉仲裁字第 7 号等 75 份仲裁裁决不予执行的请示

（2021 年 8 月 10 日） …………………………（150）

最高人民法院

关于申请人陈某朗与被申请人邝某珍、杜某德申请不予执行仲裁裁决一案的复函

（2021 年 12 月 15 日） ………………………（156）

附：广东省高级人民法院关于陈某朗申请不予执行仲裁裁决案件的请示

（2021 年 9 月 15 日） …………………………（157）

（四）申请认可和执行港澳台仲裁裁决案件

最高人民法院

关于申请人来某资源国际私人有限公司与被申请人天津市滨海新区枫某商贸有限公司、新某国际能源有限公司、渤海某集团国际贸易有限公司、重庆繁某机电技术进出口有限公司申请执行香港特别行政区仲裁裁决一案的复函

（2021 年 12 月 20 日） ………………………（168）

附：天津市高级人民法院关于申请人来某资源国际私人有限公司与被申请人天津市滨海新区枫某商贸有限公司、新某国际能源有限公司、渤海某集团国际贸易有限公司、重庆繁某机电技术进出口有限公司申请执行香港特别行政区香港国际仲裁中心作出的 HKIAC/A16171（A17037；A17038；A17039）号第二部分最终仲裁裁决一案的报核请示

（2021年2月10日） ………………………………（171）

(五) 申请承认和执行外国仲裁裁决案件

最高人民法院

关于青岛传某国际贸易有限公司申请不予承认和执行俄罗斯联邦工商会国际商事仲裁院 M-150/2017 号仲裁裁决一案的复函

（2021年11月18日） ……………………………（198）

附：山东省高级人民法院关于申请人 M 公司与被申请人青岛传某国际贸易有限公司申请承认和执行俄罗斯联邦工商会国际商事仲裁院 M-150/2017 号仲裁裁决一案的请示

（2021年7月13日） ………………………………（200）

【案例评析】

上海埃斯埃医疗技术有限公司诉莱茵技术（上海）有限公司服务合同纠纷案

——格式仲裁条款的司法审查路径 ……… 何　云　及小同（208）

株式会社新韩银行与宁波南衡进出口有限公司信用证纠纷案
　　——新型交易模式下认定信用证欺诈的构成要件
　　……………………………………………… 裘剑锋　涂诗雨（218）

江苏大唐航运股份有限公司与江苏汉瑞物流供应链管理有限
公司航次租船合同纠纷案
　　——疫情及其防控措施导致的滞期费的分担 ……… 何永宏（229）

【调查与研究】

法院参与中国法域外适用法律体系建设的路径
　　——以司法、立法、执行三种管辖权分配为视角
　　……………………………………………… 刘　颖　刁　赟（239）

【信息与资料】

中国法院适用国际条约的实践
　　——以跨境民商事争议为视角 ……………………… 沈红雨（252）

【领导讲话】

外国民商事判决承认与执行的国际司法合作的中国实践与建议

——海上丝绸之路（泉州）司法合作国际论坛上的专题发言

中华人民共和国二级大法官、最高人民法院副院长　陶凯元

（2021年9月15日）

尊敬的各位首席大法官、最高法院院长，各位嘉宾，女士们、先生们、朋友们：

大家下午好！

非常高兴与各位同仁相聚在海上丝绸之路的起点——泉州。随着"一带一路"倡议的深入推进，"一带一路"沿线国的经贸往来和人员交流日益密切，各国对稳定、公平、透明、可预期的法治化营商环境的需求也与日俱增。法治化营商环境的构建离不开承认和执行外国民商事判决的国际合作。下面，我就这一议题从两个方面与各位进行分享交流。

一、中国在承认和执行外国判决方面开展国际司法合作的实践

根据中国《民事诉讼法》第二百八十一条和第二百八十二条的规定，外国法院生效判决、裁定，可以由当事人直接向我国有管辖权的中级人民法院申请承认和执行，或由外国法院依照国际条约的规定提出请求，人民法院依照我国缔结或参加的国际条约，或者按照互惠原则进行审查，对于不违反我国社会公共利益的，裁定承认和执行。

近年来，中国法院坚持共商共建共享，通过履行国际条约义务、倡

导"推定互惠"原则、商签备忘录、参与海牙判决公约制定等方式,有力促进了判决承认和执行的国际合作。

第一,恪守国际条约义务。目前,中国已经与39个国家签订了涉及民商事的双边司法协助协定,已经生效的有38项,其中34项规定了外国法院判决承认和执行的条件(涉新加坡、韩国、泰国与比利时的协定未规定承认和执行外国民商事判决事项)。中国法院恪守国际条约义务,依法办理申请承认和执行外国法院判决案件。2018年至2020年,全国法院共受理申请承认与执行外国法院民商事判决案件1301件,审结1226件,涉及英国、美国、意大利、澳大利亚、新加坡、韩国、马来西亚、缅甸等30余个国家。其中,承认和执行的1142件、不予承认和执行的5件,撤回申请、驳回申请等其他方式结案的79件。

第二,倡导"推定互惠"原则。由于目前中国对外签订的双边司法协助协定数量有限,合理确定互惠关系的判断标准对于促进国家间相互承认和执行判决具有重要意义。2015年6月,最高人民法院发布《关于人民法院为"一带一路"建设提供司法服务和保障的若干意见》,明确提出在沿线一些国家尚未与我国缔结司法协助协定的情况下,可以考虑由我国法院先行给予对方国家当事人司法协助。2017年6月,中国—东盟大法官论坛通过了《南宁声明》,采取"推定互惠"原则,只要没有证据证明东盟成员国曾以互惠为由拒绝承认中国判决的先例,即可推定两国之间存在互惠关系,有力推动了互惠原则在中国司法实践中的新发展。中国法院根据互惠原则先后承认和执行新加坡、美国等国法院的商事判决,中国法院的判决也先后得到德国、新加坡、美国、以色列等多个国家法院的承认和执行,营造了健康向好的判决跨境执行环境。

第三,商签双边判决备忘录。2018年8月31日,最高人民法院周强院长与新加坡最高法院首席大法官梅达顺共同签署了《关于承认和执行商事案件金钱判决的指导备忘录》。这是中国最高人民法院与外国最高法院签署的首个关于承认和执行判决的指导备忘录。虽然备忘录仅是一份不具有法律约束力的软法性质文件,但增加了各自判决在对方法院获得承认和执行的可预期性,对于推动中新两国司法合作具有里程碑的意义。

第四,参与海牙判决公约制定。2019年7月,海牙国际私法会议通过了《承认与执行外国民商事判决公约》,这是全球首个全面确立民商事判决国际流通统一规则的国际文书。最高人民法院多次选派资深法官深度参与公约的起草谈判，发挥了重要作用。

二、推动外国判决承认和执行国际司法合作的建议

为进一步推动外国判决承认与执行的国际司法合作，我提出三点建议：

一是秉持开放包容、合作共赢的司法理念。2021年是中国加入世界贸易组织20周年。在疫情给全球经济造成严重冲击的今天，重申坚持多边主义，增强国际合作，比以往任何时候都显得更加重要。建议与会各国法院秉持开放包容、合作共赢的司法理念，加大相互承认和执行判决的力度，同时充分运用国际礼让原则，减少平行诉讼，探索对各国当事人的判决利益给予平等保护的司法合作新机制，为提升贸易投资自由化便利化水平提供司法保障。

二是拓宽互惠原则的适用范围。建议继续拓宽建立互惠关系的途径，推动更多与会国家法院之间商签备忘录、以外交途径作出互惠承诺等，将推定互惠共识扩展至更多"一带一路"参与国。

三是加强各国司法机关之间的信息共享。加大信息共享力度，有利于实现各国法院对他国判决承认和执行制度实践的了解，推动海牙国际私法会议关于判决国际流通这一目标的实现。建议与会各国司法机关建立承认与执行民商事判决案例的在线交换机制，为民商事判决的跨境执行信息提供更加快捷、便利的支持。

各位同人，大海之阔，非一流之归也。面对日益增多的全球性挑战，各国司法机关应当加强判决承认和执行方面的国际合作，着力提升司法机关在化解跨境纠纷、构建法治化营商环境、促进经济繁荣方面的积极作用，共同推动全球治理体系变革与发展！

谢谢各位的聆听！

【司法文件】

最高人民法院

关于修改《最高人民法院关于仲裁司法审查案件报核问题的有关规定》的决定

法释〔2021〕21号

(2021年11月15日最高人民法院审判委员会第1850次会议通过
2021年12月24日最高人民法院公告公布
自2022年1月1日起施行)

根据审判实践需要,经最高人民法院审判委员会第1850次会议决定,对《最高人民法院关于仲裁司法审查案件报核问题的有关规定》作如下修改:

一、将第三条修改为:"本规定第二条第二款规定的非涉外涉港澳台仲裁司法审查案件,高级人民法院经审查,拟同意中级人民法院或者专门人民法院以违背社会公共利益为由不予执行或者撤销我国内地仲裁机构的仲裁裁决的,应当向最高人民法院报核,待最高人民法院审核后,方可依最高人民法院的审核意见作出裁定。"

二、增加一条作为第四条:"依据本规定第二条第二款由高级人民法院审核的案件,高级人民法院应当在作出审核意见之日起十五日内向最高人民法院报备。"

三、原第四条作为第五条。

四、原第五条作为第六条。

五、原第六条作为第七条。

六、原第七条作为第八条。

七、原第八条作为第九条。

本决定自 2022 年 1 月 1 日起施行。

根据本决定,《最高人民法院关于仲裁司法审查案件报核问题的有关规定》作相应修改后,重新公布。

最高人民法院
关于仲裁司法审查案件报核问题的有关规定

(2017 年 11 月 20 日最高人民法院审判委员会第 1727 次会议通过 根据 2021 年 11 月 15 日最高人民法院审判委员会第 1850 次会议通过的《最高人民法院关于修改〈最高人民法院关于仲裁司法审查案件报核问题的有关规定〉的决定》修正)

为正确审理仲裁司法审查案件,统一裁判尺度,依法保护当事人合法权益,保障仲裁发展,根据《中华人民共和国民事诉讼法》《中华人民共和国仲裁法》等法律规定,结合审判实践,制定本规定。

第一条 本规定所称仲裁司法审查案件,包括下列案件:

(一)申请确认仲裁协议效力案件;

(二)申请撤销我国内地仲裁机构的仲裁裁决案件;

(三)申请执行我国内地仲裁机构的仲裁裁决案件;

(四)申请认可和执行香港特别行政区、澳门特别行政区、台湾地区仲裁裁决案件;

(五)申请承认和执行外国仲裁裁决案件;

(六)其他仲裁司法审查案件。

第二条 各中级人民法院或者专门人民法院办理涉外涉港澳台仲裁司法审查案件,经审查拟认定仲裁协议无效,不予执行或者撤销我国内地仲裁机构的仲裁裁决,不予认可和执行香港特别行政区、澳门特别行政区、台湾地区仲裁裁决,不予承认和执行外国仲裁裁决,应当向本辖区所属高级人民法院报核;高级人民法院经审查拟同意的,应当向最高人民法院报核。待最高人民法院审核后,方可依最高人民法院的审核意见作出裁定。

各中级人民法院或者专门人民法院办理非涉外涉港澳台仲裁司法审查案件,经审查拟认定仲裁协议无效,不予执行或者撤销我国内地仲裁机构的仲裁裁决,应当向本辖区所属高级人民法院报核;待高级人民法院审核后,方可依高级人民法院的审核意见作出裁定。

第三条 本规定第二条第二款规定的非涉外涉港澳台仲裁司法审查案件,高级人民法院经审查,拟同意中级人民法院或者专门人民法院以违背社会公共利益为由不予执行或者撤销我国内地仲裁机构的仲裁裁决的,应当向最高人民法院报核,待最高人民法院审核后,方可依最高人民法院的审核意见作出裁定。

第四条 依据本规定第二条第二款由高级人民法院审核的案件,高级人民法院应当在作出审核意见之日起十五日内向最高人民法院报备。

第五条 下级人民法院报请上级人民法院审核的案件,应当将书面报告和案件卷宗材料一并上报。书面报告应当写明审查意见及具体理由。

第六条 上级人民法院收到下级人民法院的报核申请后,认为案件相关事实不清的,可以询问当事人或者退回下级人民法院补充查明事实后再报。

第七条 上级人民法院应当以复函的形式将审核意见答复下级人民法院。

第八条 在民事诉讼案件中,对于人民法院因涉及仲裁协议效力而作出的不予受理、驳回起诉、管辖权异议的裁定,当事人不服提起上诉,第二审人民法院经审查拟认定仲裁协议不成立、无效、失效、内容不明确无法执行的,须按照本规定第二条的规定逐级报核,待上级人民法院审核后,方可依上级人民法院的审核意见作出裁定。

第九条 本规定自2018年1月1日起施行,本院以前发布的司法解释与本规定不一致的,以本规定为准。

最高人民法院民事审判第四庭
关于印发《全国法院涉外商事海事审判工作座谈会会议纪要》的通知

2021 年 12 月 31 日　　　　法（民四）明传（2021）60 号

为回顾总结 2018 年以来全国法院涉外商事海事审判工作情况，全面部署新形势下涉外商事海事审判工作任务，我院于 2021 年 6 月 10 日在南京召开了全国法院涉外商事海事审判工作座谈会。根据座谈会精神，我庭对历年涉外商事海事审判形成的成熟经验进行了总结，在广泛征求各方意见、达成共识的基础上，起草了《全国法院涉外商事海事审判工作座谈会会议纪要》，针对涉外商事海事审判工作中存在的前沿疑难问题作出相应规定，以统一裁判尺度。为使涉外商事海事法官在案件审理过程中准确理解把握，请各高级人民法院涉外商事海事审判庭认真组织相关人员学习。对于适用中存在的问题，请及时层报最高人民法院民四庭。

附件：全国法院涉外商事海事审判工作座谈会会议纪要

目　　录

涉外商事部分
一、关于案件管辖
二、关于诉讼当事人
三、关于涉外送达
四、关于涉外诉讼证据
五、关于涉外民事关系的法律适用
六、关于域外法查明

七、关于涉公司纠纷案件的审理

八、关于涉金融纠纷案件的审理

九、关于申请承认和执行外国法院判决案件的审理

十、关于限制出境

海事部分

十一、关于运输合同纠纷案件的审理

十二、关于保险合同纠纷案件的审理

十三、关于船舶物权纠纷案件的审理

十四、关于海事侵权纠纷案件的审理

十五、关于其他海事案件的审理

仲裁司法审查部分

十六、关于申请确认仲裁协议效力案件的审查

十七、关于申请撤销或不予执行仲裁裁决案件的审查

十八、关于申请承认和执行外国仲裁裁决案件的审查

十九、关于仲裁司法审查程序的其他问题

二十、关于涉港澳台商事案件的参照适用

涉外商事部分

一、关于案件管辖

1.【排他性管辖协议的推定】涉外合同或者其他财产权益纠纷的当事人签订的管辖协议明确约定由一国法院管辖，但未约定该管辖协议为非排他性管辖协议的，应推定该管辖协议为排他性管辖协议。

2.【非对称管辖协议的效力认定】涉外合同或者其他财产权益纠纷的当事人签订的管辖协议明确约定一方当事人可以从一个以上国家的法院中选择某国法院提起诉讼，而另一方当事人仅能向一个特定国家的法院提起诉讼，当事人以显失公平为由主张该管辖协议无效的，人民法院不予支持；但管辖协议涉及消费者、劳动者权益或者违反民事诉讼法专属管辖规定的除外。

3.【跨境消费者网购合同管辖协议的效力】网络电商平台使用格式条款与消费者订立跨境网购合同，未采取合理方式提示消费者注意合同中包含的管辖条款，消费者根据民法典第四百九十六条的规定主张该管辖条款不成为合同内容的，人民法院应予支持。

网络电商平台虽已尽到合理提示消费者注意的义务，但该管辖条款约定在消费者住所地国以外的国家法院诉讼，不合理加重消费者寻求救济的成本，消费者根据民法典第四百九十七条的规定主张该管辖条款无效的，人民法院应予支持。

4.【主从合同约定不同管辖法院的处理】主合同和担保合同分别约定不同国家或者地区的法院管辖，且约定不违反民事诉讼法专属管辖规定的，应当依据管辖协议的约定分别确定管辖法院。当事人主张根据《最高人民法院关于适用〈中华人民共和国民法典〉有关担保制度的解释》第二十一条第二款的规定，根据主合同确定管辖法院的，人民法院不予支持。

二、关于诉讼当事人

5.【"有明确被告"的认定】原告对住所地在中华人民共和国领域外的被告提起诉讼，能够提供该被告存在的证明的，即符合民事诉讼法第一百二十二条第二项规定的"有明确的被告"。被告存在的证明可以是处于有效期内的被告商业登记证、身份证明、合同书等文件材料，不应强制要求原告就上述证明办理公证认证手续。

6.【境外公司的诉讼代表人资格认定】在中华人民共和国领域外登记设立的公司因出现公司僵局、解散、重整、破产等原因，已经由登记地国法院指定司法管理人、清算管理人、破产管理人的，该管理人可以代表该公司参加诉讼。

管理人应当提交登记地国法院作出的判决、裁定及其公证认证手续等相关文件证明其诉讼代表资格。人民法院应当对上述证据组织质证，另一方当事人仅以登记地国法院作出的判决、裁定未经我国法院承认为由，否认管理人诉讼代表资格的，人民法院不予支持。

7.【外籍当事人委托公民代理的手续审查】根据民事诉讼法司法解释第五百二十八条、第五百二十九条的规定，涉外民事诉讼中的外籍当事人委托本国人为诉讼代理人或者委托本国律师以非律师身份担任诉讼代理人、外国驻华使领馆官员受本国公民委托担任诉讼代理人的，不适用民事诉讼法第六十一条第二款第三项的规定，无须提交当事人所在社区、单位或者有关社会团体的推荐函。

8.【外国当事人一次性授权的手续审查】外国当事人一次性授权诉讼代理人代理多个案件或者一个案件的多个程序，该授权办理了公证认证或者司法协助协定规定的相关证明手续，诉讼代理人有权在授权委托书的授权范围和有效期内从事诉讼代理行为。对方当事人以该诉讼代理人的授权未就单个案件或者程序办理公证认证或者证明手续为由提出异议的，人民法院不予支持。

9.【境外寄交管辖权异议申请的审查】当事人从中华人民共和国领域外寄交或者托交管辖权异议申请的，应当提交其主体资格证明以及有效联系方式；未提交的，人民法院对其提出的管辖权异议不予审查。

三、关于涉外送达

10.【邮寄送达退件的处理】人民法院向在中华人民共和国领域内没有住所的受送达人邮寄送达司法文书，如邮件被退回，且注明原因为"该地址查无此人""该地址无人居住"等情形的，视为不能用邮寄方式送达。

11.【电子送达】人民法院向在中华人民共和国领域内没有住所的受送达人送达司法文书，如受送达人所在国法律未禁止电子送达方式的，人民法院可以依据民事诉讼法第二百七十四条的规定采用电子送达方式，但违反我国缔结或参加的国际条约规定的除外。

受送达人所在国系《海牙送达公约》成员国，并在公约项下声明反对邮寄方式送达的，应推定其不允许电子送达方式，人民法院不能采用电子送达方式。

12.【外国自然人的境内送达】人民法院对外国自然人采用下列方式送达，能够确认受送达人收悉的，为有效送达：

（一）向其在境内设立的外商独资企业转交送达；

（二）向其在境内担任法定代表人、公司董事、监事和高级管理人员的企业转交送达；

（三）向其同住成年家属转交送达；

（四）通过能够确认受送达人收悉的其他方式送达。

13.【送达地址的认定】在中华人民共和国领域内没有住所的当事人未填写送达地址确认书，但在诉讼过程中提交的书面材料明确载明地址的，可以认定该地址为送达地址。

14.【管辖权异议文书的送达】对涉外商事案件管辖权异议程序的管辖权异议申请书、答辩书等司法文书，人民法院可以仅在相对方当事人之间进行送达，但管辖权异议裁定书应当列明并送达所有当事人。

四、关于涉外诉讼证据

15.【外国法院判决、仲裁裁决等作为证据的认定】一方当事人将外国法院作出的发生法律效力的判决、裁定或者外国仲裁机构作出的仲裁裁决作为证据提交，人民法院应当组织双方当事人质证后进行审查认定，但该判决、裁定或仲裁裁决认定的事实，不属于民事诉讼法司法解释第九十三条第一款规定的当事人无须举证证明的事实。一方当事人仅以该判决、裁定或者仲裁裁决未经人民法院承认为由主张不能作为证据使用的，人民法院不予支持。

16.【域外公文书证】《最高人民法院关于民事诉讼证据的若干规定》第十六条规定的公文书证包括外国法院作出的判决、裁定，外国行政机关出具的文件，外国公共机构出具的商事登记、出生及死亡证明、婚姻状况证明等文件，但不包括外国鉴定机构等私人机构出具的文件。

公文书证在中华人民共和国领域外形成的，应当经所在国公证机关证明，或者履行相应的证明手续，但是可以通过互联网方式核查公文书证的真实性或者双方当事人对公文书证的真实性均无异议的除外。

17.【庭审中翻译费用的承担】诉讼过程中翻译人员出庭产生的翻译费用，根据《诉讼费用交纳办法》第十二条第一款的规定，由主张翻译或者负有翻译义务的一方当事人直接预付给翻译机构，人民法院不得代收代付。

人民法院应当在裁判文书中载明翻译费用，并根据《诉讼费用交纳办法》第二十九条的规定确定由败诉方负担。部分胜诉、部分败诉的，人民法院根据案件的具体情况决定当事人各自负担的数额。

五、关于涉外民事关系的法律适用

18.【国际条约未规定事项和保留事项的法律适用】中华人民共和国缔结或者参加的国际条约对涉外民商事案件中的具体争议没有规定，或者案件的具体争议涉及保留事项的，人民法院根据涉外民事关系法律适用法等法律的规定确定应当适用的法律。

19.【《联合国国际货物销售合同公约》的适用】营业地位于《联合国国际货物销售合同公约》不同缔约国的当事人缔结的国际货物销售合同应当自动适用该公约的规定，但当事人明确约定排除适用该公约的除外。人民法院应当在法庭辩论终结前向当事人询问关于适用该公约的具体意见。

20.【法律与国际条约的一致解释】人民法院审理涉外商事案件所适用的中华人民共和国法律、行政法规的规定存在两种以上合理解释的，人民法院应当选择与中华人民共和国缔结或者参加的国际条约相一致的解释，但中华人民共和国声明保留的条款除外。

六、关于域外法查明

21.【查明域外法的途径】人民法院审理案件应当适用域外法律时，可以通过下列途径查明：

（1）由当事人提供；
（2）由中外法律专家提供；
（3）由法律查明服务机构提供；
（4）由最高人民法院国际商事专家委员提供；
（5）由与我国订立司法协助协定的缔约相对方的中央机关提供；
（6）由我国驻该国使领馆提供；
（7）由该国驻我国使领馆提供；
（8）其他合理途径。

通过上述途径提供的域外法律资料以及专家意见，应当在法庭上出示，并充分听取各方当事人的意见。

22.【委托国际商事专家委员提供咨询意见】人民法院委托最高人民法院国际商事专家委员就审理案件涉及的国际条约、国际商事规则、域外法律的查明和适用等法律问题提供咨询意见的，应当通过高级人民法院向最高人民法院国际商事法庭协调指导办公室办理寄交书面委托函，写明需提供意见的法律所属国别、法律部门、法律争议等内容，并附相关材料。

23.【域外法专家出庭】当事人可以依据民事诉讼法第八十二条的规定申请域外法专家出庭。

人民法院可以就专家意见书所涉域外法的理解，对出庭的专家进行询问。经法庭准许，当事人可以对出庭的专家进行询问。专家不得参与域外法查明事项之外的法庭审理活动。专家不能现场到庭的，人民法院可以根据案件审理需要采用视频方式询问。

24.【域外法内容的确定】双方当事人提交的域外法内容相同或者当事人对相对方提交的域外法内容无异议的，人民法院可以作为域外法依据予以确定。当事人对相对方提交的域外法内容有异议的，人民法院应当结合质证认证情况进行审查认定。人民法院不得仅以当事人对域外法内容存在争议为由认定不能查明域外法。

25.【域外法查明不能的认定】当事人应当提供域外法的，人民法院可以根据案件具体情况指定查明域外法的期限并可依据当事人申请适当延长期限。当事人在延长期限内仍不能提供的，视为域外法查明不能。

26.【域外法查明费用】对于应当适用的域外法，根据涉外民事关系法律适用法第十条第一款的规定由当事人提供的，查明费用由当事人直接支付给查明方，人民法院不得代收代付。人民法院可以根据当事人的诉讼请求和具体案情，对当事人因查明域外法而发生的合理费用予以支持。

七、关于涉公司纠纷案件的审理

27.【境外公司内部决议效力的法律适用】在中华人民共和国领域外登记设立的公司作出的内部决议的效力，人民法院应当适用登记地国的法律并结合公司章程的相关规定予以审查认定。

28.【境外公司意思表示的认定】在中华人民共和国领域外登记设立的公司的董事代表公司在合同书、信件、数据电文等载体上签字订立合同的行为，可以视为该公司作出的意思表示，未加盖该公司的印章不影响代表行为的效力,但当事人另有约定或者登记地国法律另有规定的除外。

公司章程或者公司权力机构对董事代表权的限制,不得对抗善意相对人,但登记地国法律另有规定的除外。

29.【外商投资企业隐名投资协议纠纷】因外商投资企业隐名投资协议产生的纠纷,实际投资者请求确认其在外商投资企业中的股东身份或者请求变更股东身份,并提供证据证明其已实际投资且名义股东以外的其他股东认可实际投资者的股东身份的,对其诉讼请求按照以下方式处理:

(1)外商投资企业属于外商投资准入负面清单禁止投资领域的,人民法院不予支持;

(2)外商投资企业属于外商投资准入负面清单以外投资领域的,人民法院应当判决由名义股东履行将所持股权转移登记至实际投资者名下的义务,外商投资企业负有协助办理股权转移登记手续的义务;

(3)外商投资企业属于外商投资准入负面清单限制投资领域的,人民法院应当判决由名义股东履行将所持股权转移登记至实际投资者名下的义务,并协助外商投资企业办理报批手续。判决可以同时载明,不履行报批手续的,实际投资者可自行报批。

因相对人已从名义股东处善意取得外商投资企业股权,或者实际投资者依据前款第3项报批后未获外商投资企业主管机关批准,导致股权变更事实上无法实现的,实际投资者可就隐名投资协议另行提起合同损害赔偿之诉。

八、关于涉金融纠纷案件的审理

30.【独立保函止付申请的初步实体审查】人民法院审理独立保函欺诈纠纷案件时,对当事人提出的独立保函止付申请,应当根据《最高人民法院关于审理独立保函纠纷案件若干问题的规定》第十四条的规定进行审查,并根据第十二条的规定就是否存在欺诈的止付事由进行初步实体审查;应当根据第十六条的规定在裁定中列明初步查明的事实和是否准许止付申请的理由。

31.【信用证通知行过错及责任认定】通知行在信用证项下的义务为

审核确认信用证的表面真实性并予以准确通知。通知行履行通知义务存在过错并致受益人损失的，应当承担相应的侵权责任，但赔偿数额不应超过信用证项下未付款金额及利息。受益人主张通知行赔偿其在基础合同项下所受损失的，人民法院不予支持。

32.【外币逾期付款利息】外币逾期付款情形下，当事人就逾期付款主张利息损失时，当事人有约定的，按当事人约定处理；当事人未约定的，可以参照中国银行同期同类外币贷款利率计算。

九、关于申请承认和执行外国法院判决案件的审理

33.【审查标准及适用范围】人民法院在审理申请承认和执行外国法院判决、裁定案件时，应当根据民事诉讼法第二百八十九条以及民事诉讼法司法解释第五百四十四条第一款的规定，首先审查该国与我国是否缔结或者共同参加了国际条约。有国际条约的，依照国际条约办理；没有国际条约，或者虽然有国际条约但国际条约对相关事项未作规定的，具体审查标准可以适用本纪要。

破产案件、知识产权案件、不正当竞争案件以及垄断案件因具有较强的地域性、特殊性，相关判决的承认和执行不适用本纪要。

34.【申请人住所地法院管辖的情形】申请人申请承认外国法院判决、裁定，但被申请人在我国境内没有住所地，且其财产也不在我国境内的，可以由申请人住所地的中级人民法院管辖。

35.【申请材料】申请人申请承认和执行外国法院判决、裁定，应当提交申请书并附下列文件：

（1）判决书正本或者经证明无误的副本；
（2）证明判决已经发生法律效力的文件；
（3）缺席判决的，证明外国法院合法传唤缺席方的文件。

判决、裁定对前款第2项、第3项的情形已经予以说明的，无需提交其他证明文件。

申请人提交的判决及其他文件为外文的，应当附有加盖翻译机构印章的中文译本。

申请人提交的文件如果是在我国领域外形成的，应当办理公证认证手续，或者履行中华人民共和国与该所在国订立的有关国际条约规定的

证明手续。

36.【申请书】申请书应当载明下列事项：

（1）申请人、被申请人。申请人或者被申请人为自然人的，应当载明其姓名、性别、出生年月、国籍、住所及身份证件号码；为法人或者非法人组织的，应当载明其名称、住所地，以及法定代表人或者代表人的姓名和职务；

（2）作出判决的外国法院名称、裁判文书案号、诉讼程序开始日期和判决日期；

（3）具体的请求和理由；

（4）申请执行判决的，应当提供被申请人的财产状况和财产所在地，并说明该判决在我国领域外的执行情况；

（5）其他需要说明的情况。

37.【送达被申请人】当事人申请承认和执行外国法院判决、裁定，人民法院应当在裁判文书中将对方当事人列为被申请人。双方当事人都提出申请的，均列为申请人。

人民法院应当将申请书副本送达被申请人。被申请人应当在收到申请书副本之日起十五日内提交意见；被申请人在中华人民共和国领域内没有住所的，应当在收到申请书副本之日起三十日内提交意见。被申请人在上述期限内不提交意见的，不影响人民法院审查。

38.【管辖权异议的处理】人民法院受理申请承认和执行外国法院判决、裁定案件后，被申请人对管辖权有异议的，应当自收到申请书副本之日起十五日内提出；被申请人在中华人民共和国领域内没有住所的，应当自收到申请书副本之日起三十日内提出。

人民法院对被申请人提出的管辖权异议，应当审查并作出裁定。当事人对管辖权异议裁定不服的，可以提起上诉。

39.【保全措施】当事人向人民法院申请承认和执行外国法院判决、裁定，人民法院受理申请后，当事人申请财产保全的，人民法院可以参照民事诉讼法及相关司法解释的规定执行。申请人应当提供担保，不提供担保的，裁定驳回申请。

40.【立案审查】申请人的申请不符合立案条件的，人民法院应当裁定不予受理，同时说明不予受理的理由。已经受理的，裁定驳回申请。

当事人不服的，可以提起上诉。人民法院裁定不予受理或者驳回申请后，申请人再次申请且符合受理条件的，人民法院应予受理。

41.【外国法院判决的认定标准】人民法院应当根据外国法院判决、裁定的实质内容，审查认定该判决、裁定是否属于民事诉讼法第二百八十九条规定的"判决、裁定"。

外国法院对民商事案件实体争议作出的判决、裁定、决定、命令等法律文书，以及在刑事案件中就民事损害赔偿作出的法律文书，应认定属于民事诉讼法第二百八十九条规定的"判决、裁定"，但不包括外国法院作出的保全裁定以及其他程序性法律文书。

42.【判决生效的认定】人民法院应当根据判决作出国的法律审查该判决、裁定是否已经发生法律效力。有待上诉或者处于上诉过程中的判决、裁定不属于民事诉讼法第二百八十九条规定的"发生法律效力的判决、裁定"。

43.【不能确认判决真实性和终局性的情形】人民法院在审理申请承认和执行外国法院判决、裁定案件时，经审查，不能够确认外国法院判决、裁定的真实性，或者该判决、裁定尚未发生法律效力的，应当裁定驳回申请。驳回申请后，申请人再次申请且符合受理条件的，人民法院应予受理。

44.【互惠关系的认定】人民法院在审理申请承认和执行外国法院判决、裁定案件时，有下列情形之一的，可以认定存在互惠关系：

（1）根据该法院所在国的法律，人民法院作出的民商事判决可以得到该国法院的承认和执行；

（2）我国与该法院所在国达成了互惠的谅解或者共识；

（3）该法院所在国通过外交途径对我国作出互惠承诺或者我国通过外交途径对该法院所在国作出互惠承诺，且没有证据证明该法院所在国曾以不存在互惠关系为由拒绝承认和执行人民法院作出的判决、裁定。

人民法院对于是否存在互惠关系应当逐案审查确定。

45.【惩罚性赔偿判决】外国法院判决的判项为损害赔偿金且明显超出实际损失的，人民法院可以对超出部分裁定不予承认和执行。

46.【不予承认和执行的事由】对外国法院作出的发生法律效力的判决、裁定，人民法院按照互惠原则进行审查后，认定有下列情形之一的，裁定不予承认和执行：

（一）根据中华人民共和国法律，判决作出国法院对案件无管辖权；

（二）被申请人未得到合法传唤或者虽经合法传唤但未获得合理的陈述、辩论机会，或者无诉讼能力的当事人未得到适当代理；

（三）判决通过欺诈方式取得；

（四）人民法院已对同一纠纷作出判决，或者已经承认和执行第三国就同一纠纷做出的判决或者仲裁裁决。

外国法院作出的发生法律效力的判决、裁定违反中华人民共和国法律的基本原则或者国家主权、安全、社会公共利益的，不予承认和执行。

47.【违反仲裁协议作出的外国判决的承认】外国法院作出缺席判决后，当事人向人民法院申请承认和执行该判决，人民法院经审查发现纠纷当事人存在有效仲裁协议，且缺席当事人未明示放弃仲裁协议的，应当裁定不予承认和执行该外国法院判决。

48.【对申请人撤回申请的处理】人民法院受理申请承认和执行外国法院判决、裁定案件后，作出裁定前，申请人请求撤回申请的，可以裁定准许。

人民法院裁定准许撤回申请后，申请人再次申请且符合受理条件的，人民法院应予受理。

申请人无正当理由拒不参加询问程序的，按申请人自动撤回申请处理。

49.【承认和执行外国法院判决的报备及通报机制】各级人民法院审结当事人申请承认和执行外国法院判决案件的，应当在作出裁定后十五日内逐级报至最高人民法院备案。备案材料包括申请人提交的申请书、外国法院判决及其中文译本、人民法院作出的裁定。

人民法院根据互惠原则进行审查的案件，在作出裁定前，应当将拟处理意见报本辖区所属高级人民法院进行审查；高级人民法院同意拟处理意见的，应将其审查意见报最高人民法院审核。待最高人民法院答复后，方可作出裁定。

十、关于限制出境

50.【限制出境的适用条件】《第二次全国涉外商事海事审判工作会

议纪要》第 93 条规定的"逃避诉讼或者逃避履行法定义务的可能"是指申请人提起的民事诉讼有较高的胜诉可能性，而被申请人存在利用出境逃避诉讼、逃避履行法定义务的可能。申请人提出限制出境申请的，人民法院可以要求申请人提供担保，担保数额一般应当相当于诉讼请求的数额。

被申请人在中华人民共和国领域内有足额可供扣押的财产的，不得对其采取限制出境措施。被限制出境的被申请人或其法定代表人、负责人提供有效担保或者履行法定义务的，人民法院应当立即作出解除限制的决定并通知公安机关。

海事部分

十一、关于运输合同纠纷案件的审理

（一）海上货物运输合同

51.【托运人的识别】提单或者其他运输单证记载的托运人与向承运人或其代理人订舱的人不一致的，提单或者其他运输单证的记载对于承托双方仅具有初步的证明效力，人民法院应当结合运输合同的订立及履行情况准确认定托运人；有证据证明订舱人系接受他人委托并以他人名义或者为他人订舱的，人民法院应当根据海商法第四十二条第三项第 1 点的规定，认定该"他人"为托运人。

52.【实际承运人责任的法律适用】海商法是调整海上运输关系的特别法律规定，应当优先于一般法律规定适用。就海上货物运输合同所涉及的货物灭失或者损坏，提单持有人选择仅向实际承运人主张赔偿的，人民法院应当优先适用海商法有关实际承运人的规定；海商法没有规定的，适用其他法律规定。

53.【承运人提供集装箱的适货义务】根据海商法第四十七条有关适货义务的规定，承运人提供的集装箱应符合安全收受、载运和保管所装载货物的要求。

因集装箱存在缺陷造成箱内货物灭失或者损坏的，承运人应当承担相应赔偿责任。承运人的前述义务不因海上货物运输合同中的不同约定而免除。

54.【"货物的自然特性或者固有缺陷"的认定】海商法第五十一条第一款第九项规定的"货物的自然特性或者固有缺陷"是指货物具有的本质的、固有的特性或者缺陷，表现为同类货物在同等正常运输条件下，即使承运人已经尽到海商法第四十八条规定的管货义务，采取了合理的谨慎措施仍无法防止损坏的发生。

55.【货损发生期间的举证】根据海商法第四十六条的规定，承运人对其责任期间发生的货物灭失或者损坏负赔偿责任。请求人在货物交付时没有根据海商法第八十一条的规定提出异议，之后又向承运人主张货损赔偿，如果可能发生货损的原因和区间存在多个，请求人仅举证证明货损可能发生在承运人责任期间，而不能排除货损发生于非承运人责任期间的，人民法院不予支持。

56.【承运人对大宗散装货物短少的责任承担】根据航运实践和航运惯例，大宗散装货物运输过程中，因自然损耗、装卸过程中的散落残漏以及水尺计重等的计量允差等原因，往往会造成合理范围内的短少。如果卸货后货物出现短少，承运人主张免责并举证证明该短少属于合理损耗、计量允差以及相关行业标准或惯例的，人民法院原则上应当予以支持，除非有证据证明承运人对货物短少有不能免责的过失；如果卸货后货物短少超出相关行业标准或惯例，承运人又不能举证区分合理因素与不合理因素各自造成的损失，请求人要求承运人承担全部货物短少赔偿责任的，人民法院原则上应当予以支持。

57.【"不知条款"的适用规则】提单是承运人保证据以交付货物的单证，承运人应当在提单上如实记载货物状况，并按照记载向提单持有人交付货物。根据海商法第七十五条的规定，承运人或者代其签发提单的人，在签发已装船提单的情况下没有适当方法核对提单记载的，可以在提单上批注，说明无法核对。运输货物发生损坏，承运人依据提单记载的"不知条款"主张免除赔偿责任的，应当对其批注符合海商法第七十五条规定情形承担举证责任；有证据证明货物损坏原因是承运人违反海商法第四十七、第四十八条规定的义务，承运人援引"不知条款"主张免除其赔偿责任的，人民法院不予支持。

58.【承运人交付货物的依据】承运人没有签发正本提单，或者虽签发正本提单但已收回正本提单并约定采用电放交付货物的，承运人应当根据运输合同约定、托运人电放指示或者托运人以其他方式作出的指示交付货物。收货人仅凭提单样稿、提单副本等要求承运人交付货物的，人民法院不予支持。

59.【承运人凭指示提单交付时应合理谨慎审单】正本指示提单的持有人请求承运人向其交付货物，承运人应当合理谨慎地审查提单。承运人凭背书不连续的正本指示提单交付货物，请求人要求承运人承担因此造成损失的，人民法院应予支持，但承运人举证证明提单持有人通过背书之外其他合法方式取得提单权利的除外。

60.【承运人对货物留置权的行使】提单或者运输合同载明"运费预付"或者类似性质说明，承运人以运费尚未支付为由，根据海商法第八十七条对提单持有人的货物主张留置权的，人民法院不予支持，提单持有人与托运人相同的除外。

61.【目的港无人提货的费用承担】提单持有人在目的港没有向承运人主张提货或者行使其他权利的，因无人提取货物而产生的费用和风险由托运人承担。承运人依据运输合同关系向托运人主张运费、堆存费、集装箱超期使用费或者其他因无人提取货物而产生费用的，人民法院应予支持。

62.【无单放货纠纷的举证责任】托运人或者提单持有人向承运人主张无单放货损失赔偿的，应当提供初步证据证明其为合法的正本提单持有人、承运人未凭正本提单交付货物以及因此遭受的损失。承运人抗辩货物并未被交付的，应当举证证明货物仍然在其控制之下。

63.【承运人免除无单放货责任的举证】承运人援引《最高人民法院关于审理无正本提单交付货物案件适用法律若干问题的规定》第七条规定，主张不承担无单放货的民事责任的，应当提供该条规定的卸货港所在地法律，并举证证明其按照卸货港所在地法律规定，将承运到港的货物交付给当地海关或者港口当局后已经丧失对货物的控制权。

64.【无单放货诉讼时效的起算点】根据《最高人民法院关于审理无正本提单交付货物案件适用法律若干问题的规定》第十四条第一款的规定，正本提单持有人以无单放货为由向承运人提起的诉讼，时效期间为一年，从承运人应当向提单持有人交付之日起计算，即从该航次将货物运抵目的港并具备交付条件的合理日期起算。

65.【集装箱超期使用费标准的认定】承运人依据海上货物运输合同主张集装箱超期使用费，运输合同对集装箱超期使用费有约定标准的，人民法院可以按照该约定确定费用；没有约定标准，但承运人举证证明集装箱提供者网站公布的标准或者同类集装箱经营者网站公布的同期同地的市场标准的，人民法院可以予以采信。

根据民法典第五百八十四条规定的可合理预见规则和第五百九十一条规定的减损规则，承运人应当及时采取措施减少因集装箱超期使用对其造成的损失，故集装箱超期使用费赔偿额应在合理限度之内。人民法院原则上以同类新集装箱市价1倍为基准确定赔偿额，同时可以根据具体案情适当浮动或者调整。

66.【请求集装箱超期使用费的诉讼时效】承运人在履行海上货物运输合同过程中将集装箱作为运输工具提供给货方使用的，应当根据海上货物运输合同法律关系确定诉讼时效；承运人请求集装箱超期使用费的诉讼时效期间为一年，自集装箱免费使用期届满次日起开始计算。

67.【港口经营人不能主张承运人的免责或者责任限制抗辩】根据海商法第五十八条、第六十一条的规定，就海上货物运输合同所涉及的货物灭失、损坏或者迟延交付提起的诉讼，有权适用关于承运人的抗辩理由和限制赔偿责任规定的为承运人、实际承运人、承运人和实际承运人的受雇人或者代理人。在现有法律规定下，港口经营人并不属于上述范围，其在港口作业中造成货物损失，托运人或者收货人直接以侵权起诉港口经营人，港口经营人援用海商法第五十八条、第六十一条的规定主张免责或者限制赔偿责任的，人民法院不予支持。

（二）多式联运合同

68.【涉外多式联运合同经营人的"网状责任制"】具有涉外因素的多式联运合同，当事人可以协议选择多式联运合同适用的法律；当事人没有选择的，适用最密切联系原则确定适用法律。

当事人就多式联运合同协议选择适用或者根据最密切联系原则适用中华人民共和国法律，但货物灭失或者损坏发生在国外某一运输区段的，人民法院应当根据海商法第一百零五条的规定，适用该国调整该区段运输方式的有关法律规定，确定多式联运经营人的赔偿责任和责任限额，不能直接根据中华人民共和国有关调整该区段运输方式的法律予以确定；有关诉讼时效的认定，仍应当适用中华人民共和国相关法律规定。

（三）国内水路货物运输合同

69.【收货人的诉权】运输合同当事人约定收货人可直接向承运人请求交付货物，承运人未向收货人交付货物或者交付货物不符合合同约定，收货人请求承运人承担赔偿责任的，人民法院应予受理；承运人对托运人的抗辩，可以向收货人主张。

70.【合同无效的后果】没有取得国内水路运输经营资质的承运人签订的国内水路货物运输合同无效，承运人请求托运人或者收货人参照合同约定支付违约金的，人民法院不予支持。

没有取得国内水路运输经营资质的出租人签订的航次租船合同无效，出租人请求承租人或者收货人参照合同约定支付滞期费的，人民法院不予支持。

71.【内河船舶不得享受海事赔偿责任限制】海商法第十一章关于海事赔偿责任限制规定适用的船舶应当为海商法第三条规定的海船，不适用于内河船舶。海船的认定应当根据船舶检验证书记载的航行能力和准予航行航区予以确认，内河船舶的船舶性质及其准予航行航区不因船舶实际航行区域而改变。

十二、关于保险合同纠纷案件的审理

72.【不定值保险的认定及保险价值的举证责任】海上保险合同仅约定保险金额，未约定保险价值的，为不定值保险。保险事故发生后，应当根据海商法第二百一十九条第二款的规定确定保险价值。

海上保险合同没有约定保险价值，被保险人请求保险人按照损失金额或者保险金额承担保险赔偿责任，保险人以保险价值高于保险合同约定的保险金额为由，主张根据海商法第二百三十八条的规定承担比例赔偿责任的，应当就保险价值承担举证责任。保险人举证不能的，人民法院可以认定保险金额与保险价值一致。

73.【超额保险的认定及举证责任】海上保险合同明确约定了保险价值,保险事故发生后,保险人以保险合同中约定的保险金额明显高于保险标的的实际价值为由,主张根据海商法第二百一十九条第二款的规定确定保险价值,就超出该保险价值部分免除赔偿责任的,人民法院不予支持;但保险人提供证据证明,被保险人在签订保险合同时存在故意隐瞒或者虚报保险价值的除外。

海上保险合同没有约定保险价值,保险事故发生后,保险人主张根据海商法第二百一十九条第二款的规定确定保险价值,并以保险合同中约定的保险金额明显高于保险价值为由,主张对超过保险价值部分免除保险赔偿责任的,人民法院应予支持。但被保险人提供证据证明,保险人在签订保险合同时明知保险金额明显超过根据海商法第二百一十九条第二款确定的保险价值的除外。

74.【与共同海损分摊相关的海上保险赔偿请求权的诉讼时效】因分摊共同海损而遭受损失的被保险人依据保险合同向保险人请求赔偿的诉讼时效,应当适用海商法第二百六十四条的规定,诉讼时效的起算点为保险事故(共同海损事故)发生之日。

涉及海上保险合同的共同海损分摊,被保险人已经申请进行共同海损理算,但是在诉讼时效期间的最后六个月内,因理算报告尚未作出,被保险人无法向保险人主张权利,属于被保险人主观意志不能控制的客观情形,可以认定构成诉讼时效中止。中止时效的原因消除之日,即理算报告作出之日起,时效期间继续计算。

75.【沿海、内河保险合同保险人代位求偿权诉讼时效起算点】沿海、内河保险合同保险人代位求偿权的诉讼时效起算日应当根据法释(2001)18号《最高人民法院关于如何确定沿海、内河货物运输赔偿请求权时效期间问题的批复》规定的诉讼时效起算时间确定。

十三、关于船舶物权纠纷案件的审理

76.【就海上货物运输合同产生的财产损失主张船舶优先权的法律适用】承运人履行海上货物运输合同过程中,造成货物灭失或者损坏的,船载货物权利人对本船提起的财产赔偿请求不具有船舶优先权。碰撞船舶互有过失造成船载货物灭失或者损坏的,船载货物权利人可以根据海商法第二十二条第一款第五项的规定向对方船舶主张船舶优先权。

77.【就海上旅客运输合同产生的财产损失主张船舶优先权的法律适用】承运人履行海上旅客运输合同过程中,造成旅客行李灭失或者损坏的,旅客对本船提起的财产赔偿请求不具有船舶优先权。碰撞船舶互有过失造成旅客行李灭失或者损坏的,旅客可以根据海商法第二十二条第一款第五项的规定向对方船舶主张船舶优先权。

78.【挂靠船舶的扣押】挂靠船舶登记所有人的一般债权人,不属于民法典第二百二十五条规定的"善意第三人",其债权请求权不能对抗挂靠船舶实际所有人的物权。一般债权人申请扣押挂靠船舶后,挂靠船舶实际所有人主张解除扣押的,人民法院应予支持。

对挂靠船舶享有抵押权、留置权和船舶优先权等担保物权的债权人申请扣押挂靠船舶,挂靠船舶实际所有人主张解除扣押的,人民法院不予支持,有证据证明债权人非善意第三人的除外。

十四、关于海事侵权纠纷案件的审理

79.【同一事故中当事船舶适用同一赔偿限额】同一事故中的当事船舶的海事赔偿限额,有适用海商法第二百一十条第一款规定的,无论其是否申请设立海事赔偿责任限制基金或者主张海事赔偿责任限制,其他从事中华人民共和国港口之间货物运输或者沿海作业的当事船舶的海事赔偿责任限额也应适用该条规定。

80.【单一责任限制制度的适用规则】海商法第二百一十五条关于"先抵销,后限制"的规定适用于同类海事请求。若双方存在非人身伤亡和人身伤亡的两类赔偿请求,不同性质的赔偿请求应当分别抵销,分别限制。

81.【养殖损害赔偿的责任承担】因船舶碰撞或者触碰、环境污染造成海上及通海可航水域养殖设施、养殖物受到损害的,被侵权人可以请求侵权人赔偿其由此造成的养殖设施损失、养殖物损失、恢复生产期间减少的收入损失,以及为排除妨害、消除危险、确定损失支出的合理费用。养殖设施损失和收入损失的计算标准可以依照或者参照《最高人民法院关于审理船舶油污损害赔偿纠纷案件若干问题的规定》的相关规定。

被侵权人就养殖损害主张赔偿时,应当提交证据证明其在事故发生

时已经依法取得海域使用权证和养殖许可证；养殖未经相关行政主管部门许可的，人民法院对收入损失请求不予支持，但被侵权人举证证明其无需取得使用权及养殖许可的除外。

被侵权人擅自在港区、航道进行养殖，或者未依法采取安全措施，对养殖损害的发生有过错的，可以减轻或者免除侵权人的赔偿责任。

十五、关于其他海事案件的审理

82.【清污单位就清污费用提起民事诉讼的诉权】清污单位受海事行政机关指派完成清污作业后，清污单位就清污费用直接向污染责任人提起民事诉讼的，人民法院应予受理。

83.【用人单位为船员购买工伤保险的法定义务】与船员具有劳动合同关系的用人单位为船员购买商业保险的，并不因此免除其为船员购买工伤保险的法定义务。船员获得用人单位为其购买的商业保险赔付后，仍然可以依法请求工伤保险待遇。

84.【同一船舶所有人的船舶相互救助情况下的救助款项请求权】同一船舶所有人的船舶之间进行救助，救助方的救助款项不应被取消或者减少，除非其存在海商法第一百八十七条规定的情形。

85.【船员劳务纠纷的举证责任】船员因劳务受到损害，向船舶所有人主张赔偿责任，船舶所有人不能举证证明船员自身存在过错，人民法院对船员关于损害赔偿责任的诉讼请求应予支持；船舶所有人举证证明船员自身存在过错，并请求判令船员自担相应责任的，人民法院对船舶所有人的抗辩予以支持。

86.【基金设立程序中的管辖权异议】利害关系人对受理设立海事赔偿责任限制基金申请法院的管辖权有异议的，应当适用海事诉讼特别程序法第一百零六条有关期间的规定。

87.【光船承租人因经营光租船舶产生债务在光船承租人或者船舶所有人破产时的受偿问题】因光船承租人而非船舶所有人应负责任的海事请求，对光租船舶申请扣押、拍卖，如果光船承租人进入破产程序，虽然该海事请求属于破产债权，但光租船舶并非光船承租人的财产，不属于破产财产，债权人可以通过海事诉讼程序而非破产程序清偿债务。

因光船承租人应负责任的海事请求而对光租船舶申请扣押、拍卖，且该海事请求具有船舶优先权、抵押权、留置权时，如果船舶所有人进入破产程序，请求人在破产程序开始后可直接向破产管理人请求从船舶价款中行使优先受偿权，并在无担保的破产债权人按照破产财产方案受偿之前进行清偿。

88.【船舶所有人破产程序对船舶扣押与拍卖的影响】海事法院无论基于海事请求保全还是执行生效裁判文书等原因扣押、拍卖船舶，均应当在知悉针对船舶所有人的破产申请被受理后及时解除扣押、中止拍卖程序。

破产程序之前当事人已经申请扣押船舶，后又基于破产程序而解除扣押的，有关船舶优先权已经行使的法律效果不受影响。船舶所有人进入破产程序后，当事人不能申请扣押船舶，属于法定不能通过扣押行使船舶优先权的情形，该类期间可以不计入法定行使船舶优先权的一年期间内。船舶优先权人在船舶所有人进入破产程序后直接申报要求从产生优先权船舶的拍卖价款中优先受偿，且该申报没有超过法定行使船舶优先权一年期间的，该船舶优先权所担保的债权应当在一般破产债权之前优先清偿。

因扣押、拍卖船舶产生的评估、看管费用等支出，根据法发〔2017〕2号《最高人民法院关于执行案件移送破产审查若干问题的指导意见》第15条的规定，可以从债务人财产中随时清偿。

89.【海上交通事故责任认定书的不可诉性】根据《中华人民共和国海上交通安全法》第八十五条第二款"海事管理机构应当自收到海上交通事故调查报告之日起十五个工作日内作出事故责任认定书，作为处理海上交通事故的证据"的规定，海上交通事故责任认定行为不属于行政行为，海上交通事故责任认定书不宜纳入行政诉讼受案范围。海上交通事故责任认定书可以作为船舶碰撞纠纷等海事案件的证据，人民法院通过举证、质证程序对该责任认定书的证明力进行认定。

仲裁司法审查部分

十六、关于申请确认仲裁协议效力案件的审查

90.【申请确认仲裁协议效力之诉案件的范围】当事人之间就仲裁协

议是否成立、生效、失效以及是否约束特定当事人等产生争议，当事人申请人民法院予以确认，人民法院应当作为申请确认仲裁协议效力案件予以受理，并针对当事人的请求作出裁定。

91.【申请确认仲裁协议效力之诉与仲裁管辖权决定的冲突】根据《最高人民法院关于确认仲裁协议效力几个问题的批复》第三条的规定，仲裁机构先于人民法院受理当事人请求确认仲裁协议效力的申请并已经作出决定，当事人向人民法院提起申请确认仲裁协议效力之诉的，人民法院不予受理。

92.【放弃仲裁协议的认定】原告向人民法院起诉时未声明有仲裁协议，被告在首次开庭前未以存在仲裁协议为由提出异议的，视为其放弃仲裁协议。原告其后撤回起诉，不影响人民法院认定双方当事人已经通过诉讼行为放弃了仲裁协议。

被告未应诉答辩且缺席审理的，不应视为其放弃仲裁协议。人民法院在审理过程中发现存在有效仲裁协议的，应当裁定驳回原告起诉。

93.【仲裁协议效力的认定】根据仲裁法司法解释第三条的规定，人民法院在审查仲裁协议是否约定了明确的仲裁机构时，应当按照有利于仲裁协议有效的原则予以认定。

94.【"先裁后诉"争议解决条款的效力认定】当事人在仲裁协议中约定争议发生后"先仲裁、后诉讼"的，不属于仲裁法司法解释第七条规定的仲裁协议无效的情形。根据仲裁法第九条第一款关于仲裁裁决作出后当事人不得就同一纠纷向人民法院起诉的规定，"先仲裁、后诉讼"关于诉讼的约定无效，但不影响仲裁协议的效力。

95.【仅约定仲裁规则时仲裁协议效力的认定】当事人在仲裁协议中未约定明确的仲裁机构，但约定了适用某仲裁机构的仲裁规则，视为当事人约定该仲裁机构仲裁，但仲裁规则有相反规定的除外。

96.【约定的仲裁机构和仲裁规则不一致时的仲裁协议效力认定】当事人在仲裁协议中约定内地仲裁机构适用《联合国国际贸易法委员会仲裁规则》仲裁的，一方当事人以该约定系关于临时仲裁的约定为由主张仲裁协议无效的，人民法院不予支持。

97.【主合同与从合同争议解决方式的认定】当事人在主合同和从合同中分别约定诉讼和仲裁两种不同的争议解决方式，应当分别按照主从合同的约定确定争议解决方式。

当事人在主合同中约定争议解决方式为仲裁,从合同未约定争议解决方式的,主合同中的仲裁协议不能约束从合同的当事人,但主从合同当事人相同的除外。

十七、关于申请撤销或不予执行仲裁裁决案件的审查

98.【申请执行仲裁裁决案件的审查依据】人民法院对申请执行我国内地仲裁机构作出的非涉外仲裁裁决案件的审查,适用民事诉讼法第二百四十四条的规定。人民法院对申请执行我国内地仲裁机构作出的涉外仲裁裁决案件的审查,适用民事诉讼法第二百八十一条的规定。

人民法院根据前款规定,对被申请人主张的不予执行仲裁裁决事由进行审查。对被申请人未主张的事由或其主张事由超出民事诉讼法第二百四十四条第二款、第二百八十一条第一款规定的法定事由范围的,人民法院不予审查。

人民法院应当根据民事诉讼法第二百四十四条第三款、第二百八十一条第二款的规定,依职权审查执行裁决是否违反社会公共利益。

99.【申请撤销仲裁调解书】仲裁调解书与仲裁裁决书具有同等法律效力。当事人申请撤销仲裁调解书的,人民法院应予受理。人民法院应当根据仲裁法第五十八条的规定,对当事人提出的撤销仲裁调解书的申请进行审查。当事人申请撤销涉外仲裁调解书的,根据仲裁法第七十条的规定进行审查。

100.【境外仲裁机构在我国内地作出的裁决的执行】境外仲裁机构以我国内地为仲裁地作出的仲裁裁决,应当视为我国内地的涉外仲裁裁决。当事人向仲裁地中级人民法院申请撤销仲裁裁决的,人民法院应当根据仲裁法第七十条的规定进行审查;当事人申请执行的,根据民事诉讼法第二百八十一条的规定进行审查。

101.【违反法定程序的认定】违反仲裁法规定的仲裁程序、当事人选择的仲裁规则或者当事人对仲裁程序的特别约定,可能影响案件公正裁决,经人民法院审查属实的,应当认定为仲裁法第五十八条第一款第三项规定的情形。

102.【超裁的认定】仲裁裁决的事项超出当事人仲裁请求或者仲裁

协议约定的范围,经人民法院审查属实的,应当认定构成仲裁法第五十八条第一款第二项、民事诉讼法第二百四十四条第二款第二项规定的"裁决的事项不属于仲裁协议的范围"的情形。

仲裁裁决在查明事实和说理部分涉及仲裁请求或者仲裁协议约定的仲裁事项范围以外的内容,但裁决项未超出仲裁请求或者仲裁协议约定的仲裁事项范围,当事人以构成仲裁法第五十八条第一款第二项、民事诉讼法第二百四十四条第二款第二项规定的情形为由,请求撤销或者不予执行仲裁裁决的,人民法院不予支持。

103.【无权仲裁的认定】作出仲裁裁决的仲裁机构非仲裁协议约定的仲裁机构、裁决事项系法律规定或者当事人选择的仲裁规则规定的不可仲裁事项,经人民法院审查属实的,应当认定构成仲裁法第五十八条第一款第二项、民事诉讼法第二百四十四条第二款第二项规定的"仲裁机构无权仲裁"的情形。

104.【重新仲裁的适用】申请人申请撤销仲裁裁决,人民法院经审查认为存在应予撤销的情形,但可以通过重新仲裁予以弥补的,人民法院可以通知仲裁庭重新仲裁。

人民法院决定由仲裁庭重新仲裁的,通知仲裁庭在一定期限内重新仲裁并在通知中说明要求重新仲裁的具体理由,同时裁定中止撤销程序。仲裁庭在人民法院指定的期限内开始重新仲裁的,人民法院应当裁定终结撤销程序。

仲裁庭拒绝重新仲裁或者在人民法院指定期限内未开始重新仲裁的,人民法院应当裁定恢复撤销程序。

十八、关于申请承认和执行外国仲裁裁决案件的审查

105.【《纽约公约》第四条的理解】申请人向人民法院申请承认和执行外国仲裁裁决,应当根据《纽约公约》第四条的规定提交相应的材料,提交的材料不符合《纽约公约》第四条规定的,人民法院应当认定其申请不符合受理条件,裁定不予受理。已经受理的,裁定驳回申请。

106.【《纽约公约》第五条的理解】人民法院适用《纽约公约》审理申请承认和执行外国仲裁裁决案件时,应当根据《纽约公约》第五条的规定,对被申请人主张的不予承认和执行仲裁裁决事由进行审查。对

被申请人未主张的事由或者其主张事由超出《纽约公约》第五条第一款规定的法定事由范围的，人民法院不予审查。

人民法院应当根据《纽约公约》第五条第二款的规定，依职权审查仲裁裁决是否存在裁决事项依我国法律不可仲裁，以及承认和执行仲裁裁决是否违反我国公共政策。

107.【未履行协商前置程序不违反约定程序】人民法院适用《纽约公约》审理申请承认和执行外国仲裁裁决案件时，当事人在仲裁协议中约定"先协商解决，协商不成再提请仲裁"的，一方当事人未经协商即申请仲裁，另一方当事人以对方违反协商前置程序的行为构成《纽约公约》第五条第一款丁项规定的仲裁程序与各方之间的协议不符为由主张不予承认和执行仲裁裁决的，人民法院不予支持。

108.【违反公共政策的情形】人民法院根据《纽约公约》审理承认和执行外国仲裁裁决案件时，如人民法院生效裁定已经认定当事人之间的仲裁协议不成立、无效、失效或者不可执行，承认和执行该裁决将与人民法院生效裁定相冲突的，应当认定构成《纽约公约》第五条第二款乙项规定的违反我国公共政策的情形。

109.【承认和执行程序中的仲裁保全】当事人向人民法院申请承认和执行外国仲裁裁决，人民法院受理申请后，当事人申请财产保全的，人民法院可以参照民事诉讼法及相关司法解释的规定执行。申请人应当提供担保，不提供担保的，裁定驳回申请。

十九、仲裁司法审查程序的其他问题

110.【仲裁司法审查裁定的上诉和再审申请】人民法院根据《最高人民法院关于仲裁司法审查若干问题的规定》第七条、第八条、第十条的规定，因申请人的申请不符合受理条件作出的不予受理裁定、立案后发现不符合受理条件作出的驳回申请裁定、对管辖权异议作出的裁定，当事人不服的，可以提出上诉。对不予受理、驳回起诉的裁定，当事人可以依法申请再审。

除上述三类裁定外，人民法院在审理仲裁司法审查案件中作出的其他裁定，一经送达即发生法律效力。当事人申请复议、提出上诉或者申请再审的，人民法院不予受理，但法律、司法解释另有规定的除外。

二十、关于涉港澳台商事海事案件的参照适用

111.【涉港澳台案件参照适用本纪要】涉及香港特别行政区、澳门特别行政区和台湾地区的商事海事纠纷案件,相关司法解释未作规定的,参照本纪要关于涉外商事海事纠纷案件的规定处理。

凡例:

1. 法律文件名称中的"中华人民共和国"省略,如《中华人民共和国民法典》简称民法典;

2.《中华人民共和国仲裁法》,简称仲裁法;

3.《中华人民共和国海商法》,简称海商法;

4.《中华人民共和国涉外民事关系法律适用法》,简称涉外民事关系法律适用法;

5.《关于向国外送达民事或商事诉讼文书和非诉讼文书海牙公约》,简称《海牙送达公约》;

6.《承认及执行外国仲裁裁决公约》,简称《纽约公约》;

7.《中华人民共和国民事诉讼法》(2021修正),简称民事诉讼法;

8.《中华人民共和国海事诉讼特别程序法》,简称海事诉讼特别程序法;

9.《最高人民法院关于适用〈中华人民共和国民事诉讼法〉的解释》,简称民事诉讼法司法解释;

10.《最高人民法院关于适用〈中华人民共和国仲裁法〉若干问题的解释》,简称仲裁法司法解释。

【请示与答复】

(一) 申请确认仲裁协议效力案件

最高人民法院
关于青岛地某劳务有限公司、青岛青某
建筑劳务有限公司、孙某忠申请确认
仲裁协议效力纠纷一案的复函

2021年9月28日　　　　　　　　　(2021) 最高法民他318号

山东省高级人民法院：

　　你院（2021）鲁民他28号《关于申请人青岛地某劳务有限公司、青岛青某建筑劳务有限公司、孙某忠与被申请人山东泓某商贸有限公司申请确认仲裁协议效力纠纷一案的请示》收悉。经研究，答复如下：

　　根据你院请示，山东泓某商贸有限公司向临沂仲裁委员会提出仲裁，临沂仲裁委员会于2021年1月29日受理案件后，青岛青某建筑劳务有限公司（以下简称青某公司）、青岛地某劳务有限公司（以下简称地某公司）、孙某忠在仲裁庭首次开庭前提交管辖权异议申请书，以地某公司不是《山东泓某商贸有限公司模板销售合同》当事人，该合同中的仲裁条款不能约束地某公司为由，主张临沂仲裁委员会没有管辖权。临沂仲裁委员会于2021年5月18日作出（2021）临仲裁字第142号决定书，认为地某公司作为被申请人主体适格并驳回青某公司、地某公司、孙某忠的管辖权异议。其后，青某公司、地某公司、孙某忠向山东省临沂市中级人民法院申请确认仲裁协议效力。根据《中华人民共和国仲裁法》第二十条第一款、《最高人民法院关于适用〈中华人民共和国仲裁法〉若干问题的解释》第十三条第二款的规定，仲裁机构对仲裁协议的效力作出决定后，当事人向人民法院申请确认仲裁协议效力或者申请撤销仲裁机构的决定的，人民法院不予受理。鉴于临沂仲裁委员会就仲裁条款约束力问题已经作出决定，对于青某公司、地某公司、孙某忠提出的确认仲裁协议效力申请，人民法院应不予受理，故不同意你院意见。

此复

附：

山东省高级人民法院
关于申请人青岛地某劳务有限公司、青岛青某建筑
劳务有限公司、孙某忠与被申请人山东泓某商贸
有限公司申请确认仲裁协议效力纠纷一案的请示

2021年8月20日　　　　　　　　　　（2021）鲁民他28号

最高人民法院：

申请人青岛地某劳务有限公司、青岛青某建筑劳务有限公司、孙某忠与被申请人山东泓某商贸有限公司申请确认仲裁协议效力纠纷一案，山东省临沂市中级人民法院（以下简称临沂中院）受理后，经审查拟认定仲裁条款对申请人青岛地某劳务有限公司不发生效力，我院拟同意该意见。根据《最高人民法院关于仲裁司法审查案件报核问题的有关规定》第三条的规定，将该案基本情况及审查意见报请如下。

一、当事人的基本情况

申请人：青岛地某劳务有限公司（以下简称地某公司），住所地山东省青岛市城阳区上马街道北岭村。

法定代表人：孙某忠，执行董事兼总经理。

申请人：青岛青某建筑劳务有限公司（以下简称青某公司），住所地山东省青岛市城阳区夏庄街道。

法定代表人：孙某男，总经理。

申请人：孙某忠，男，1965年9月8日出生，汉族，住江苏省连云港市赣榆区黑林镇。

三申请人共同委托诉讼代理人：吴某晶，山东金彩律师事务所律师。

三申请人共同委托诉讼代理人：张某丽，山东金彩律师事务所律师。

被申请人：山东泓某商贸有限公司（以下简称泓某公司），住所地山东省临沂市兰山区柳青街道。

法定代表人：朱某军，执行董事兼总经理。

委托诉讼代理人：朱某丽，山东品众元律师事务所律师。

委托诉讼代理人：于某，山东品众元律师事务所律师。

二、申请人的请求及被申请人的答辩

三申请人申请事项如下：1. 请求确认泓某公司与青某公司签订的《山东省泓某商贸有限公司模板销售合同》（以下简称《模板销售合同》）中"本合同如遇未尽事宜或纠纷时，首先应友好协商，如遇协商不果，任何一方均可向临沂仲裁委员会提起仲裁"的仲裁管辖约定对地某公司无效；2. 请求确认临沂仲裁委员会对被申请人泓某公司与三申请人纠纷一案无管辖权，并驳回被申请人泓某公司的仲裁申请；3. 本案诉讼费用由被申请人承担。事实和理由：泓某公司与地某公司、青某公司、孙某忠买卖合同一案已经临沂仲裁委员会受理。泓某公司向临沂仲裁委员会提交的仲裁申请书中，将地某公司、青某公司、孙某忠列为被申请人。根据《中华人民共和国仲裁法》（以下简称《仲裁法》）第二十一条第一款的规定，当事人申请仲裁应当具有仲裁协议。然而，泓某公司提交的《模板销售合同》系其与青某公司签订，地某公司并非合同当事人。根据法律规定，合同约定的仲裁条款仅对合同双方当事人具有约束力，并不能约束地某公司，对地某公司不发生效力，临沂仲裁委员会对该案无管辖权。

泓某公司辩称：1. 地某公司对仲裁协议效力有异议，已向临沂仲裁委员会提出异议，且仲裁委已作出决定书，地某公司无权再向法院申请确认协议效力，故法院应予以驳回。2021年4月16日，青某公司、地某公司、孙某忠申请管辖权异议，2021年5月18日，临沂仲裁委员会作出

（2021）临仲裁字第 142 号决定书，驳回三申请人的异议申请。在《仲裁法》及相关规定中，并无管辖权异议申请的程序规定，地某公司所谓的申请管辖异议，临沂仲裁委员会作出决定书，本质上是对仲裁协议效力的认定。《仲裁法》第二十条第一款规定："当事人对仲裁协议的效力有异议的，可以请求仲裁委员会作出决定或者请求人民法院作出裁定……"由此可以看出，当对仲裁协议效力有异议时，同一方当事人或请求仲裁委员会作出决定，或请求人民法院作出裁定，应是不可逆的选择，只能择其一。本案中，地某公司既然已向临沂仲裁委员会申请了确认仲裁协议的效力，且临沂仲裁委员会作出（2021）临仲裁字第 142 号决定书，驳回了其异议的申请，地某公司无权再向法院申请确认仲裁协议的效力，法院应当驳回地某公司的请求。2. 临沂仲裁委员会在（2021）临仲裁字第 142 号决定书中，明确认定地某公司是适格主体的理由是，一人有限责任公司的股东需承担连带责任，而非根据合同当事人。根据《公司法》的相关规定，地某公司作为青某公司的唯一股东，不能证明自己的财产独立于青某公司的财产时，应当对债务承担连带责任。地某公司也是一人有限责任公司，其唯一的股东孙某忠作为保证人在上述合同上签字确认，足以说明地某公司对该《模板销售合同》的内容清楚明确。3. 合同约定的仲裁条款具备《仲裁法》第十六条的要件，且无《仲裁法》第十七条规定的无效情形，该仲裁条款合法有效。首先，对于当事人订立合同约定通过仲裁解决合同争议的，应当尊重当事人的自由选择，维护民商事审判理念中的当事人意思自治原则。本案中，对争议解决方式的约定，有请求仲裁的意思表示、明确的仲裁事项和选定的仲裁委员会，该仲裁条款从形式上和内容上具备《仲裁法》规定的要件，且不存在《仲裁法》第十七条规定的无效情形，因此该仲裁条款合法有效。其次，《仲裁法》第二十一条第一款规定的仲裁协议，当然包括有效的仲裁条款。对于仲裁协议的理解，不能仅局限于协议，也包括有效的仲裁条款。由此可以得出，该《模板销售合同》中的仲裁条款合法有效。综上所述，申请人地某公司的主张毫无事实和法律依据，请求依法驳回其申请请求。

三、临沂中院查明的事实及处理意见

临沂中院经审理查明：泓某公司与青某公司于 2020 年 8 月 23 日签订

案涉《模板销售合同》。合同约定，由泓某公司按照合同约定的规格、价格、等级提供建筑模板给青某公司，货款按照实际发生量结算。双方还对其他权利义务进行了约定。该合同第八条约定，该合同如遇未尽事宜或纠纷时，首先应友好协商，如遇协商不果，任何一方均可向临沂仲裁委员会提起仲裁。该合同第十一条约定了担保条款，担保人孙某忠在合同中签字确认，自愿对合同中青某公司的债务向泓某公司承担责任。

后双方因货款支付问题产生纠纷，泓某公司具状向临沂仲裁委员会申请仲裁。仲裁请求事项为：1. 请求依法裁决青某公司向泓某公司支付货款182800元及利息；2. 请求依法裁决青某公司向泓某公司支付违约金（违约金以182800元为基数，自2020年9月27日起至实际给付之日，按照每日千分之五计算）；3. 请求依法裁决地某公司对上述货款、利息、违约金及实现该笔债权各项费用承担连带偿还责任；4. 请求依法裁决孙某忠对上述货款、利息、违约金及实现该笔债权各项费用承担连带偿还责任；5. 本案的仲裁费用、律师费、交通费等费用由青某公司、地某公司、孙某忠承担。

临沂仲裁委员会于2021年1月29日受理该案，并向当事人送达了案件受理通知书、仲裁员名册等法律文书。后青某公司、地某公司、孙某忠共同于仲裁委庭审前提交管辖权异议申请书，以案涉《模板销售合同》不能约束地某公司，对地某公司不发生效力为由，主张临沂仲裁委员会无管辖权，并请求驳回泓某公司的申请或移送有管辖权的法院管辖。临沂仲裁委员会于2021年5月18日作出（2021）临仲裁字第142号决定书。认定："本案管辖权异议的焦点问题为一人有限公司的股东是否能够作为本案的被申请人，地某公司作为被申请人是否适格。《公司法》第六十三条规定，一人有限责任公司的股东不能证明公司财产独立于股东自己的财产的，应当对公司债务承担连带责任。本案中，泓某公司与青某公司签订《山东泓某商贸有限公司模板销售合同》，地某公司作为一人有限责任公司青某公司的股东，在不能证明公司财产独立于青某公司财产的情况下，应对青某公司债务承担连带责任。因此，地某公司作为本案被申请人主体适格。异议申请人对本案所主张的管辖权异议无事实与法律依据，仲裁庭对此不予支持。综上所述，根据《公司法》第六十三条，《仲裁法》第十六条、第二十一条之规定，决定：驳回异议申请人青某公司、地某公司、孙某忠对本案管辖权提出的异议。"临沂仲裁委员会于2021年5月21日出具组庭、开庭通知书并向双方进行送达。地某公司认为双方约定的仲裁条款无效，遂在仲裁庭首次开庭前向临沂中院申请确认仲裁协议无效。后在庭审中当庭变更申请人为地某公司、青某公司、孙某忠。

《仲裁法》第十六条规定："仲裁协议包括合同中订立的仲裁条款和其他以书面方式在纠纷发生前或者纠纷发生后达成的请求仲裁的协议。仲裁协议应当具有下列内容：（一）请求仲裁的意思表示；（二）仲裁事项；（三）选定的仲裁委员会。"本案中，《模板销售合同》系青某公司、泓某公司双方订立，孙某忠作为担保人在该合同中签字。但地某公司并非该合同的主体，该合同约定的权利义务条款及纠纷解决条款均不能约束地某公司。泓某公司与地某公司之间不存在合同关系，亦不存在书面或口头的仲裁协议。临沂仲裁委员会（2021）临仲裁字第142号决定书系对异议申请人的管辖权异议申请作出的决定，不应当属于《最高人民法院关于适用〈中华人民共和国仲裁法〉若干问题的解释》第十三条第二款规定的就仲裁协议的效力作出的决定。故对被申请人的答辩理由不予采信。

关于临沂仲裁委员会对泓某公司与青某公司、孙某忠的合同纠纷的管辖权问题，不属于临沂中院确认仲裁协议效力纠纷的审查范畴，临沂中院不予审查。

综上所述，依照《仲裁法》第十六条规定，拟裁定确认申请人青某公司与被申请人泓某公司于2020年8月23日签订的《模板销售合同》中的仲裁条款对申请人地某公司不发生效力；申请费400元，由被申请人泓某公司负担。

四、我院审查意见

我院经审查认为，《仲裁法》第四条规定："当事人采用仲裁方式解决纠纷，应当双方自愿，达成仲裁协议。没有仲裁协议，一方申请仲裁的，仲裁委员会不予受理。"涉案《模板销售合同》约定了仲裁条款，但地某公司并不是合同的当事人，合同上的仲裁条款对地某公司无约束力。泓某公司向仲裁机构申请仲裁，将地某公司列为被申请人，但未提交证据证明地某公司以何种形式与青某公司、孙某忠、泓某公司之间达成了仲裁的合意。因此，地某公司作为仲裁案件的被申请人不当。

综上所述，我院拟同意临沂中院意见。因本案双方当事人的住所地分别为山东省和江苏省，跨省级行政区域，根据《最高人民法院关于仲裁司法审查案件报核问题的有关规定》第三条之规定，我院现将审查意见及有关案件材料报送钧院，请审查予以答复。

最高人民法院
关于赫某默（上海）智能科技有限公司申请确认仲裁协议效力一案的复函

2021 年 9 月 7 日　　　　　　　　　（2021）最高法民他 214 号

重庆市高级人民法院：

你院（2020）渝民他 30 号《关于赫某默（上海）智能科技有限公司申请确认仲裁协议效力一案的请示》收悉。经研究，答复如下：

根据你院请示，赫某默（上海）智能科技有限公司与某区人民政府签订的《投资协议》，具有行政协议与民事合同双重属性。《最高人民法院关于审理行政协议案件若干问题的规定》第二十六条规定，"行政协议约定仲裁条款的，人民法院应当确认该条款无效"，但案涉协议非单纯的行政协议，故不应依照上述规定认定该协议中的仲裁条款无效。根据《中华人民共和国仲裁法》第二条、第十六条之规定，某区人民政府请求返还补贴款及支付违约金等财产权益纠纷属于民事争议，可以通过仲裁解决。综上，不同意你院拟确认案涉仲裁条款无效的处理意见。

此复

附：

重庆市高级人民法院
关于赫某默（上海）智能科技有限公司申请确认仲裁协议效力一案的请示

2021 年 5 月 19 日　　　　　　　　　　　（2020）渝民他 30 号

最高人民法院：

2020 年 11 月 6 日，我院收到重庆市第一中级人民法院（以下简称重庆一中院）关于赫某默（上海）智能科技有限公司申请确认仲裁协议效力一案的请示。重庆一中院审查后，认为赫某默（上海）智能科技有限公司申请确认仲裁协议无效的理由成立，拟认定涉案仲裁协议无效。我院在对本案进行复查后，认为重庆一中院确认涉案仲裁协议无效的处理意见正确，拟同意其确认涉案仲裁协议无效。根据《最高人民法院关于仲裁司法审查案件报核问题的有关规定》第二条、第三条的规定，现将本案请示贵院。

一、当事人基本情况

申请人：赫某默（上海）智能科技有限公司。
法定代表人：张某东，董事长。
委托诉讼代理人：孙某月，国浩律师（重庆）事务所律师。
被申请人：重庆市某区人民政府。
法定代表人：谭某，区长。
委托诉讼代理人：张某，重庆索通律师事务所律师。
委托诉讼代理人：陈某，重庆索通律师事务所律师。

二、案件基本情况

(一) 申请人的请求及被申请人的答辩情况

申请人赫某默（上海）智能科技有限公司（以下简称赫某默公司）向重庆一中院提出申请请求：确认涉案仲裁协议无效。事实及理由如下：申请人赫某默公司受被申请人重庆市某区人民政府（以下简称某区政府）招商引资政策的吸引，于2015年12月15日与被申请人签订了《投资协议》，该协议第15.2条约定，若双方协商后仍不能解决争议，任何一方均可提交重庆仲裁委员会。但根据《投资协议》约定的内容，该《投资协议》为行政机关为了实现行政管理或者公共服务目标，与公民、法人或者其他组织协商订立的具有行政法上权利义务内容的协议，属于《中华人民共和国行政诉讼法》（以下简称《行政诉讼法》）第十二条第一款第十一项规定的行政协议。根据《最高人民法院关于审理行政协议案件若干问题的规定》第二十六条关于"行政协议约定仲裁条款的，人民法院应当确认该条款无效"之规定，本案中约定的仲裁条款应属无效条款。

被申请人某区政府辩称：请求驳回申请人的申请请求。理由如下：1.案涉《投资协议》属民事合同，应当按照民事诉讼程序解决纠纷。首先，从内容看，《投资协议》约定的权利义务，是以财产权益为核心内容的等价有偿法律关系。在订立合同时，某区政府与赫某默公司之间并不存在行政管理关系，政府的补贴政策也并非行使法定的公共管理职能的行为，合同主要是用来明确当事人之间的民事权利义务关系。其次，从目的上看，某区政府签订合同的目的并不是实施行政管理，而是促进经济发展，实现经济价值，与行政管理职能并无必然联系，法院不宜将其认定为行政合同。最后，从救济途径看，《投资协议》对合同解除、违约责任承担方式等条款作出明确约定，这是平等民事主体之间私法自治、意思自由的体现，也表明此合同为民事合同。2.《投资协议》没有体现行政优益权，合同双方权利义务对等。行政机关是否享有行政优益权是判断民事合同和行政合同的重要标准，即在合同的签订、履行、解除、终止过程中，行政机关是否居于主导地位，行政职权是否在合同履行中起主导作用,行政主体是否享有合同的发起权、合同履行的监督权和指挥权、单方面变更合同权、单方面解除合同权等,以及在其权利义务的约定上,是否体现行政管理关系,是否具有不对等性。本案中,《投资协议》内容并没有体现出不平等的行政管理关系,合同约定的中心内容是某区政府向赫某默公司发放各种补贴,但是赫某默公司的产值和税收应达到相应要求。权利义务对等,应为民商事合同。3. 在赫某默公司违约的情况下,答辩人没有任何行政法律依据和行政强制权力要求其直接返还补贴并支付违约金。现行法律将行政合同划归行政诉讼范畴,《行政诉讼法》第四十九条明确规定,提起行政诉讼的原告必须是公民、法人或其他组织,即"民告官"。赫某默公司在申请书中提出的《最高人民法院关于审理行政协议案件若干问题的规定》中直接出现的"原告"和"被告"也分别指公民、法人组织和行政机关,而本案申请仲裁的主体是国家机关,如果法院认定案涉协议属行政协议,那么某区政府的权利将无从救济。同时,从某区政府提起仲裁申请的事实上也可以看出,某区政府作为行政机关在案涉合同履行中无任何行政法律依据和行政强制权力要求赫某默公司直接返还补贴并支付违约金,还需请求司法、仲裁部门的帮助,以维护自身权益。

(二)重庆一中院查明的事实

2015年12月15日,某区政府(甲方)与赫某默公司(乙方)签订了《投资协议》,项目名称为赫某默3D激光测量项目(以下简称项目)。该协议对项目的规模、内容、效益目标、开发计划、双方的权利义务、项目财政扶持、违约责任及免责事由等事项进行了约定。1. 项目内容。(1) 在某区投资建设3D激光测量研发中心;(2) 打造3D激光测量生产基地,应用于工业自动化、激光导航、自动化港口、区域防护和区域测量、智能交通、激光雷达、3D打印等领域;(3) 在某区投资建设3D激光测量销售中心,到2020年,实现销售收入3亿元人民币以上。2. 甲方的陈述与保证。(1) 项目公司设立服务:本协议生效之日起,甲方按照中国法律、法规和政策的要求,为乙方或乙方项目公司提供优质服务。在乙方或乙方项目公司提供符合有关部门要求的项目申请资料后,甲方协助乙方或乙方项目公司办理工商注册、税务登记等与项目公司设立相关的行政审批手续，相关费用由乙方或乙方项目公司自行缴纳。（2）经营权利保证：依据中国国家和地方有关法律、法规、政策的规定，甲方保证不对乙方项目的独立自主建设和经营施加任何非法干预。3. 本项目财政扶持。乙方项目确保在甲方开发区内纳税，且其总投资额、注册资本金、年产值总额、年纳税总额等应符合《投资协议》第1条、第2条约定，并达到下述相应条件时，经乙方申请，甲方审核合格后可给予乙方或乙方项目公司下列产业发展扶持资金进行项目扶持。具体包括：（1）厂房、办公用房支持。自签约起前三年，甲方在仙桃数据谷为乙方或乙方项目公司提供约1000平方米的研发、办公及产品展示用房，租金按建筑面积每月每平方米20元缴纳。甲方为乙方提供简单装修办公场地，如乙方项目公司需要精装修按每平方米600元装修费用补贴，用于生产车间办公场地及研发中心等装修，补贴总额不超过50万元。装修费用补贴在装修完成经甲方确认，一次性支付至乙方账户。（2）运营扶持。乙方或乙方项目公司应以《西部地区鼓励类产业目录》中规定的产业项目为主营业务，协助乙方或乙方项目公司在2020年12月31日前依法享受企业所得税15%的优惠税率。（3）设备补贴。项目投资协议签订后五年内，对乙方或乙方项目公司在某区经营期间新购置的研发生产设备按20%给予补贴，补贴总额累计不超过200万元。（4）研发项目基金支持。前三年，甲方对乙方或乙方项目公司在重庆新项目研发新产品制造、技术设备改良给予每年100万元人民币的补贴。申请补贴时乙方或乙方项目公司应向甲方提供新项目研发、新产品制造、技术设备改良的资料证明。（5）开办补贴。甲方给予乙方100万元开办支持补贴，用于协助及督促乙方或乙方项目公司尽快正式营业，开办支持补贴在乙方注册资本金到位后两周内，一次性付至乙方公司对公账户。（6）研发人员补贴。前三年，甲方对乙方或乙方项目公司研发人员工资按10%进行补助，补贴总额不超过150万元。（7）进度奖励。乙方或乙方项目公司在2016年3月31日前建成投产，甲方给予乙方100万元人民币的进度奖励。4. 争议解决及适用法律。因本协议引起的或与本协议有关的任何争议应首先通过双方友好协商解决。若双方协商后仍不能解决争议，任何一方均可提交重庆仲裁委员会，按照申请仲裁时该会现行有效的仲裁规则进行仲裁。仲裁裁决是终局的，对双方均有约束力。

另查明，重庆仲裁委员会已受理了某区政府与赫某默公司关于投资合同纠纷一案，案号为（2019）渝仲字第3826号。

三、重庆一中院的拟处理意见

1. 关于合同法律属性的整体认定和分别认定问题。认定合同的法律属性，其直接目的是解决法律适用问题，即适用何种诉讼程序对争议进行审理以及依据何种实体法对争议作出裁决。就适用何种诉讼程序而言，从现实情况看，当事人之间一旦发生合同争议并诉至法院，则法院要么以民事案件受理，要么以行政案件受理，进而由不同的审判庭进行审理。在同一合同项下，当事人之间可能存在多方面争议，从方便纠纷解决的角度，所有争议宜由同一审判庭审理，不宜再根据不同争议的具体内容区分为民事争议和行政争议，进而由不同的审判庭适用不同的诉讼程序分别审理并裁决，否则可能影响审理效率，亦可能出现裁决冲突。故对于兼具民事和行政性质的合同的法律属性认定，宜从整体上认定其为民事合同或行政合同进而对同一合同项下的纠纷由同一审判庭审理。至于应从整体上认定为民事合同还是行政合同，则应考虑目前我国有关民事诉讼程序和行政诉讼程序的协调问题。从行政诉讼的相关规定看，根据《最高人民法院关于审理行政协议案件若干问题的规定》第二十七条的规定，人民法院审理行政协议案件，《行政诉讼法》没有规定的，参照适用《中华人民共和国民事诉讼法》（2017年修正）的规定，且可以参照适用民事法律规范关于民事合同的相关规定。但在相关民事诉讼的实体法和程序法中，并没有类似规定。即在行政诉讼中，将行政争议以及与行政争议密切相关的民事争议一并裁决并不存在法律障碍，但反之则不能。因此，重庆一中院认为，对兼具民事和行政合同属性的合同，应直接认定其为行政合同进而由行政审判庭裁决。

2. 案涉《投资协议》应从整体上认定为行政合同。《最高人民法院关于审理行政协议案件若干问题的规定》第一条规定："行政机关为了实现行政管理或者公共服务目标，与公民、法人或者其他组织协商订立的具有行政法上权利义务内容的协议，属于行政诉讼法第十二条第一款第十一项规定的行政协议。"根据前述规定，行政协议应当包含主体要素（行政机关与公民、法人或者其他组织）、目的要素（为了实现行政管理或者公共服务目标)、意思要素(协商订立)、内容要素(具有行政法上权利义务内容)四个方面。关于行政法上权利义务如何判断,司法实务中通常认为应从三个方面进行判断,即是否行使行政职权,是否实现行政管理目标或者公共利益,在协议中或者法律上是否规定了行政机关的优益权。就本案而言:(1)案涉《投资协议》的一方为某区政府,另一方为赫某默公司,故其具有行政协议的主体要素。(2)案涉《投资协议》涉及某区3D激光测量研发中心、生产基地、销售中心的投资、建设、运营,是为实现某区政府的行政管理或公共服务目标而签署,故具有行政协议的目标要素。(3)案涉《投资协议》经各方当事人协商一致而订立,故具有行政协议的意思要素。(4)案涉《投资协议》的内容包括某区政府协助赫某默公司或赫某默公司项目公司办理工商注册、税务登记等与项目公司设立相关的行政审批手续,以及在赫某默公司项目确保在某区政府开发区内的总投资额、注册资本金、年产值总额、年纳税总额等达到相应条件时,某区政府可给予赫某默公司或赫某默公司项目公司产业发展扶持资金进行项目扶持,具体包括厂房、办公用房支持、运营扶持、设备补贴、研发项目基金支持、开办补贴、研发人员补贴、进度奖励等方面的税收优惠或行政补贴内容。前述内容体现了行政法上的权利义务,涉案协议具有行政协议的内容要素。综上所述,案涉协议应当认定为行政协议。

3. 至于被申请人主张《投资协议》中存在民事权利义务的内容,重庆一中院认为,如前所述,即便被申请人的主张成立,该内容亦不影响对《投资协议》整体上属于行政协议的认定。

4. 涉案《投资协议》中的仲裁条款无效。如前所述,涉案《投资协议》属于行政协议,根据《最高人民法院关于审理行政协议案件若干问题的规定》第二十六条的规定,其仲裁条款无效。

综上所述,重庆一中院认为涉案仲裁协议无效。

四、我院补充查明事实

某区政府于2019年12月3日向重庆仲裁委员会提出仲裁申请,请求:1. 裁决赫某默公司向某区政府返还扶持资金340万元(包括开办补贴100万元、装修补贴40万元、研发补贴100万元、进度补贴100万元）；2. 裁决赫某默公司向某区政府支付违约金 340 万元；3. 裁决本案全部仲裁费用、保全费、律师费 6 万元及实现债权其他费用由赫某默公司承担。

五、我院的审核意见

《最高人民法院关于审理行政协议案件若干问题的规定》第一条规定，行政机关为了实现行政管理或者公共服务目标，与公民、法人或者其他组织协商订立的具有行政法上权利义务内容的协议，属于《行政诉讼法》第十二条第一款第十一项规定的行政协议。本案中，订立《投资协议》的一方当事人为某区政府，另一方当事人为赫某默公司。该协议涉及某区 3D 激光测量研发中心、生产基地、销售中心的投资、建设、运营，是为了实现某区政府的行政管理或公共服务目标而签署。协议内容包括某区政府协助赫某默公司或赫某默公司项目公司办理工商注册、税务登记等与项目公司设立相关的行政审批手续，以及在赫某默公司项目确保在某区政府开发区内的总投资额、注册资本金、年产值总额、年纳税总额等达到相应条件时，某区政府可给予赫某默公司或赫某默公司项目公司产业发展扶持资金进行项目扶持等具有行政法上权利义务的内容。综上所述，案涉协议符合行政协议的要素特征，应认定为行政协议为宜。根据《最高人民法院关于审理行政协议案件若干问题的规定》第二十六条关于"行政协议约定仲裁条款的，人民法院应当确认该条款无效"的规定，并结合某区政府仲裁申请请求的内容主要包括返还扶持资金的情况，应确认涉案仲裁协议无效。综上所述，拟同意重庆一中院确认涉案仲裁协议无效的意见。

请批复。

最高人民法院
关于武汉时某环保科技有限公司申请确认仲裁协议效力一案的复函

2021 年 11 月 11 日　　　　　　　　（2021）最高法民他 344 号

湖北省高级人民法院：

你院（2021）鄂民他 237 号《关于申请人武汉时某环保科技有限公司与被申请人广某药业有限公司申请确认仲裁协议效力纠纷一案的请示》收悉。经研究，答复如下：

根据你院请示，武汉时某环保科技有限公司（以下简称时某环保公司）与广某药业有限公司（以下简称广某公司）于 2020 年 11 月 4 日签订的《废气处理设备采购安装合同书》第十七条第四项约定，与本协议有关的任何争议，由双方通过友好协商解决；协商不成时，向守约方所在地仲裁委员会进行仲裁。当事人一方属守约方还是违约方，只有经实体审理后才能认定，因此，无法依据上述约定确定明确的仲裁机构。时某环保公司与广某公司均认可上述约定未明确仲裁机构，仲裁协议无效。之后，双方亦未能就仲裁条款达成补充协议。根据《中华人民共和国仲裁法》第十八条的规定，同意你院关于案涉仲裁条款无效的处理意见。

此复

附：

湖北省高级人民法院
关于申请人武汉时某环保科技有限公司与
被申请人广某药业有限公司
申请确认仲裁协议效力纠纷一案的请示

2021 年 9 月 8 日　　　　　　　　　　　　（2021）鄂民他 237 号

最高人民法院：

　　湖北省武汉市中级人民法院（以下简称武汉中院）受理申请人武汉时某环保科技有限公司与被申请人广某药业有限公司申请确认仲裁协议效力纠纷一案，因双方当事人住所地跨省级行政区域，依照《最高人民法院关于仲裁司法审查案件报核问题的有关规定》第三条的规定，现将有关情况报请如下。

一、当事人的基本情况

　　申请人：武汉时某环保科技有限公司。

　　法定代表人：雷某刚，该公司总经理。

　　委托诉讼代理人：余某雄，湖北今天（东湖新技术开发区）律师事务所律师。

　　委托诉讼代理人：郭某思，湖北今天（东湖新技术开发区）律师事务所律师。

　　被申请人：广某药业有限公司。

　　法定代表人：郭某，该公司执行董事兼总经理。

　　委托诉讼代理人：郭某军，男，该公司基地建设总监。

二、武汉中院处理意见

　　武汉时某环保科技有限公司（以下简称时某环保公司）提出申请：

双方于2020年11月4日签订的《废气处理设备采购安装合同书》第十七条第四项约定："与本协议有关的任何争议，由双方通过友好协商解决；协商不成时，向守约方所在地仲裁委员会进行仲裁。"由于上述条款未对仲裁委员会进行明确，应认为仲裁协议无效。

广某药业有限公司（以下简称广某公司）认为，条款中未明确仲裁委员会，仲裁约定无效。

武汉中院审查查明，申请人时某环保公司与被申请人广某公司于2020年11月4日签订的《废气处理设备采购安装合同书》第十七条第四项约定："与本协议有关的任何争议，由双方通过友好协商解决；协商不成时，向守约方所在地仲裁委员会进行仲裁。"

被申请人广某公司在审查中认可该合同真实性，认可条款中未明确仲裁委员会，但不同意达成补充协议。

武汉中院认为：申请人时某环保公司与被申请人广某公司于2020年11月4日签订的《废气处理设备采购安装合同书》第十七条第四项约定："与本协议有关的任何争议，由双方通过友好协商解决；协商不成时，向守约方所在地仲裁委员会进行仲裁。"该约定是附条件的选择，即只有在一方违约的情况下，另一方作为守约方才能在其所在地的仲裁机构申请仲裁，而违约与否只有经实体审理后才能确认，故该情形应属仲裁协议约定的仲裁机构不明确。

《中华人民共和国仲裁法》（以下简称《仲裁法》）第十八条规定：仲裁协议对仲裁事项或者仲裁委员会没有约定或者约定不明确的，当事人可以补充协议；达不成补充协议的，仲裁协议无效。申请人时某环保公司与被申请人广某公司未能达成补充协议，根据上述法律规定及事实，应当认定申请人时某环保公司与被申请人广某公司于2020年11月4日签订的《废气处理设备采购安装合同书》中所涉仲裁协议无效。

综上所述，武汉中院经讨论认为，涉案《废气处理设备采购安装合同书》中约定的仲裁协议无效。

三、我院审查意见

经审查，双方当事人签订的《废气处理设备采购安装合同书》第十七条第四项约定向守约方所在地仲裁委员会进行仲裁,但当事人一方属守约方还是违约方,只有经实体审理后才能认定,故无法依据该约定确定明确的仲裁机构。且双方未能就仲裁条款达成补充协议。根据《仲裁法》第十八条规定,我院同意武汉中院处理意见,即本案《废气处理设备采购安装合同书》所涉仲裁协议无效。

以上意见妥否,请批复。

（二）申请撤销仲裁裁决案件

最高人民法院关于申请人某市自然资源和规划局、某湾循环经济产业集聚区管理委员会与被申请人博某房地产有限公司申请撤销仲裁裁决一案的复函

2021年8月19日　　　　　　　　（2021）最高法民他97号

浙江省高级人民法院：

你院（2020）浙民他54号《关于申请人某市自然资源和规划局、某湾循环经济产业集聚区管理委员会与被申请人博某房地产有限公司申请撤销仲裁裁决一案的报核报告》收悉。经研究，答复如下：

国有土地使用权出让合同，通常包括民事和行政性质的条款。本案中，博某房地产有限公司的仲裁请求是撤销案涉《国有建设用地使用权出让合同》附件《某市中央商务区东南角城市综合体项目建设经营合同》第九条中关于"办公建筑每层的分割单元不得超过5个"的约定，该项约定系对某市人民政府会议纪要的执行和落实，是行政机关依职权行使城市建设规划职能的体现，具有行政管理性质，故该争议属于行政争议。依照《中华人民共和国仲裁法》第三条第二项"依法应当由行政机关处理的行政争议"不能仲裁的规定，案涉纠纷不具有可仲裁性。某仲裁委员会对不具有可仲裁性的纠纷进行仲裁，其（2019）台仲裁字第12号裁决应予撤销。

综上所述，同意你院撤销某仲裁委员会（2019）台仲裁字第12号裁决的处理结论。

此复

附：

浙江省高级人民法院
关于申请人某市自然资源和规划局、某湾循环
经济产业集聚区管理委员会与被申请人博某房地产
有限公司申请撤销仲裁裁决一案的报核报告

2021 年 1 月 6 日　　　　　　　　　　　　　(2020) 浙民他 54 号

最高人民法院：

　　申请人某市自然资源和规划局、某湾循环经济产业集聚区管理委员会与被申请人博某房地产有限公司申请撤销仲裁裁决一案，我院经审查，拟同意某市中级人民法院（以下简称某中院）撤销某仲裁委员会于 2019 年 11 月 27 日作出的（2019）台仲裁字第 12 号裁决的意见。根据《最高人民法院关于仲裁司法审查案件报核问题的有关规定》，现将该案有关情况报告如下。

　　一、当事人简况

　　申请人：某市自然资源和规划局（以下简称某规划局）。
　　法定代表人：黄某军，该局局长。
　　委托代理人：童某玲，浙江法校律师事务所律师。
　　申请人：某湾循环经济产业集聚区管理委员会（以下简称管委会）。
　　法定代表人：黄某满，该管委会主任。
　　委托代理人：童某玲，浙江法校律师事务所律师。
　　委托代理人：孙某雄，浙江法校律师事务所律师。
　　被申请人：博某房地产有限公司（以下简称博某公司）。
　　法定代表人：徐某德，该公司总经理。
　　委托代理人：田某峰，上海申浩律师事务所律师。
　　委托代理人：唐某杰，上海申浩律师事务所律师。

二、仲裁的基本事实

2018年12月24日,博某公司以对《某市中央商务区东南角城市综合体项目建设经营合同》(以下简称《建设经营合同》)第九条中的"办公建筑每层的分割单元不得超过5个"的约定存在重大误解为由,向某仲裁委员会申请仲裁,请求撤销《建设经营合同》第九条中的"办公建筑每层的分割单元不得超过5个"的约定。某仲裁委员会受理后,某规划局、管委会于2019年1月21日以《国有建设用地使用权出让合同》(以下简称《土地出让合同》)和《建设经营合同》为行政协议,不属仲裁管辖范围,申请仲裁的事项超出仲裁协议的范围为由向某仲裁委员会提出管辖权异议,某仲裁委员会于2019年5月28日作出(2019)台仲决字第12-2号决定书,驳回某规划局、管委会提出的管辖权异议。2019年11月27日,某仲裁委员会作出(2019)台仲裁字第12号裁决,撤销博某公司与管委会签订的《建设经营合同》第九条中"办公建筑每层的分割单元不得超过5个"的约定,仲裁受理费合计2460670元,由博某公司负担。裁决的主要理由是:申请人对《建设经营合同》第九条"办公建筑每层的分割单元不得超过5个"存在重大误解。另外,施工建设所依据的设计图纸经某市发展和改革委员会、规划局及政府多个部门联席会议原则同意,某规划局向申请人颁发了《建设用地规划许可证》,现有设计不违背国家的强制性规定。相反,按《建设经营合同》每层不超过5个单元的约定重新设计并拆除现有的建筑重新建设,不但会造成巨大浪费,而且政府既定的建设计划无法实现。

三、当事人的诉讼请求及受理法院的意见

某规划局、管委会的申请事项:请求撤销某仲裁委员会(2019)台仲裁字第12号裁决。事实和理由如下:1. 案涉《土地出让合同》系行政协议,仲裁裁决认定为民事合同错误。2. 本案纠纷属因履行《土地出让合同》引起的行政争议,属于行政诉讼受案范围,仲裁委员会无权仲裁。3. 仲裁裁决的事项不属于仲裁协议的范围。案涉《土地出让合同》第四十条约定"因履行本合同发生争议,由双方协商解决,协商不成的,提交某仲裁委员会仲裁",根据上述约定,仲裁条款适用履行中的争议,不

适用合同条款的效力争议。4. 某仲裁委员会将《土地出让合同》与《建设经营合同》合并审理，程序违法。《土地出让合同》是申请人为履行土地管理职责与某规划局签订的行政协议，《建设经营合同》是管委会为履行自身职责签订的行政协议，两个行政协议属独立的合同。博某公司的仲裁请求为变更《土地出让合同》的内容及撤销《建设经营合同》的内容，是不同的请求，请求权基础不同，应当分别申请、立案、审理、裁决，在符合仲裁规则规定的条件下，可以将两个案件合并审理。本案确定为出让合同纠纷，不存在合并审理问题。5. 某仲裁委员会未依申请调查收集证据，程序违法。6. 某仲裁委员会撤销某市人民政府作出的会议纪要，超越仲裁权限。《建设经营合同》第九条"办公建筑每层的分割单元不得超过5个"的约定是根据政府会议纪要确定，是对会议纪要的执行，其内容为行政法上的权利义务，不得变更或撤销。7. 仲裁裁决违背社会公共利益、严重损害国家利益。《国务院办公厅关于规范国有土地使用权出让收支管理的通知》第三条规定："规范土地出让收入使用范围，重点向新农村建设倾斜。土地出让收入使用范围：（一）征地和拆迁补偿支出。……（二）土地开发支出。……（三）支农支出。……（四）城市建设支出。包括完善国有土地使用功能的配套设施建设支出以及城市基础设施建设支出。（五）其他支出。包括土地出让业务费、缴纳新增建设用地土地有偿使用费、计提国有土地收益基金、城镇廉租住房保障支出、支付破产或改制国有企业职工安置费支出等。"土地出让金是国家建设开发的重要资金来源，土地出让收入统一缴入地方国库。《中华人民共和国土地管理法》《中华人民共和国城市房地产管理法》（以下简称《城市房地产管理法》）等法律法规规章均规定，土地使用权出让金全部上缴财政，列入预算，用于征地补偿、土地开发、支农、城市建设等。本案土地出让是根据会议纪要确定出让条件，按照土地评估规则确定宗地出让地价。宗地出让条件发布后，潜在竞买人根据出让条件决定是否参与竞买。土地出让条件发生变化，必然影响土地出让地价和竞争价。案涉仲裁裁决撤销"办公建筑每层的分割单元不得超过5个"的约定，扰乱土地出让管理秩序，破坏公平，违背了社会公共利益，严重损害国家利益。综上所述，某规划局、管委会依据《中华人民共和国仲裁法》（以下简称《仲裁法》）第五十八条第一款第一项至第三项、第六项及第三款规定为由请求撤销仲裁裁决。

管委会还补充认为：1. 其与博某公司之间没有仲裁协议。案涉《建设经营合同》是管委会为履行自身职责与上海刚某置业有限公司（以下简称刚某公司）签订的行政协议。2. 仲裁裁决违背社会公共利益，严重损害国家利益。某市人民政府通过会议纪要形式对中央商务区浙商回归创业园土地出让条件作出政策性规定，管委会通过行政协议方式将会议纪要规定的土地出让政策予以确定，是为了实现产业发展、城市配套、公共文化计划等公共利益和行政管理目标。变更或撤销《建设经营合同》，违背社会公共利益，构成对行政权的不当干预。同时，管委会辖区范围内，其他建设项目同样对分割单元等作出了限制性规定，如变更或撤销《建设经营合同》内容，势必会影响其他建设项目的监管，扰乱行政管理秩序。将合同中约定的分割单元限制取消，突破了土地出让条件，实质上导致排除其他竞争者，土地受让人以低价受让土地后，高价卖房，获得了更多的收益，违背社会公共利益、严重损害国家利益，其裁决影响是非常负面的。

被申请人博某公司答辩称：仲裁裁决不存在《仲裁法》第五十八条规定的情形，不应予以撤销。1.《土地出让合同》《建设经营合同》均系平等民事主体间民事法律行为，属于民事协议，而非行政协议，本案系因民事协议的履行而产生的纠纷，属于仲裁受案范围，仲裁委员会有权仲裁。且依据《仲裁法》第二十条的规定，申请人在仲裁期间可就管辖问题选择请求仲裁委员会作出决定或者向人民法院请求作出裁定，若选择向仲裁委员会提出管辖异议，则失去向人民法院申请确认仲裁协议效力的权利，且人民法院不得撤销仲裁委员会就管辖异议作出的决定。仲裁委员会在申请人提出管辖权异议后作出了（2019）台仲决字第12-2号决定书，认定案涉合同为民商事合同，驳回了申请人的管辖权异议。申请人再次以仲裁条款无效作为申请撤销仲裁裁决的理由于法无据。2.《中华人民共和国物权法》（现已失效，以下简称《物权法》）第一百三十八条第一款规定："采取招标、拍卖、协议等出让方式设立建设用地使用权的，当事人应当采取书面形式订立建设用地使用权出让合同。"故土地使用权出让合同属于调整物权关系的民事协议范畴。《最高人民法院关于审理涉及国有土地使用权合同纠纷案件适用法律问题的解释》（法释〔2005〕5号，现已被修改）规定了国有土地出让合同的法律适用问题，将国有土地使用权出让合同定性为民事协议。3. 仲裁裁决的事项属于仲裁协议的范围。针对《建设经营合同》第九条，在合同履行过程中产生了重大误解并导致无法继续按照该条款约定履行，案涉纠纷实质是继续履行该条约定还是撤销该条约定，属于"因履行本合同发生的争议"。4. 仲裁委员会将《土地出让合同》《建设经营合同》引起的纠纷合并审理，不构成程序违法。《土地出让合同》《建设经营合同》条文中均明确约定《建设经营合同》系《土地出让合同》的附件，可证明两份合同是主从合同关系。博某公司通过《国有建设用地使用权出让合同变更协议》受让了《土地出让合同》中刚某公司的权利义务，同时也应包括附件《建设经营合同》中刚某公司所有的权利义务。因而，《土地出让合同》《建设经营合同》约定的仲裁条款对双方当事人均具有约束力。两份合同具有关联性，应当视为一个整体，并作为一个事实进行合并审理。5. 仲裁庭依法完成了事实调查及证据收集，不存在程序违法情形。6. 仲裁裁决并未撤销某市人民政府会议纪要的相关内容。裁决处理的是案涉合同在实际履行过程中出现的争议情形，不会导致会议纪要相关内容被撤销。7. 仲裁裁决不存在违背社会公共利益的情形。仲裁裁决不构成对行政权的不当干涉，不会影响其他建设项目的监管，不会扰乱和损害土地出让管理秩序。裁决仅撤销《建设经营合同》第九条关于"办公建筑每层的分割单元不得超过5个"的约定，该约定并非《土地出让合同》《建设经营合同》的实质性条款，撤销该约定不会构成对案涉合同实质性条款的变更，博某公司将继续履行和遵守其他条款内容。案涉合同签订时国家对于办公楼每层分割单元的数量并没有任何的强制性限制，现有的项目设计方案没有违背国家强制性规定，按照现有的设计进行施工，适当增加办公建筑每层分割单元数量，对促进民营企业的办公条件的改善具有很大帮助，也符合某经济发展模式，不会对国家、集体和第三方利益产生不利影响。在二期（公建）桩基工程现已完工、设计图纸难以调整的情况下，博某公司因办公建筑分割单元的数量超过了《建设经营合同》的约定，无法取得相关行政部门对于刚某国际中心二期项目的相关许可证，无法继续推进施工进度，工程现已停滞；如果不撤销办公楼每层分割单元不得超过5个的约定，博某公司现已完成的包括方案设计、审图、测试、静压试验等均需要重新进行，而桩基工程甚至需要全部拆毁重建，必然给博某公司造成巨大的损失和浪费。此外，土地资源长期不能合理、有效利用，政府既定的建设计划无法实现，必将严重影响某市中央商务区城市综合体项目的进度和某市经济和发展形象，造成严重的资源浪费和社会不安定因素，对国家和社会不利，更是违背了"民事主体从事民事活动，应当有利于节约资源、保护生态环境"的民事立法原则。鉴于此，基于案涉项目进展的现实情况，撤销争议条款，更有利于推动案涉项目工程的顺利进行，有利于维护国家、社会及某市的公共利益。

某中院认为：

1. 案涉《土地出让合同》于2013年9月27日由出让人某市国土资源局与受让人刚某公司签订，后签订《国有建设用地使用权出让合同变更协议》，协议第二条约定，某市国土资源局同意本地块受让人由刚某公司变更为博某公司，原出让合同和土地登记文件中载明的权利、义务由博某公司承担。案涉《土地出让合同》第四十五条约定，《建设经营合同》作为该合同附件，与该合同具有同等法律效力。《建设经营合同》第十一条约定，该协议作为《土地出让合同》的附件，与《土地出让合同》具有同等法律效力。虽然管委会与刚某公司没有签订变更协议，但因《建设经营合同》为《土地出让合同》的附件，其权利义务也应随之由博某公司承担。申请人管委会以与被申请人之间没有合同关系、没有仲裁协议为由主张仲裁违法的理由不能成立。

2. 《最高人民法院关于审理行政协议案件若干问题的规定》第一条规定："行政机关为了实现行政管理或者公共服务目标，与公民、法人或其他组织协商订立的具有行政法上权利义务内容的协议，属于行政诉讼法第十二条第一款第十一项规定的行政协议。"第二条规定："公民、法人或者其他组织就下列行政协议提起行政诉讼的，人民法院应当依法受理：……（三）矿业权等国有自然资源使用权出让协议。……"第二十六条规定："行政协议约定仲裁条款的，人民法院应当确认该条款无效，但法律、行政法规或我国缔结、参加的国际条约另有规定的除外。"第二十八条规定："2015年5月1日后订立的行政协议发生纠纷的，适用行政诉讼法及本规定。2015年5月1日前订立的行政协议发生纠纷的，适用当时的法律、行政法规及司法解释。"根据该司法解释第一条和第二条规定，案涉《土地出让合同》为行政协议，《建设经营合同》作为其附件，也属行政协议，《土地出让合同》和《建设经营合同》中约定的仲裁条款应该无效。但因案涉合同签订于2013年9月，根据上述司法解释第二十八条规定，适用当时的法律、行政法规及司法解释。当时的法律有2007年的《物权法》和2005年《最高人民法院关于审理涉及国有土地使用权合同纠纷案件适用法律问题的解释》，按《物权法》规定，土地使用权出让合同属于物权关系的民事合同，按民事合同认定。《最高人民法院关于审理涉及国有土地使用权合同纠纷案件适用法律问题的解释》规定国有土地使用权出让合同为民事协议。故根据上述法律和司法解释的规定，应当认定案涉两份合同为民事合同。

3. 《仲裁法》第二十条第一款规定："当事人对仲裁协议的效力有异议的，可以请求仲裁委员会作出决定或请求人民法院作出裁定。一方请求仲裁委员会作出决定，另一方请求人民法院作出裁定的，由人民法院裁定。"《最高人民法院关于适用〈中华人民共和国仲裁法〉若干问题的解释》第十三条第二款规定："仲裁机构对仲裁协议的效力作出决定后，当事人向人民法院申请确认仲裁协议效力或者申请撤销仲裁机构的决定的，人民法院不予受理。"依据上述规定，申请人在仲裁期间可就管辖问题选择向仲裁庭提出管辖异议或向人民法院申请确认仲裁协议效力，申请人在仲裁阶段选择向仲裁庭提出管辖异议后就不能再向人民法院申请确认仲裁效力。申请人现以合同性质、仲裁条款效力为由申请人民法院撤销裁决，与上述司法解释规定不符。

4. 案涉《土地出让合同》第四十五条约定《建设经营合同》作为《土地出让合同》的附件，具有同等法律效力。由此可见，两份合同之间存在主从合同关系，不可分割，两份合同约定的内容对双方当事人具有约束力，仲裁庭对《土地出让合同》和《建设经营合同》一并进行审理，不构成程序违法。

5. 申请人在仲裁时向仲裁庭申请调查核实相关证据，仲裁庭根据申请内容分别向某市住房和城乡建设局、某市发展和改革委员会和某市精筑建设工程施工图审查中心发函求证上述单位出具的相关证据是否真实，上述单位均予以了答复。至于仲裁庭是否采信这些证据以及调取什么证据属于仲裁庭对案件实体处理问题,并不构成申请撤销仲裁裁决的理由。

6. 从博某公司仲裁诉请看,双方当事人是在履行合同过程中对于每层分割单元数发生争议。申请人认为被申请人请求某仲裁委员会撤销《土地出让合同》的附件即《建设经营合同》第九条关于"办公建筑每层的分割单元不得超过5个"的约定属于效力争议,不属于履行合同争议,裁决事项超出仲裁协议范围不能成立。

7. 仲裁庭是否存在枉法裁决行为。申请人以仲裁员在仲裁该案时有枉法裁决行为为由申请撤销裁决,但在申请书中对如何枉法裁决又未予阐述,也没有提交相应证据佐证。根据《最高人民法院关于审理仲裁司法审查案件若干问题的规定》第十八条的规定,仲裁员在仲裁该案时有枉法裁决行为,是指已经由生效刑事法律文书或纪律处分决定所确认的行为。申请人未提交这方面的证据,故以此为由主张撤销12号裁决的理由不能成立。

8. 关于裁决是否违背社会公共利益问题,经该院审判委员会讨论,认为《城市房地产管理法》第十九条规定,土地使用权出让金,应当全部上缴财政,列入预算,用于城市基础设施和土地开发。土地使用权出让金上缴和使用的具体办法由国务院规定。《国务院办公厅关于规范国有土地使用权出让收支管理的通知》(国办发〔2006〕100号)明确土地出让收入使用范围为:城市建设支出,包括完善国有土地使用功能的配套设施建设支出以及城市基础设施建设支出。由此可见,土地出让金用于城市建设及城市基础设施建设。而城市建设及城市基础设施建设是社会全体成员共同享受的利益,用于满足社会共同体的公共需要,即社会公共利益,故土地出让金为社会公共利益需要所用。案涉土地位于某市中央商务区浙商回归创业园,某市人民政府为建设该创业园,投入了大量人力、物力,对出让案涉土地设置了相应条件,包括项目建设工期、建筑内部空间可分割等内容。根据设置的条件,按土地评估规则确定案涉宗地出让的地价,潜在竞买人根据土地出让设置的条件决定是否参与竞买。若撤销《建设经营合同》第九条的"办公建筑每层的分割单元不得超过5个"约定,等于变更了当时设置的土地出让条件,必然导致拍卖底价和竞争价也发生变化,这不仅影响有关政府部门在出让土地过程中的公信力,还会扰乱行政管理秩序,甚至影响城市规划,同时也会使一些潜在竞买人因当时设置的条件而放弃参与竞价，破坏了公平竞价规则，导致竞买案涉土地使用权的土地出让金没有达到最大化，政府也没有通过出让案涉土地使用权取得更多土地使用权出让金来实现社会公共利益的最大化。撤销该约定，还会损害国有土地出让市场交易秩序和城市建设规划管理秩序。申请人主张裁决违背社会公共利益的理由成立，拟撤销某仲裁委员会（2019）台仲裁字第12号裁决。

四、我院审查意见

根据申请人的申请理由，其撤裁依据为《仲裁法》第五十八条第一款第一项至第三项、第六项及第三款。

关于《仲裁法》第五十八条第一款第一项即"有无仲裁协议"的问题。经审查，《土地出让合同》第四十条约定，因履行本合同发生争议，由双方协商解决，协商不成的，提交某仲裁委员会仲裁。后《土地出让合同》的受让人变更为博某公司，原出让合同和土地登记文件中载明的权利、义务由博某公司承担。因《土地出让合同》第四十五条及《建设经营合同》第十一条均约定《建设经营合同》系《土地出让合同》的附件，与《土地出让合同》具有同等法律效力，故虽然管委会与刚某公司没有签订变更协议，但《建设经营合同》的权利义务也应随之由博某公司承担。根据《最高人民法院关于适用〈中华人民共和国仲裁法〉若干问题的解释》第九条"债权债务全部或者部分转让的，仲裁协议对受让人有效，但当事人另有约定、在受让债权债务时受让人明确反对或者不知有单独仲裁协议的除外"的规定，博某公司作为受让人，其又表示知悉仲裁协议，故仲裁协议对双方具有约束力。但某中院依据《最高人民法院关于适用〈中华人民共和国仲裁法〉若干问题的解释》第十三条的规定否定申请人对仲裁协议效力提出异议的权利有所不妥。

关于《仲裁法》第五十八条第一款第二项"裁决的事项不属于仲裁协议的范围或者仲裁委员会无权仲裁"，第三项"仲裁庭的组成或者仲裁的程序违反法定程序"，第六项"仲裁员在仲裁该案时有索贿受贿，徇私舞弊，枉法裁决行为"，我院意见与某中院的意见相同，不再赘述。但对于是否属于行政协议以及可仲裁性的问题，我院民庭与行政庭仍存在较大争议，请予以指导。

本案着重需要审查的是仲裁裁决是否违反社会公共利益的问题。通常认为公共利益是以社会公众为利益主体，涉及整个社会最根本的法律、道德的一般利益，违背公共利益的表现形式是违反我国法律基本原则、侵犯我国国家主权、危害社会公共安全、违反善良风俗等足以危及我国根本社会公共利益的情形。本案中，《建设经营合同》第九条约定："乙方在签订《国有建设用地使用权出让合同》十年后，商业产权可按层整体销售，但是酒店产权不允许分割销售；办公建筑每层的分割单元不得超过5个，允许按照今后设计的分割单元各自配置卫生间；在不影响建筑外观和建筑质量的前提下，建筑高度100米及以下的办公建筑允许安装燃气管道，但不得采用室外明管的形式。"但博某公司仲裁时主张将该条款理解为：如果安装燃气管道，每层分割单元不得超过5个；如果不安装燃气管道，每层分割单元可以超过5个。鉴于案涉项目的办公建筑不准备安装燃气管道，博某公司的建筑设计方案将办公建筑每层分割超过5个单元。该建筑方案于2013年12月通过了规划局的审核，博某公司依据该局发放的桩基工程《建筑工程施工许可证》，已将桩基工程施工完毕。但在办理其他施工手续时被告知违反上述规定，从而导致工程目前处于停工状态。因此引发本案的仲裁和诉讼程序。

对于是否违反社会公共利益问题，合议庭多数意见认为，仲裁裁决撤销《建设经营合同》第九条"办公建筑每层的分割单元不得超过5个"条款约定，等于变更了当时设置的土地出让条件，导致拍卖底价和竞争价发生变化，扰乱了国有土地出让市场交易秩序和城市建设规划管理秩序，而且通过仲裁变更建设经营合同的条款效力，对当地其他土地出让合同的履行有示范作用。综合上述因素考虑，倾向于以违反社会公共利益为由予以撤销。

少数意见认为，对于行政法规和部门规章中强制性规定的违反，并不当然构成对我国公共利益的违反。《建设经营合同》关于分割单元的条款没有违反法律和禁止性法规，仅涉及政府招商引资政策，对土地出让金的影响也不足以构成公共利益。此外，某中院对于之前的同类案件（同类地块、同类条款）也没有以公共利益为由撤销仲裁裁决，从裁判尺度的统一性出发，倾向于驳回申请人的撤裁申请。

综上所述，我院意见倾向于以违反社会公共利益为由撤销案涉仲裁裁决。因本案涉及以违背社会公共利益为由撤销我国内地仲裁机构的仲裁裁决,根据《最高人民法院关于仲裁司法审查案件报核问题的有关规定》第三条规定,特向钧院报核。

以上报核意见当否,请予批复。

最高人民法院
关于某市自然资源和规划局申请撤销仲裁裁决一案的复函

2021年9月27日　　　　　　　　　　（2021）最高法民他233号

山东省高级人民法院：

你院（2021）鲁民他9号《关于某市自然资源和规划局申请撤销仲裁裁决一案的请示》收悉。经研究，答复如下：

《国务院办公厅关于规范国有土地使用权出让收支管理的通知》经国务院同意、由国务院办公厅下发，是具有行政法规性质的规范性文件，其效力高于行政规章。该通知关于按日加收违约金额1‰违约金的规定，是强制性规定，不可调减。仲裁裁决违反该通知的规定调减违约金比例，破坏了国有土地交易秩序，违背了社会公共利益。同意撤销案涉仲裁裁决。

此复

附：

山东省高级人民法院
关于某市自然资源和规划局申请
撤销仲裁裁决一案的请示

2021 年 6 月 24 日　　　　　　　　　（2021）鲁民他 9 号

最高人民法院：

申请人某市自然资源和规划局与被申请人山东海某达石油机械有限公司申请撤销仲裁裁决一案，山东省某市中级人民法院（以下简称某中院）经审查，拟撤销某仲裁委员会（2020）聊仲裁字第 52 号裁决书。我院已审查完毕。根据《最高人民法院关于仲裁司法审查案件报核问题的有关规定》第三条的规定，将该案情况报请如下。

一、申请人和被申请人的基本情况

申请人：某市自然资源和规划局（以下简称自然资源局）。

法定代表人：冯某斌，该局局长。

被申请人：山东海某达石油机械有限公司（以下简称海某达公司）。

法定代表人：张某岭，该公司经理。

二、申请人请求事项及被申请人的抗辩理由

申请人自然资源局称：1. 某仲裁委员会以涉案合同违约金过高为由，以银行同期贷款利率的 1.3 倍作为违约金计算标准来代替双方合同约定，认定事实错误，适用法律不当，且严重侵害公共利益。首先，涉案合同为双方真实意思表示，且违约金条款依据《国务院办公厅关于规范国有土地使用权出让收支管理的通知》（国办发〔2006〕100 号文件）设定。

该文件是合法有效的规范性文件，违约金条款未违反法律、法规的强制性规定，合同合法有效。仲裁裁决无视当事人约定，以1.3倍银行同期贷款利率作为违约金计算标准来代替双方合同约定，既侵害了申请人的合法权益，也违背了民法的公平公正原则。其次，《中华人民共和国合同法》（以下简称《合同法》）第一百一十四条第三款规定"当事人就迟延履行约定违约金的，违约方支付违约金后，还应当履行债务"。该条规定明确了违约金不仅具有补偿性，更具有惩罚性；同时《国务院办公厅关于规范国有土地使用权出让收支管理的通知》明确土地使用者不按时足额缴纳土地出让金的，"按日加收违约金额千分之一的违约金"，"加收"二字足以说明涉案合同约定的违约金具有惩罚性。最后，某仲裁委员会认为"申请人主张涉案违约金不能调整，缺乏依据"。本案中，海某达公司主张违约金过高，但未能提供相应证据证予以证明。在海某达公司既没有提交证据证明其关于违约金过高的主张，又没有客观事实来佐证的情况下，仅凭主观臆断认定违约金过高无依据。同时，海某达公司因逾期支付土地出让金造成的损失，不仅包括资金利息损失，还包括其未支付土地对价而占有使用诉争土地获得收益给自然资源局造成的预期利益损失。银行同期贷款利率不必然等同于当事人的损失，更与违约金无任何必然的联系，某仲裁委员会仅以1.3倍银行同期贷款利率作为违约金支付标准无任何事实及法律依据，裁决结果显然不当。2. 最高人民法院（2014）民申字第1825号裁定书对土地使用权出让合同中"每日1‰的违约金约定"予以认可。最高人民法院在审理泸州天地井然房地产开发有限公司因与泸州市国土资源局国有建设用地使用权出让合同纠纷再审一案中，认定《国有建设用地使用权出让合同》约定逾期支付土地出让金，从逾期之日起按日千分之一支付违约金，该约定符合《国务院办公厅关于规范国有土地使用权出让收支管理的通知》中关于土地使用者不按时足额缴纳土地出让金时应承担的违约金计算方式之精神，对于双方当事人而言是公平的。该裁定以书面形式认可了《国务院办公厅关于规范国有土地使用权出让收支管理的通知》中违约金的计算方式。以上文件本身对全国相关问题具有指导作用,最高人民法院(2014)民申字第1825号裁定书进一步对违约金条款的公平性与有效性进行确认,该裁定在处理全国相关问题时应具有普遍指导意义。3.涉案裁决书如生效,势必会引发全国土地违约金征收混乱,造成国有资产流失,严重损害公共利益。涉案违约金为2014年国家审计署来聊督察时发现的问题,为避免国有资产流失,国家审计署已督促相关部门尽快解决。省、市两级政府对此事高度重视,并对此案进展予以高度关注。《国务院办公厅关于规范国有土地使用权出让收支管理的通知》对土地出让金收缴及违约赔偿进行了细化规范,对全国相关问题均具有指导意义,即使某仲裁委员会对该文件持异议,也应在裁决前进行书面意见征询,但裁决结果无权否定《国务院办公厅关于规范国有土地使用权出让收支管理的通知》。涉案违约金为应入国库的国有资产,属于土地出让收入的范畴。涉案合同为原国土资源部制定的模板合同,被全国国土资源部门统一使用,如果1‰标准得不到支持,合同约定将毫无法律约束力,国土资源部门进行土地出让时将无所适从。截至2016年,某市自然资源部门因合同相对人逾期缴纳土地出让金收取违约金计4000余万元,且正在实施中的适用1‰违约金条款的同类合同有6000余份。涉案裁决书一旦生效,不仅会在全市范围内产生严重的负面影响,引发一系列社会问题,也将严重扰乱全国土地市场秩序,引发全国土地交易市场混乱,严重造成国有资产流失。综上所述,涉案裁决书认定事实不清,适用法律不当,且严重损害公共利益。请求法院:1.撤销某仲裁委员会(2020)聊仲裁字第52号裁决书。2.案件受理费由海某达公司承担。

被申请人海某达公司辩称:1.自然资源局申请撤销仲裁裁决已超过法定期限,其申请应予驳回。某仲裁委员会于2020年6月28日作出(2020)聊仲裁字第52号仲裁裁决书,根据《中华人民共和国仲裁法》(以下简称《仲裁法》)第五十九条规定,自然资源局申请撤销仲裁应当自收到裁决书之日起六个月内提出。而自然资源局直到2021年才向法院提起撤销申请,已经超过六个月的法定申请期限,其申请依法应予驳回。2. 自然资源局关于"某仲裁委员会对违约金的调整属于认定事实错误、适用法律不当"的主张，不是申请撤销仲裁裁决的法定事由，在本案中不应进行审查；且（2020）聊仲裁字第 52 号裁决书也不存在违背社会公共利益的情形，不应撤销。（1）涉案违约金是否应予调整的问题属于案件事实认定及法律适用问题，某仲裁委员会对违约金调整的认定是对仲裁案件当事人争议问题的实体处理，不属于《仲裁法》第五十八条规定的可以申请撤销仲裁裁决的法定情形，不属于申请撤销仲裁裁决案件的审查范围，在本案中不应进行审查。（2）《仲裁法》第五十八条第三款规定的"社会公共利益"，一般是指关系到全体社会成员或社会不特定多数人的利益，具有公共性和社会性，主要包括违反法律基本原则、社会公共秩序以及社会善良风俗，危害国家及社会公共安全等的情形。而涉案裁决书的效力仅限于自然资源局和海某达公司两方，对其他社会成员并不具有普遍拘束力，不会损害整个社会的公共利益。且某仲裁委员会对违约金的调整是基于《合同法》的相关法律规定并遵从公平原则作出，在社会价值取向上亦具有公平合理性，符合违约金补偿性为主、惩罚性为辅的立法本意，这一完全符合事实和法律的正确裁决也不存在任何违背社会公共利益的可能。3.（2020）聊仲裁字第 52 号裁决书对违约金的调整有明确的事实及法律依据，自然资源局"认定事实错误、适用法律不当"的主张不能成立。自然资源局与海某达公司签订的涉案国有建设用地使用权出让合同为民事合同，自然资源局是代表国家在合同关系中以土地所有者的身份作为平等的民事主体参与社会经济活动的，故双方就履行该合同发生的争议应当适用《合同法》等相关民事法律来解决。仲裁审理中，海某达公司对合同约定的违约金过高进行了抗辩，在自然资源局未提供充分证据证明其实际损失的情况下，某仲裁委员会依据《合同法》第一百一十四条第二款及《最高人民法院关于适用〈中华人民共和国合同法〉若干问题的解释（二）》第二十九条之规定，对违约金的标准作出相应调整，有明确的事实及法律依据。《国务院办公厅关于规范国有土地使用权出让收支管理的通知》虽有"按日加收违约金额千分之一的违约金"的规定，但该文件系从行政管理角度规范国有土地出让金的缴纳，属于土地行政管理方面的规范性文件，不是调整平等主体之间权利义务的法律依据，不具有强制执行力，不能直接作为计算违约金的依据。自然资源局与海某达公司虽参照上述规定作出了约定，但是在约定违约金过分高于实际损失的情况下，海某达公司有权请求仲裁庭予以适当减少，仲裁庭可以依法进行调整。

三、我院查明的相关案件事实

2010年5月19日，自然资源局与海某达公司签订了编号为某-01-2010-0019号的《国有建设用地使用权出让合同》，约定申请人将坐落于崂山路东、牡丹江路北，宗地编号为2010-32号的土地出让给被申请人。该出让合同第六条约定，申请人同意在2010年6月26日前将出让宗地交付给被申请人，申请人同意在交付土地时该宗地应场地平整达到三通一平、周围基础设施达到通路、通电、通水的土地条件。第八条和第九条约定，该宗地的国有建设用地使用权出让价款为29932650元；本合同项下宗地的定金人民币5860000元，定金抵作土地出让价款。第十条约定，被申请人同意在合同签订之日起60日内，一次性付清国有建设用地使用权出让价款。该出让合同第三十条约定，受让人应当按照本合同约定，按时支付国有建设用地使用权出让价款。受让人不能按时支付国有建设用地使用权出让价款的，自滞纳之日起，每日按迟延支付款项的1‰向出让人缴纳违约金。该出让合同第三十八条约定，出让人未能按期交付土地或交付的土地未能达到该合同约定的土地条件或单方改变土地使用条件的，受让人有权要求出让人按照规定的条件履行义务，并且赔偿延误履行而给受让人造成的直接损失。被申请人于2010年12月2日缴纳土地出让价款8163450元，2011年9月16日缴纳土地出让价款21769200元。至此土地出让价款付清。申请人分别于2014年12月29日、2016年10月10日、2017年5月2日向被申请人送达缴纳违约金的《违约告知书》。2011年10月8日，山东省某经济开发区管理委员会、某经济开发区蒋官屯街道办事处联合向申请人单位出具《关于山东海某达石油机械有限公司土地租让金缴纳时间的说明》，证明涉案土地地上附属物于2011年8月30日清除完毕，开始施工。申请人称收到了该文件，但不认可该文件内容的真实性。

2020年6月28日，某仲裁委员会作出（2020）聊仲裁字第52号仲裁裁决书，认为自然资源局与海某达公司签订的《国有建设用地使用权出让合同》系双方当事人真实意思表示，且不违反法律、行政法规的强制性规定，合法有效。本案的审理重点为：1. 申请人的仲裁申请是否已超过诉讼时效；2. 违约金标准应否予以调整；3. 申请人要求被申请人支付违约金的请求是否应予支持。第一，关于本案仲裁申请是否已超过诉讼时效的问题。关于本案是否适用诉讼时效的问题，申请人提出，按《最高人民法院关于贯彻执行〈中华人民共和国民法通则〉若干问题的意见（试行）》（现已失效）第一百七十条规定，未授权给公民、法人经营、管理的国家财产受到侵害的，不受诉讼时效期间的限制。仲裁庭认为，依据《中华人民共和国土地管理法》的相关规定，政府土地行政主管部门具有土地管理法定职能，出让国有土地使用权是其行使国有土地管理权的体现。涉案国有土地使用权出让是土地行政主管部门行使管理职权的具体体现，不属于未授权给公民、法人经营、管理的国家财产。收取土地出让金是土地行政主管部门出让土地使用权所取得的对价，逾期缴纳土地出让金而产生的违约金属于损害赔偿请求权即债权请求权，应当受到诉讼时效期间的限制。本案中，按出让合同约定，被申请人应于2010年7月18日前付清全部土地出让价款。被申请人实际最后缴纳土地出让金的日期为2011年9月16日。被申请人认可申请人于2016年10月16日向被申请人送达《违约告知书》，并在《违约告知书》存根上签字，但该《违约告知书》存根上申请人已列明违约金的金额及多次催要违约金的事实。被申请人在上述文件上签字的行为，是对原债权债务的重新确认，诉讼时效期间重新计算。2017年5月2日，申请人向被申请人送达缴纳违约金的《违约告知书》并提交了由孙某印签字的《违约告知书》存根，被申请人否认孙某印为其工作人员，但未提交证据予以证明。结合本案证据，仲裁庭认为申请人就违约金事项，向被申请人进行了多次催收，引起了诉讼时效的中断，申请人的仲裁申请未过诉讼时效。第二，关于本案合同约定的违约金应否予以调整的问题。申请人主张应当依照合同约定日1‰的标准计算违约金，认为双方关于违约金的约定标准符合《国务院办公厅关于规范国有土地使用权出让收支管理的通知》中的规定。仲裁庭认为，该规定系从行政管理角度规范国有土地出让收入的缴纳，属于行政规章，在调整平等民事主体之间的法律关系中不宜直接作为计算违约金的依据。双方当事人对于违约金的承担，虽然参照上述规定作了约定，但是土地使用权受让人作为民事平等主体，根据《合同法》第一百一十四条第二款规定，约定的违约金过分高于造成损失的，当事人可以请求人民法院或者仲裁机构予以适当减少。申请人主张涉案违约金不能调整，缺乏依据，仲裁庭不予支持。《最高人民法院关于适用〈中华人民共和国合同法〉若干问题的解释（二）》第二十九条规定，当事人主张约定的违约金过高请求予以适当减少的，人民法院应当以实际损失为基础，兼顾合同的履行情况、当事人的过错程度以及预期利益等综合因素，根据公平原则和诚信原则予以衡量，并作出裁决；当事人约定的违约金超过造成损失的30%的，一般可认定为《合同法》第一百一十四条第二款规定的过分高于造成的损失。本案中，申请人未提供充分证据证明其因被申请人未按期支付土地出让金遭受的实际损失。仲裁庭根据公平原则和诚信原则予以衡量，将违约金数额调减至中国人民银行同期贷款利率的1.3倍。第三，关于申请人要求被申请人支付10370303元违约金的申请是否予以支持的问题。根据《国有建设用地使用权出让合同》第六条的约定，申请人应当在2010年6月26日前将出让宗地交付给被申请人，且土地交付条件为场地平整达到"三通一平"、周围基础设施达到通路、通电、通水。山东省某经济开发区管理委员会、某经济开发区蒋官屯街道办事处联合向申请人单位出具《关于山东海某达石油机械有限公司土地租让金缴纳时间的说明》，证明涉案土地地上附属物于2011年8月30日清除完毕，开始施工。申请人称收到了该文件，但不认可该文件内容的真实性。仲裁庭认为，就涉案土地的实际交付日期，申请人负有举证责任，在被申请人举证证明涉案土地地上附属物于2011年8月30日清除完毕，开始施工后，在申请人未提交证据的情况下，应当认定土地的实际交付日期为2011年8月30日。《合同法》第六十七条规定，当事人互负债务，有先后履行顺序，先履行一方未履行的，后履行一方有权拒绝其履行要求。先履行一方履行债务不符合约定的，后履行一方有权拒绝其相应的履行要求。自然资源局与海某达公司的义务履行是有先后顺序的，涉案宗地没有达到出让合同约定的土地条件，被申请人未依照出让合同所约定的履行期限付清土地价款具有合理性，属于后履行抗辩权的合法抗辩行为。在申请人出让的土地未能达到约定交付条件的情况下，被申请人亦未依照《国有建设用地使用权出让合同》所约定的履行期限支付土地价款具有合理性，被申请人延期支付涉案宗地的土地价款的行为属于正当行使后履行抗辩权的行为，其延期付款的行为不能认定为违约，不应承担违约责任。申请人要求被申请人承担违约责任于法无据，仲裁庭对此项仲裁请求不予支持。但申请人在2011年8月30日将清理完地上附属物的土地交付后，被申请人于2011年9月16日缴纳土地价款21769200元，逾期18天，被申请人应当承担此期间逾期交纳土地出让金的违约责任。根据《合同法》第六十条、第六十七条、第一百一十四条第二款，《仲裁法》第七条、第五十四条之规定，裁决：（1）海某达公司自收到裁决之日起十日内支付申请人自然资源局违约金86314.87元。（2）驳回自然资源局的其他仲裁请求。仲裁受理费51331元，由海某达公司承担。该裁定于2020年7月31日送达自然资源局。

四、某中院审查意见及理由

某中院认为，涉案仲裁裁决应予撤销。自然资源局与海某达公司签订《国有建设用地使用权出让合同》与普通民事合同相比具有特殊性，因其一方主体为政府国土资源行政主管部门，由其提供的土地出让合同格式文本受到相关法律、法规和规范性文件的约束。《国务院办公厅关于规范国有土地使用权出让收支管理的通知》对于国有土地出让合同中土地使用者不按时足额缴纳土地出让金的违约金标准作了明确规定。涉案合同对受让人不能按时支付国有建设用地使用权出让价款的，每日按迟延支付款项的1‰向出让人缴纳违约金的约定依据的就是上述规定。该约定是国务院针对国有土地交易市场作出的政策性规定在合同中的体现，不宜在司法裁判中否定其效力。故申请人依仲裁裁决调整合同约定违约金会造成国有资产流失，损害公共利益的主张，依法予以采信。依据《仲裁法》第五十八条的规定，应当撤销某仲裁委员会（2020）聊仲裁字第52号裁决书。

五、我院审查意见和理由

自然资源局与海某达公司签订的《国有建设用地使用权出让合同》，系双方真实意思表示，不违反法律和行政法规的强制性规定，合法有效。涉案合同约定，受让人不能按时支付国有建设用地使用权出让价款的，每日按迟延支付款项的1‰向出让人缴纳违约金。涉案合同为原国土资源部制定的模板合同，被自然资源行政主管部门统一使用，上述违约金条款系依据《国务院办公厅关于规范国有土地使用权出让收支管理的通知》作出的约定。在仲裁过程中，海某达公司申请对违约金进行调减，但未提交任何证据证明违约金数额高于自然资源局的实际损失。在此情形下，某仲裁委员会将违约金数额调减至中国人民银行同期贷款利率的1.3倍。仲裁裁决实质上否定了《国务院办公厅关于规范国有土地使用权出让收支管理的通知》的效力。自然资源局关于仲裁裁决调减违约金会造成国有资产流失，损害公共利益的主张，符合《仲裁法》第五十八条规定的仲裁裁决违背社会公共利益，应予撤销的情形。我院拟同意某中院的处理意见，特向钧院请示，请予批复。

最高人民法院
关于杨某申请撤销仲裁裁决一案的复函

2021 年 9 月 15 日　　　　　　　　　　　（2021）最高法民他 248 号

广东省高级人民法院：

你院（2020）粤民他 164 号《关于杨某申请撤销仲裁裁决一案的请示》收悉。经研究，答复如下：

首先，根据请示报告所述事实，案涉两个仲裁裁决虽然均是针对杨某与黄某辉签订的案涉股权转让协议而作出，但在华南国仲深裁（2019）D317 号（以下简称 D317 号）仲裁案中，申请人是杨某，其仲裁请求是要求黄某辉依据股权转让协议支付剩余股权转让款 10 万元，而在（2019）深国仲裁 5961 号（以下简称 5961 号）仲裁案中，申请人是黄某辉，其仲裁请求是解除案涉股权转让协议以及杨某返还其已支付的股权转让款 20 万元。两次仲裁的申请人不同，具体的仲裁请求也不同。其次，案涉两份仲裁裁决均明确，杨某与黄某辉在协议履行过程中均有违约行为，但因黄某辉未就杨某的违约及其责任在 D317 号仲裁案中提出反请求，故 D317 号仲裁裁决对杨某违约及其责任承担问题未予处理，现因杨某违约导致合同目的已不能实现，5961 号仲裁案中仲裁庭受理黄某辉的仲裁申请，并针对案涉协议解除以及杨某的违约责任等进行审理，系依据合同目的不能实现这一新的事实，不构成重复仲裁。综上所述，不同意你院关于撤销 5961 号仲裁裁决的报核意见。

此复

附：

广东省高级人民法院
关于杨某申请撤销仲裁裁决一案的请示

2021 年 6 月 9 日 　　　　　　　　　　(2020) 粤民他 164 号

最高人民法院：

申请人杨某申请撤销深圳国际仲裁院作出的（2019）深国仲裁 5961 号仲裁裁决一案，广东省深圳市中级人民法院（以下简称深圳中院）经审查后，拟撤销上述仲裁裁决，并将拟处理意见请示我院。我院经审查，拟同意深圳中院的意见。因本案当事人居住地跨省级行政区域，根据《最高人民法院关于仲裁司法审查案件报核问题的有关规定》第三条的规定，特向钧院请示。

一、当事人的基本情况

申请人（仲裁被申请人）：杨某，男，汉族，住湖北省潜江市。

被申请人（仲裁申请人）：黄某辉，男，汉族，住广东省广州市。

二、申请理由及答辩意见

申请人杨某向深圳中院请求：1. 深圳国际仲裁院作出的（2019）深国仲裁 5961 号仲裁裁决与深圳国际仲裁院作出的华南国仲深裁（2019）D317 号仲裁裁决内容冲突。并且，华南国仲深裁（2019）D317 号仲裁裁决是已经经过深圳中院作出（2019）粤 03 民特 1292 号裁定确定的生效文书。华南国仲深裁（2019）D317 号裁决书第 11 页提到："黄某辉未能证明《股权转让协议》的订立存在违反法律、行政法规强制性规定的情形，仲裁庭认为《协议》合法有效，对双方当事人具有法律约束力。" 2. 华南国仲深裁（2019）D317 号和（2019）深国仲裁 5961 号符合《中华人民共和国民事诉讼法》第二百四十七条的规定，后面的诉讼请求直接否定了前诉的裁决结果。一个是裁决继续履行，一个是裁决解除合同，违反了法律规定的"一事不再理"的原则。3. 股权过户是两个人的事情，杨某多次要求过户给黄某辉，黄某辉均不配合，黄某辉主张杨某不配合过户没有证据证实，因此仲裁庭没有证据证明没过户股权的责任在杨某。另外，华南国仲深裁（2019）D317号已经考虑到双方都有违约的情形，所以公正考虑不支持违约金，但是裁决继续支付股权转让款，言下之意是裁决继续履行合同，只是双方违约而不支持杨某主张赔偿违约金的仲裁请求。4. 从本案和华南国仲深裁（2019）D317号一案中杨某提交的微信聊天记录来看，杨某多次要求黄某辉配合过户，但是黄某辉均拒绝。退一步讲，即使双方对股权过户到底是谁不配合谁各执己见，合同目的并非无法实现，仲裁庭和法院完全可以裁决依据协议的约定强制过户股权，而不是认定解除协议。综上所述，请求撤销深圳国际仲裁院作出的（2019）深国仲裁5961号仲裁裁决。

被申请人黄某辉辩称，1. 杨某主张的撤裁理由第一、三、四点，实质是主张仲裁庭认定事实不清楚、适用法律不准确、裁决结果不当。这些理由不属于《中华人民共和国仲裁法》（以下简称《仲裁法》）第五十八条规定的仲裁司法审查的范围。2. 杨某主张的撤裁理由的第二点，实质是主张仲裁裁决违反法定程序。根据《最高人民法院关于适用〈中华人民共和国仲裁法〉若干问题的解释》第二十条的规定及仲裁庭的认定可知，涉案仲裁审理并未违反法定程序。

三、深圳中院查明的事实

杨某根据其与黄某辉、深圳市中某中医康复理疗管理有限公司（以下简称中某公司）签订的《股权转让协议》于2018年12月5日向深圳国际仲裁院申请仲裁，请求：1. 黄某辉向杨某支付股权转让款人民币10万元；2. 黄某辉以10万元为基数按每日千分之三从申请仲裁之日起向杨某支付违约金至款项付清之日止；3. 裁决中某公司对上述黄某辉应当支付的款项承担连带清偿责任；4. 由黄某辉与中某公司承担全部仲裁费用。深圳国际仲裁院于2019年6月6日作出华南国仲深裁（2019）D317号仲裁裁决，裁决：1. 黄某辉向杨某支付剩余股权转让款人民币10万元；2. 驳回杨某第二项仲裁请求；3. 中某公司对黄某辉在上述第一项裁决项下应当支付的款项承担连带清偿责任；4. 本案仲裁费人民币9550元，由黄某辉、中某公司承担。仲裁庭同时认为，双方都有违约行为，因黄某辉未提反请求，故对杨某违约的问题不予处理。裁决作出后，杨某向深圳中院申请强制执行，执行案号为（2019）粤03执2192号，目前已中止执行。同时，黄某辉向深圳中院申请撤销华南国仲深裁（2019）D317号仲裁裁决，深圳中院于2019年12月10日作出（2019）粤03民特1292号民事裁定书，驳回了黄某辉的申请。

2019年9月25日，黄某辉又以该《股权转让协议》向深圳国际仲裁院申请仲裁（本案案涉仲裁），请求：1. 解除黄某辉与杨某、中某公司签订的《股权转让协议》；2. 杨某向黄某辉返还股权转让款10万元及违约金（违约金以10万元为计算基数，按年利率24%，自2018年8月13日起计算至付清之日止。现暂计至2019年9月3日，共386天，已产生违约金25379.5元）；3. 杨某赔偿黄某辉律师费7500元；4. 裁决中某公司对黄某辉所负债务承担连带清偿责任；5. 仲裁费用由杨某、黄某辉负担。深圳国际仲裁院于2020年1月16日作出（2019）深国仲裁5961号仲裁裁决：1. 黄某辉与杨某、中某公司签订的《股权转让协议》自2019年11月13日起解除。2. 杨某向黄某辉返还股权转让款人民币20万元及利息（利息分两笔计算，第一笔以人民币10万元为基数，自2018年8月14日起至2019年8月19日，按中国人民银行同期贷款利率计算，自2019年8月20日起，按全国银行间同业拆借中心公布的贷款市场报价利率计算，计至实际付清之日止；第二笔以人民币10万元为基数，自2019年10月9日起，按全国银行间同业拆借中心公布的贷款市场报价利率计算，计至实际付清之日止）。3. 杨某赔偿黄某辉律师费人民币7500元。4. 本案仲裁费人民币18604元，由杨某承担。黄某辉已预交人民币18604元，不予退还，杨某直接向黄某辉支付人民币18604元。5. 驳回黄某辉的其他仲裁请求。

四、深圳中院审查意见

本案是申请撤销国内仲裁裁决的案件，应依据《仲裁法》第五十八条进行审查。本案争议焦点是涉案仲裁是否违反法定程序重复裁决。深圳中院合议庭多数意见认为：根据查明情况，仲裁院针对同一《股权转让协议》纠纷，前后作出了两个裁决，且后一裁决的结果否定了前一次裁决结果，属于对同一纠纷的重复审理。《仲裁法》第九条第一款规定："仲裁实行一裁终局的制度。裁决作出后，当事人就同一纠纷再申请仲裁或者向人民法院起诉的，仲裁委员会或者人民法院不予受理。"仲裁庭违反了上述规定受理并作出裁决，违反了法定程序。因此，拟撤销（2019）深国仲裁 5961 号仲裁裁决。深圳中院合议庭少数意见认为：黄某辉与杨某都有违约情形，第二次仲裁黄某辉要求追究杨某的违约责任，并主张涉案合同目的已无法实现，且提供了相应证据，仲裁庭应予以审理，不存在重复审理的情形，因此应驳回杨某请求撤销（2019）深国仲裁 5961 号仲裁裁决的申请。

经深圳中院涉外商事审判庭专业法官会议讨论，多数意见认为涉案仲裁对同一纠纷重复审理，违反法定程序，应撤销该仲裁裁决；少数意见认为涉案仲裁系黄某辉要求追究杨某的违约责任，并主张涉案合同目的无法实现，且提供了相应证据，不存在重复审理的情形，应驳回杨某的申请。故深圳中院以涉案裁决违反法定程序重复裁决，拟撤销（2019）深国仲裁 5961 号仲裁裁决的意见报核。

五、我院拟处理意见

本案为当事人申请撤销国内仲裁裁决案件。根据本案查明的事实，涉案仲裁庭针对同一份《股权转让协议》项下的同一争议事项前后作出两个裁决，后一个裁决结果否定了前一个裁决结果，属于对同一纠纷的重复审理。依照《仲裁法》第九条第一款、第五十八条第一款第三项的规定，应认定仲裁的程序违反法定程序。我院拟同意深圳中院关于撤销（2019）深国仲裁 5961 号仲裁裁决的意见。以上意见当否，请予批复。

最高人民法院
关于寿光市德某汽车销售有限公司、田某明申请撤销仲裁裁决一案的复函

2021 年 9 月 27 日　　　　　　　　　（2021）最高法民他 268 号

山东省高级人民法院：

你院（2021）鲁民他 27 号《关于申请人寿光市德某汽车销售有限公司、田某明与被申请人创某天地投资有限公司申请撤销仲裁裁决一案的请示》收悉。经研究，答复如下：

根据请示，轻某贷科技有限公司涉嫌经济犯罪，但并无法律规定仲裁庭应如何处理涉嫌犯罪的案件，更无法律规定涉嫌犯罪的纠纷为仲裁庭无权仲裁的纠纷。因此，本案纠纷不属于仲裁委员会无权仲裁的纠纷。对于创某天地投资有限公司、轻某贷科技有限公司的有关行为是否构成犯罪，尚无生效刑事裁判予以认定，因此，不宜认定创某天地投资有限公司隐瞒了足以影响公正裁决的证据。

综上所述，不同意你院撤销案涉仲裁裁决的意见。此外，寿光市德某汽车销售有限公司主张其未与创某天地投资有限公司签订《借款服务合同》，担保人田某明、赵某涛、赵某红、张某明、赵某威也未签订《借款及担保协议》《担保函》，实质上包含了没有仲裁协议的主张，应查明相关事实，以判断当事人之间是否存在仲裁协议，并进一步根据本案仲裁的具体情况，确定仲裁管辖权，进而确定是否应当撤销仲裁裁决。

此复

附：

山东省高级人民法院
关于申请人寿光市德某汽车销售有限公司、田某明与被申请人创某天地投资有限公司申请撤销仲裁裁决一案的请示

2021 年 8 月 4 日　　　　　　　　　　（2021）鲁民他 27 号

最高人民法院：

　　申请人寿光市德某汽车销售有限公司、田某明与被申请人创某天地投资有限公司申请撤销仲裁裁决一案，山东省青岛市中级人民法院（以下简称青岛中院）经审查，拟撤销仲裁裁决。我院已审查完毕。根据《最高人民法院关于仲裁司法审查案件报核问题的有关规定》第三条的规定，将本案情况报请如下。

一、申请人和被申请人的基本情况

　　申请人：寿光市德某汽车销售有限公司。
　　法定代表人：田某荣，该公司总经理。
　　申请人：田某明，男，汉族，住山东省寿光市。
　　被申请人：创某天地投资有限公司。
　　法定代表人：耿某彩，该公司总经理。

二、申请人请求事项及被申请人的抗辩理由

　　寿光市德某汽车销售有限公司与田某明向青岛中院提出申请：1. 依法撤销青岛仲裁委员会作出的青仲裁字（2019）第 487 号裁决书；2. 本案的申请费由创某天地投资有限公司承担。事实与理由如下：创某天地投资有限公司并未与申请人签订 60 万元的《借款服务合同》，担保人田某明、赵某涛、赵某红、张某明、赵某威也未签订《借款及担保协议》《担保函》，在没有签订任何借款合同的情况下，寿光市德某汽车销售有

限公司从未收到过此款项，故担保人更不可能承担担保责任。创某天地投资有限公司未经许可从事金融活动违法，涉案借款合同应认定为无效合同，创某天地投资有限公司故意隐瞒了虚拟平台被公安机关查封并刑事立案的相关证据，仲裁裁决应予撤销。

被申请人创某天地投资有限公司未作答辩。

三、仲裁裁决情况

创某天地投资有限公司于2019年8月12日向青岛仲裁委员会提出仲裁申请：1. 寿光市德某汽车销售有限公司偿还创某天地投资有限公司借款60万元、利息25500元；2. 寿光市德某汽车销售有限公司支付创某天地投资有限公司以60万元为基数，自2019年6月11日起至实际付清之日止，按照年利率24%标准计算的违约金，暂计算至2019年7月15日为22800元；3. 田某明、赵某涛、赵某红、张某明、赵某威对寿光市德某汽车销售有限公司的还款义务承担连带担保责任；4. 本案仲裁费、公告费、邮寄费、保全费用及申请人为追偿欠款支付的律师费或其他费用由被申请人承担。事实与理由如下：寿光市德某汽车销售有限公司通过轻某科技有限公司提供的网络借贷信息中介服务，向轻某贷平台若干个出借人借款共计人民币（以下币种均为人民币）60万元，借款期限180天，借款利率4.25%。田某明、赵某涛、赵某红、张某明、赵某威承诺为寿光市德某汽车销售有限公司的借款承担连带担保责任。借款到期后，各被申请人未履行还款义务，创某天地投资有限公司通过轻某贷平台最终受让了各出借人对被寿光市德某汽车销售有限公司享有的全部债权，故提起相应仲裁申请。

仲裁庭经审查认为：创某天地投资有限公司起诉的借款分为两部分：

1. 李某淑、杨某等31人合计通过轻某贷平台向寿光市德某汽车销售有限公司出借款项合计20万元，上述31人通过轻某贷平台将债权转让给创某天地投资有限公司。对该20万元借款，仲裁庭认为，创某天地投资有限公司没有充分证据证明已经将债权转让之事通知寿光市德某汽车销售有限公司，因此创某天地投资有限公司不能向寿光市德某汽车销售有限公司主张上述20万元债权，对该部分诉讼请求仲裁庭不予支持。

2. 关于创某天地投资有限公司与寿光市德某汽车销售有限公司发生

的借款 40 万元。虽然借款合同约定借款本金 40 万元，但轻某科技有限公司和河北汇某非融资性担保有限公司以服务费、审查监督金的名义收取本金的 13%，因创某天地投资有限公司和上述两公司为关联公司，因此上述金额应在本金中予以扣除，仲裁庭对借款本金确认为 17.4 万元、17.4 万元，共计 34.8 万元。

从中国裁判文书网在全国法院范围内检索"创某天地投资有限公司""民间借贷纠纷"，截至 2020 年 6 月 22 日，创某天地投资有限公司涉及的民间借贷的民事案件共 3797 宗，相对方遍及全国各地，足见其以通过轻某贷网络平台向不特定人发放贷款为其主要经营活动，其行为具有经常性、经营性和对象不特定性，应否定其合同效力，因此创某天地投资有限公司与寿光市德某汽车销售有限公司之间的借款合同无效。合同无效的，因该合同取得的财产，应当予以返还，因他人没有法律依据，取得不当利益，受损失的人有权请求返还不当利益，其不当利益包含原物和原物所产生的孳息。因此，寿光市德某汽车销售有限公司应返还不当利益本金 34.8 万元，并支付相当于中国人民银行同期同类贷款利率的利息。

担保人田某明、赵某涛、赵某红、张某明、赵某威未尽到一定的审慎义务给寿光市德某汽车销售有限公司提供担保，存在过错。参照《最高人民法院关于适用〈中华人民共和国担保法〉若干问题的解释》第八条的规定，各担保人应对寿光市德某汽车销售有限公司不能清偿部分承担三分之一的赔偿责任。

2021 年 3 月 1 日，仲裁庭作出青仲裁字（2019）第 487 号仲裁裁决：1. 寿光市德某汽车销售有限公司支付创某天地投资有限公司借款本金 34.8 万元及孳息（以 17.4 万元为基数，自 2019 年 6 月 11 日起至 2019 年 8 月 19 日止按中国人民银行同期同类贷款利率计算，自 2019 年 8 月 20 日起至清偿之日止按全国银行间同业拆借中心受权公布的贷款市场报价利率 LPR 计算；以 17.4 万元为基数，自 2019 年 7 月 2 日起至 2019 年 8 月 19 日止按中国人民银行同期同类贷款利率计算，自 2019 年 8 月 20 日起至清偿之日止按全国银行同业拆借中心受权公布的贷款市场报价利率 LPR 计算）。2. 田某明、赵某涛、赵某红、张某明、赵某威在寿光市德某汽车销售有限公司不能清偿部分的三分之一范围内向创某天地投资有限公司承担赔偿责任。田某明、赵某涛、赵某红、张某明、赵某威承担赔偿责任后，有权向寿光市德某汽车销售有限公司追偿。3. 驳回创某天地投资有限公司的其他仲裁申请。4. 本案仲裁费17919元，由创某天地投资有限公司承担8300元，由寿光市德某汽车销售有限公司承担9619元。因创某天地投资有限公司已预交全部仲裁费，故寿光市德某汽车销售有限公司应将其承担的费用直接给付创某天地投资有限公司。以上寿光市德某汽车销售有限公司应向创某天地投资有限公司支付的款项，寿光市德某汽车销售有限公司应自本裁决书送达之日起十日内给付创某天地投资有限公司。若逾期给付，则加倍支付迟延履行期间的债务利息。本裁决为终局裁决，自作出之日起发生法律效力。

四、青岛中院审查情况

青岛中院审查查明：创某天地投资有限公司在仲裁中用以证明借款实际发生的证据为四川新某银行股份有限公司出具的两份资金存管账户交易流水。该材料显示，轻某贷科技有限公司在四川新某银行股份有限公司开立网络借贷资金存管专用账户，该账户中的子账户发生相关交易。仲裁案件中，没有上述子账户绑定银行卡信息、没有上述子账户资金流转后资金实际走向证据。

另查明，轻某贷科技有限公司因涉嫌非法吸收公众存款，于2019年12月13日被石家庄市公安局长安分局立案侦查。其用于借贷的网络账户、网络平台现均无法正常使用。本案在审查过程中，经与创某天地投资有限公司仲裁程序中的委托代理人联系，其代理人表示创某天地投资有限公司相关人员涉及刑事案件调查，现在已无法联系，故无法办理授权。

经搜索，大量与创某天地投资有限公司有关的借贷案件，法院以"涉案借款是通过轻某贷科技有限公司提供的，而轻某贷科技有限公司因涉嫌非法吸收公众存款被立案，案件不属于经济纠纷而有经济犯罪嫌疑"为由，裁定驳回创某天地投资有限公司的起诉。

青岛中院认为，本案仲裁裁决存在以下问题：

1. 从案件实体角度，民间借贷案件，除有借贷的合意外，还应审查借贷的款项交付。本案中出借人创某天地投资有限公司提交的用以证明资金实际交付的证据仅为四川新某银行股份有限公司提供的轻某贷科技有限公司账户项下子账户的转账记录，但上述子账户实际为虚拟账户，显示为创某天地投资有限公司、寿光市德某汽车销售有限公司的子账户，实际绑定的账户为何，资金在子账户流转后实际有无后续提取、使用情况，创某天地投资有限公司在仲裁中均未提交，现有证据无法证明借款实际发生。作为出借人，也是资金转移平台轻某贷科技有限公司的关联公司，创某天地投资有限公司有义务提供证据证明借贷的实际发生，但创某天地投资有限公司在仲裁中并未提交相关证据予以证明，隐瞒了足以影响公正裁决的证据。

2. 轻某贷科技有限公司因涉嫌非法吸收公众存款，于2019年12月13日被石家庄市公安局长安分局立案侦查。本案借贷所发生的交易平台及轻某贷网络平台，亦被查封，已无法使用及查询。

本案仲裁自2019年7月23日立案，2021年3月1日作出裁决，创某天地投资有限公司对此从未提及。创某天地投资有限公司在全国的众多的借贷，均通过轻某贷平台完成，因此本案具有经济犯罪嫌疑，故本案不应属于民事纠纷，不应属于仲裁委可以仲裁案件的范围。创某天地投资有限公司在仲裁中并未提及该事实，亦可认定其隐瞒了足以影响公正裁决的证据。

综上所述，青岛中院认为，该仲裁案件中，创某天地投资有限公司在仲裁中隐瞒了足以影响公正裁决的证据，对案件事实、是否属于仲裁庭审理范围的认定均产生重大影响及变化。因此，对青岛仲裁委员会作出的青仲裁字（2019）第487号裁决书，依法应予撤销。

五、我院审查意见

我院经审查认为，《中华人民共和国仲裁法》第五十八条第一款规定："当事人提出证据证明裁决有下列情形之一的，可以向仲裁委员会所在地的中级人民法院申请撤销裁决：（一）没有仲裁协议的；（二）裁决的事项不属于仲裁协议的范围或者仲裁委员会无权仲裁的；（三）仲裁庭的组成或者仲裁的程序违反法定程序的；（四）裁决所根据的证据是伪造的；（五）对方当事人隐瞒了足以影响公正裁决的证据的；（六）仲裁员在仲裁该案时有索贿受贿，徇私舞弊，枉法裁决行为的。"本案中，创某天地投资有限公司在全国的众多借贷，均通过轻某贷平台完成，轻某贷科技有限公司因涉嫌非法吸收公众存款，于2019年12月13日被石家庄市公安局长安分局立案侦查，本案借贷所发生的交易平台及轻某贷网络平台亦被查封。本案被申请人及交易行为涉嫌经济犯罪，仲裁委员会无权仲裁，且创某天地投资有限公司在仲裁过程中隐瞒了上述事实，足以影响公正裁决。

综上所述，我院拟同意青岛中院的处理意见。因本案双方当事人的住所地分别为山东省和天津市，跨省级行政区域，根据《最高人民法院关于仲裁司法审查案件报核问题的有关规定》第三条之规定，我院现将审查意见及有关案件材料报送钧院，请审查并予以答复。

最高人民法院
关于边某永申请撤销仲裁裁决一案的复函

2021年12月16日　　　　　　　　　（2021）最高法民他295号

北京市高级人民法院：

你院京高法（2021）731号《关于申请人边某永申请撤销（2015）中国贸仲京裁字第1177号仲裁裁决一案的请示》收悉。经研究，答复如下：

根据你院请示所述事实，边某永通过北京天誉金某商品经营有限公司（以下简称金某公司）在北京大宗商品交易所提供的交易平台上进行的白银现货电子交易业务，实际采取了集中竞价、连续竞价、电子撮合、不交割现货的交易方式，其实质为期货交易。根据《期货交易管理条例》第四条、第六条规定，我国对期货交易采取严格的行政监管，期货交易应当在依法设立的期货交易所、国务院批准的或者国务院期货监督管理机构批准的其他期货交易场所进行。北京市金融工作局出具的《信访办理意见书》载明，北京大宗商品交易所现有交易品种未经批准上线交易。金某公司以其注册会员的身份吸引不特定的社会公众参与交易的行为已脱离国家监管，存在极大的投资风险，极有可能扰乱期货交易秩序，引发经济金融风险并影响社会稳定。案涉仲裁裁决对边某永关于确认其与金某公司签订的《天誉金某客户协议》无效的请求未予支持，违背社会公共利益，根据《中华人民共和国仲裁法》第五十八条第三款规定，应予撤销。同意你院意见。

此复

附：

北京市高级人民法院
关于申请人边某永申请撤销（2015）中国贸仲京裁字第 1177 号仲裁裁决一案的请示

2021 年 7 月 6 日　　　　　　　　　　　京高法〔2021〕731 号

最高人民法院：

北京市第二中级人民法院（以下简称北京二中院）立案受理了申请人边某永申请撤销（2015）中国贸仲京裁字第 1177 号仲裁裁决一案，根据《最高人民法院关于仲裁司法审查案件报核问题的有关规定》第二条第二款的规定，北京二中院拟裁定撤销中国国际经济贸易仲裁委员会（以下简称贸仲委）（2015）中国贸仲京裁字第 1177 号仲裁裁决并向我院请示。经审查，我院同意北京二中院的撤裁意见，现将本案有关情况报告并请示如下。

一、当事人基本情况

申请人（原仲裁申请人）：边某永，男，汉族，住河南省睢县长岗镇。

委托诉讼代理人：曹某义，北京昊汉律师事务所律师。

被申请人（原仲裁被申请人）：北京天誉金某商品经营有限公司。

法定代表人：姜某。

二、申请人申请及被申请人答辩情况

边某永申请称：边某永因与北京天誉金某商品经营有限公司（以下简称金某公司）之间《天誉金某客户协议》纠纷，于 2015 年 3 月 30 日向贸仲委申请仲裁，请求确认《天誉金某客户协议》因金某公司非法从事期货合约交易和非法从事白银交易违反法律强制性规定（《期货管理条例》《金银管理条例》）及违背社会公共利益而无效，仲裁庭于 2015 年

11月6日作出了仲裁裁决,驳回了边某永的仲裁请求。边某永认为,仲裁裁决违反了《中华人民共和国仲裁法》(以下简称《仲裁法》)有关规定,应予以撤销。具体如下:

1. 仲裁庭违法放弃了自己的职责。根据法律规定,仲裁应依法对争议当事人的争议进行裁决,即认定事实和适用法律,并对当事人的主张作出评判。本案中,当事人争议的焦点是,案涉交易是否构成期货合约交易,但仲裁庭既不作出认定,在其认为是否为期货交易应由国务院期货管理机构(证监会及相关证监局)作出为宜的情况下,也不委托证券监督部门进行认定。如果仲裁庭认为上述争议不属于仲裁事项,就应作出这样的结论。但仲裁庭在不认定事实的前提下,作出驳回边某永仲裁请求的结论,实属放弃职责或渎职的行为,属枉法裁决的行为。

2. 对方当事人隐瞒关键的重要证据,影响案件事实的认定,足以影响公正裁决。仲裁庭审时,仲裁庭正式要求金某公司提交证据:案涉的交易品种上市交易的批准文件及交易平台北京大宗商品交易所(以下简称北商所)经营此交易的批文。这是本案的核心证据。金某公司未按照仲裁庭的正式要求提交这些批文,足以证明上述交易品种交易的非法性。但仲裁庭在裁决中,隐瞒和忽略了这些对边某永有利而对金某公司不利的证据,严重违反了法律。

3. 仲裁裁决违背社会公共利益。案涉交易是非法期货交易,国务院行政法规和其他文件严厉禁止该类非法交易,并经过部门多次进行清理和打击,这些交易不仅违法,也损害社会公共利益,仲裁庭作出的驳回边某永请求的裁决,放纵了金某公司的违法行为,严重侵害了边某永的合法权益和社会公共利益。现在该交易已被北京市金融工作局认定为违法交易,且北商所也已取缔了该交易。综上所述,边某永请求人民法院依法撤销仲裁裁决。

金某公司未作答辩。

三、北京二中院查明的事实

（一）本案事实

金某公司系北商所的注册会员。2015年3月30日，边某永与金某公司签订《天誉金某客户协议》，就边某永通过金某公司投资北商所上线的白银现货电子交易业务的相关事宜进行约定，包括《风险揭示书》《协议书》《风险提示书》《交易商确认函》《承诺书》等。其中，金某公司向边某永告知交易风险，边某永签署了《风险揭示书》，载明：白银现货电子交易业务具有高投机性和高风险性，交易商需要了解北商所的白银现货电子交易业务具有低保证金和高杠杆比例的投资特点，可能导致快速的盈利或亏损，交易商必须有条件满足随时追加保证金的要求，否则其订货将被强行转让，交易商必须承担由此造成的全部损失。北商所以国际现货白银市场价格为基础，综合国内白银市场现货价格及中国人民银行人民币兑美元基准利率，通过电子交易系统由交易商连续报出买卖价格。交易商在交易系统内，通过网上终端提交的市价单一经成交，即不可撤销等。在《协议书》中，双方约定：交易标的物为在北商所提供的交易平台上进行交易的所有交易品种。金某公司根据相应的管理办法，在北商所人民币中间指导价的基础上，连续报出白银现货的人民币买入价和卖出价。交易方式为边某永可自行选择通过电话或网络系统与金某公司进行白银现货电子交易业务，双方的白银现货电子交易采用保证金的形式进行，边某永的交易保证金必须通过北商所与保证金存管银行转账系统缴纳，且不得低于成交金额的20%，金某公司有权根据交易所要求对交易保证金的比例进行调整。具体结算办法及细则参照届时有效的《北京大宗商品交易所结算细则》执行。对风险管理问题，金某公司以订货风险率来计算边某永的订货风险，计算方法为：风险率＝交易商账户当前权益÷订货占用交易保证金×100%，当边某永的订货风险率小于100%时，边某永交易保证金不足，边某永必须追加交易保证金或者减少持有的订货，直至边某永账户风险率等于或者大于100%，当边某永账户风险率低于50%时，金某公司将对边某永的未转让订货进行全部强行转让。具体实物交收办法和细则参照届时有效的《北京大宗商品交易所白银现货交收细则》执行。边某永在金某公司开设一个交易账户,此账户由北商所统一进行监管,所有边某永通过网络或电话发出的交易指令,一经发出成交后,均不得撤销或撤回,所有边某永通过网上交易系统发出的交易指令,以北商所电脑记录数据为准。《北京大宗商品交易所交易管理办法》《北京大宗商品交易所风险控制细则》《北京大宗商品交易所白银现货交收细则》《北京大宗商品交易所结算细则》《北京大宗商品交易所交易商开、销户须知》等相关文件将作为本协议书的附件等。

边某永仲裁申请称:交易期间,边某永交易"现货白银50千克"合约多手。2015年3月19日,边某永通过中国农业银行向金某公司存入保证金20万元,截至2015年4月17日,边某永出金合计30104.19元。二者相抵,金某公司非法赚取169895.81元。边某永认为,金某公司开展的"现货白银"交易属于非法期货交易,采取的是做市商交易机制,投资者在电子盘软件中交易的标的物不是"现货白银",而是白银标准化合约,交易存在杠杆,本质是一种保证金交易,根据交易规则,还存在点差制度、强行平仓制度、风险管理制度、限仓制度等,此皆为期货交易中才特有的交易制度,与现货无关。金某公司及北商所均没有经营期货的资质,其超越经营范围、私自设立"现货白银"黑平台坑客户投资款的行为具有明显的违法性,违反了国务院发布的《金银管理条例》《期货交易管理条例》和国务院的相关强制性规定,因而无效。请求:1. 确认边某永与金某公司签订的《天誉金某客户协议》无效;2. 金某公司返还合同款169895.81元等。

另外,2015年10月23日,北商所发布《关于现货电子交易停止开户的公告》和《关于交易品种停开新仓的公告》,对原有的部分贵金属交易只允许原有持仓转让,不再开立新仓,现货电子交易业务停止交易商开户。北京市金融工作局出具《信访办理意见书》,认定北商所现有交易品种未经批准上线交易。

(二)仲裁庭意见及裁决内容

仲裁庭认为,边某永的主张不能成立,具体理由如下:根据《最高人民法院关于适用〈中华人民共和国合同法〉若干问题的解释(二)》第十四条的规定,《中华人民共和国合同法》第五十二条第五项规定的

"强制性规定",是指效力性强制性规定。司法实践中,人民法院应当注意根据《最高人民法院关于适用〈中华人民共和国合同法〉若干问题的解释(二)》第十四条之规定,注意区分效力性强制规定和管理性强制规定。违反效力性强制规定的,人民法院应当认定合同无效;违反管理性强制规定的,人民法院应当根据具体情形认定其效力。如果强制性规定规制的是当事人的"市场准入"资格而非某种类型的合同行为,或者规制的是某种合同的履行行为而非某类合同行为,人民法院对于此类合同效力的认定,应当慎重把握。仲裁庭认为,该意见可以在本案中作为分析本案合同无效与否的指引。仲裁庭注意到,本案合同标的是作为北商所会员的金某公司针对该交易所推出的白银现货电子交易业务向边某永提供交易服务,交易的具体操作按照北商所相关规则执行。北商所的设立经北京市金融工作局审批,在北京市工商行政管理局朝阳分局登记,其登记的经营范围包括贵金属的交易服务。由此表面证据显示,本案合同在北商所的业务框架下。对本案合同项下北商所的白银现货电子交易是否应属非法期货交易问题,仲裁庭认为应由《期货交易管理条例》中规定的国务院期货监督管理机构作出为宜。在本案中,仲裁庭对此作出判断是不适当的。另外,边某永援引的《金银管理条例》和《期货交易管理条例》对金银销售和期货交易等行为作出了规范,但并不禁止白银作为投资产品进行交易,也不禁止白银的期货交易。换言之,即使北商所的白银现货电子交易属于期货交易,该等交易也并不是被法律当然禁止的。因此,该等条例并不能使得仲裁庭当然得出该等交易本身违反了其中的效力性强制性规定的结论。边某永还援引了《国务院关于清理整顿各类交易场所切实防范金融风险的决定》(国发〔2011〕38号)中"任何投资者买入后卖出或卖出后买入同一交易品种的时间间隔不得少于5个交易日"的规定,并援引了《国务院办公厅关于清理整顿各类交易场所的实施意见》(国办发〔2012〕37号)第二条中"违反下列规定之一的交易场所及其分支机构,应予以清理整顿……(二)不得采取集中交易方式进行交易"的规定,但该规定属于国务院及其内部机构颁发的规范性文件,在属性上不属于《中华人民共和国合同法》第五十二条第五项规定的法律和行政法规,依法不能作为判断合同效力的法律依据。再者,边某永自愿参与此交易,对交易具有高投机性和高风险性是有了解的，就本案合同所述交易而言，其履行并没有因交易的法律属性定性而受到影响，边某永的损失也和交易的定性之间没有法律上的因果关系。因此裁决驳回边某永在本案中提出的全部仲裁请求。

四、北京二中院拟处理意见

北京二中院经审查认为，根据已查明的事实，边某永通过金某公司在北商所提供的交易平台上进行的白银现货电子交易业务，采用的是预付款（保证金）交易模式进行买卖，其具体交易目的已经独立于白银制品的基础买卖和转移占有，边某永利用小额的资金来进行数倍于原始金额的投资，以期望获得相对于所投资白银价格波动的数倍收益，而该收益来源于每次买卖合约之间的差价，该合约是由北商所提供的，将来发生交收标的物及价款的标准化合约。因此，本案交易实质是白银期货交易。

《期货交易管理条例》第四条规定："期货交易应当在依照本条例第六条第一款设立的期货交易所、国务院批准的或者国务院期货监督管理机构批准的其他期货交易场所进行。禁止在前款规定的期货交易场所之外进行期货交易。"第六条规定："设立期货交易所，由国务院期货监督管理机构审批。未经国务院批准或者国务院期货监督管理机构批准，任何单位或者个人不得设立期货交易场所或者以任何形式组织期货交易及其相关活动。"因此，期货交易应当在依法设立的期货交易所、国务院批准的或者国务院期货监督管理机构批准的其他期货交易场所进行。北商所未经批准上线案涉交易品种，而金某公司以其注册会员的身份吸引不特定的社会公众参与交易，脱离国家监管，存在极大的投资风险。故金某公司与边某永签订《天誉金某客户协议》的行为违反了我国法律法规的强制性规定，应当认定无效。仲裁裁决驳回边某永的仲裁请求，北京二中院认为该裁决违背社会公共利益，根据《仲裁法》第五十八条第三款的规定，应予撤销该仲裁裁决。

五、我院审查后拟处理意见

本案所涉裁决为国内仲裁机构出具且无涉外因素，故应依照《仲裁法》第五十八条之规定，对当事人所提申请及本案所涉仲裁裁决进行审查。

因北京二中院报送本案时，关联案件需与相关部门会商并待最高人民法院、北京市委政法委的指示，故此案当时未能形成一致意见向最高人民法院上报。现最高人民法院、北京市委政法委的一致意见为，案涉交易违法，合同无效，由平台承担不超过本金损失的赔偿责任。故我院拟同意北京二中院以违背社会公共利益的理由撤销案涉裁决。

因当事人住所地跨省级行政区域且存在违背社会公共利益的情形，根据《最高人民法院关于仲裁司法审查案件报核问题的有关规定》第三条之规定，将相关审查意见向贵院报核。

以上意见当否，请批复。

最高人民法院

关于中国某集团有限公司、中国某集团辽宁有限公司申请撤销中国国际经济贸易仲裁委员会（2020）中国贸仲京裁字第 1406 号仲裁裁决一案的复函

2021 年 12 月 17 日　　　　　　　　　　（2021）最高法民他 449 号

北京市高级人民法院：

你院京高法（2021）1199 号《关于中国某集团有限公司、中国某集团辽宁有限公司申请撤销中国国际经济贸易仲裁委员会（2020）中国贸仲京裁字第 1406 号仲裁裁决一案的请示》收悉。经研究，答复如下：

本案系申请撤销仲裁裁决的案件，主要审查是否存在《中华人民共和国仲裁法》（以下简称《仲裁法》）第五十八条规定的情形。关于案涉仲裁裁决是否违背社会公共利益的问题。根据你院请示所述事实，本案中，虽然案涉《关于建昌县红某矿业有限责任公司股权转让合同》（以下简称《股权转让合同》）在形式上仅涉及双方平等主体之间的民事纠纷，但依据相关刑事判决认定的事实，李某为完成中国某集团有限公司（以下简称某集团）对建昌县红某矿业有限责任公司（以下简称红某矿业）的股权收购，指使红某矿业工作人员以造假方法虚构金矿储量，编制虚假储量《补充勘探地质报告》，未经国土资源部门评审备案，导致该金矿虚假储量被李某卖给了某集团，造成国家经济损失。李某单独或者伙同他人多次向时任某集团总经理孙某学等人行贿，孙某学等人在上述金某—红某金矿收购中涉嫌受贿罪，均已被判刑。故案涉《股权转让合

同》的签订、履行的背后均存在李某、孙某学等人的行贿、受贿行为，签订案涉《股权转让合同》明显系双方行贿受贿的结果。《股权转让合同》的实质是以从事犯罪或者帮助犯罪行为作为内容的合同，该等行为涉及贿赂等严重违法犯罪行为，违背了法律的基本原则，违反了国家的公序良俗。因此，本案符合《仲裁法》第五十八条第三款关于裁决违背社会公共利益的规定，案涉仲裁裁决应予撤销。

其次，关于仲裁程序是否违反法定程序的问题。《最高人民法院关于适用〈中华人民共和国仲裁法〉若干问题的解释》第二十条的规定："仲裁法第五十八条规定的'违反法定程序'，是指违反仲裁法规定的仲裁程序和当事人选择的仲裁规则可能影响案件正确裁决的情形。"本案中，某集团、中国某集团辽宁有限公司（以下简称某集团辽宁公司）于2018年8月22日提起仲裁申请，请求包括确认解除《股权转让合同》，被申请人返还合同价款并赔偿损失等。某集团于2020年9月17日提交《增加仲裁请求申请书》，请求确认《股权转让合同》无效。仲裁庭依据《中国国际经济贸易仲裁委员会仲裁规则（2015版）》第十七条的规定认为该项申请提出过迟，不予同意，并不属于违反《仲裁法》规定的仲裁程序或当事人选择的仲裁规则可能影响案件正确裁决的情形。因此，某集团、某集团辽宁公司关于仲裁庭不同意其增加仲裁请求属于违反法定程序的理由不能成立。

综上所述，本案符合《仲裁法》第五十八条第三款规定的情形，同意你院关于撤销案涉（2020）中国贸仲京裁字第1406号仲裁裁决的意见。

此复

附：

北京市高级人民法院
关于中国某集团有限公司、中国某集团辽宁有限公司申请撤销中国国际经济贸易仲裁委员会（2020）中国贸仲京裁字第1406号仲裁裁决一案的请示

2021年10月18日　　　　　　　　　　京高法（2021）1199号

最高人民法院：

北京市第四中级人民法院受理了申请人中国某集团有限公司、中国某集团辽宁有限公司申请撤销中国国际经济贸易仲裁委员会（2020）中国贸仲京裁字第1406号仲裁裁决（以下简称1406号裁决）一案。经审查，我院拟撤销该仲裁裁决。根据《最高人民法院关于仲裁司法审查案件报核问题的有关规定》第三条的规定，现将本案有关情况报告并请示如下。

一、当事人基本情况

申请人（仲裁申请人）：中国某集团有限公司。

法定代表人：卢某，董事长。

申请人（仲裁申请人）：中国某集团辽宁有限公司。

法定代表人：王某满，总经理。

以上二申请人委托诉讼代理人：刘某武，北京市金杜律师事务所律师。

以上二申请人委托诉讼代理人：钟某玲，北京市金杜律师事务所律师。

被申请人（仲裁被申请人）：李某，男，住辽宁省绥中县。

被申请人（仲裁被申请人）：刘某丰，男，住辽宁省建昌县。

以上二被申请人委托诉讼代理人：周某军，北京天驰君泰律师事务所律师。

以上二被申请人委托诉讼代理人：张某，北京天驰君泰律师事务所律师。

二、仲裁概况

2018年8月22日，中国某集团有限公司（以下简称某集团）、中国某集团辽宁有限公司（以下简称某集团辽宁公司）依据《关于建昌县红某矿业有限责任公司股权转让合同》（以下简称《股权转让合同》）向中国国际经济贸易仲裁委员会（以下简称贸仲）提起仲裁申请，贸仲受理了因履行该合同产生的争议仲裁案。

二申请人的仲裁请求为：

1. 确认解除申请人与被申请人2011年12月31日签订的《股权转让合同》；2. 裁决被申请人返还申请人某集团支付的合同价款7000万元，返还申请人某集团辽宁公司支付的合同价款1000万元；3. 申请人可将建昌县红某矿业有限责任公司（以下简称红某矿业）80%股权返还被申请人；4. 被申请人赔偿申请人收购红某矿业股权后投入的生产、探矿等资金2276.425万元（投入总额4552.85万元÷2＝2276.425万元）；5. 被申请人承担申请人为本案支付的律师费45万元；6. 被申请人承担本案仲裁费，包括但不限于案件受理费、案件处理费和仲裁庭向当事人的收取的其他额外的、合理的实际费用等。

二申请人的事实理由为：2011年12月31日，刘某丰（甲方）、李某（乙方）和某集团（丙方）、某集团辽宁公司（丁方）在北京某集团总部大楼签署了《股权转让合同》。该合同第二条约定，李某将其持有红某矿业40%股权和刘某丰将其持有的红某矿业30%股权转让给某集团，合同价款7000万元，李某同时还将10%股权转让给某集团辽宁公司，合同价款1000万元。二被申请人在合同第十七条承诺："甲方、乙方无条件且不可撤销地向丙方、丁方承诺及保证如下：……4. 甲方、乙方已向丙方、丁方真实、准确且无遗漏地披露了红某矿业的资产、权益、经营业绩、现金流向，甲方、乙方须对已向丙方、丁方及为本次股权转让目的聘请的会计师、评估师所提供的财产报表的真实性、准确性、有效性和完整性负责；5. 记载于《资产评估报告》《采矿权评估报告》范围内的全部资产均为红某矿业所有，红某矿业拥有该等资产真实、合法、合规、有效,且能正常使用。"

《股权转让合同》签订后,2012年1月9日至2013年3月8日,申请人分五次向李某支付合同价款8000万元(某集团支付7000万元,某集团辽宁公司支付1000万元)。

2014年4月,李某因涉嫌单位行贿罪被辽宁省铁岭市人民检察院立案侦查。

2017年2月16日,辽宁省铁岭市中级人民法院作出(2015)铁刑二初字00005号刑事判决书,查明了下列事实:"李某是红某矿业实际控制人,2008年收购郭某如持有的建昌金某矿业有限责任公司(以下简称金某矿业)股权,但金某—红某两矿业公司的储量仍然达不到某集团收购标准。李某为完成收购,指使红某矿业工作人员实行了以造假方法虚构金矿储量的行为,并以虚假数据作出《补充勘探地质报告》。"

2015年4月24日,沈阳市铁西区人民检察院以沈西检公诉刑诉(209)号起诉书,指控涉案虚假《补充勘探地质报告》的制作者辽宁省第十一地质大队勘察一处处长张某和犯滥用职权罪等四个罪名起诉到沈阳市铁西区人民法院。2016年6月7日,沈阳市铁西区人民法院(2015)沈铁西刑初字第00296号刑事判决书认定:张某和受李某请托,编制虚假储量《补充勘探地质报告》,未经国土资源部门评审备案,导致该金矿虚假储量被李某卖给了某集团,造成国家经济损失27752.85万元,其中包括:某集团支付的股权转让价款2.32亿元,某集团于收购股权后投入的资金4552.85万元。

二申请人根据《中华人民共和国合同法》(以下简称《合同法》)第九十四条"有下列情形之一的,当事人可以解除合同:……(四)当事人一方迟延履行债务或者有其他违约行为致使不能实现合同目的"之规定,要求二被申请人承担合同被解除后恢复原状即将8000万元合同价款返还给二申请人,并赔偿经济损失。

2020年9月17日,某集团申请增加仲裁请求:请求确认申请人与被申请人签订的《股权转让合同》无效。理由是相关刑事判决证明涉案《股权转让合同》的签订履行与被申请人的犯罪行为存在直接的因果关系,是犯罪行为的"恶果",亦违反了民事法律规定的公序良俗,依法当然无效。

仲裁庭裁决驳回某集团、某集团辽宁公司的全部仲裁请求。

三、申请人申请及被申请人答辩情况

某集团与某集团辽宁公司认为1406号裁决具有《中华人民共和国仲裁法》（以下简称《仲裁法》）第五十八条第一款第三项和《最高人民法院关于适用〈中华人民共和国仲裁法〉若干问题的解释》第二十条规定的情形，应当予以撤销。事实和理由如下。

1. 案涉《股权转让合同》的签约目的、签约手段、履行结果均构成对社会公共利益的损害，仲裁庭认可合同效力并驳回申请人的仲裁请求，违背基本法律原则和社会公序良俗，违背社会公共利益。

李某为被告的《刑事判决书》以及对行贿受贿犯罪相关人员的询问笔录等文件载明，红某矿业原实际控制人李某为达到让某集团收购红某矿业的目的，在红某矿业储量未达到某集团收购标准、收购项目搁置的情况下，李某收购了金某公司并以金某—红某金矿的名义与某集团洽谈收购。为使储量达不到收购标准的金某—红某金矿被申请人收购，李某指使红某矿业工作人员以造假方法提高金矿储量，并贿赂第十一地质大队工作人员以虚假的数据作出《补充勘查地质报告》。上述《补充勘查地质报告》所载的虚假储量，是《采矿权评估报告》《资产评估报告》评估红某公司采矿权评估值为8329.61万元、红某公司股权评估值为10786.16万元（相应地，80%股权的评估价值为8628.83万元）的基础。基于《资产评估报告》中的红某公司股权评估值，申请人与被申请人进一步签订了《股权转让合同》，被申请人从仲裁申请人处获取了8000万元的股权收购款。在磋商签订《股权转让合同》的过程中，被申请人又通过向仲裁申请人工作人员行贿的方式掩饰虚构储量的行为，以推动收购完成。上述事实表明，《股权转让合同》的签约目的、签约手段、履行结果均构成对社会公共利益的损害，1406号裁决驳回仲裁申请人确认合同无效或解除、仲裁被申请人返还股权转让款的请求，违背社会公共利益。

第一，《股权转让合同》自始至终系仲裁被申请人以骗取国有资产为目的而进行的犯罪行为，仲裁被申请人所获所有股权转让价款均系犯罪行为的非法所得，应返还作为受害人的仲裁申请人。1406号裁决忽视

《股权转让合同》系仲裁被申请人实施骗取国有资产犯罪的手段、股权转让价款系非法所得的事实，未裁决《股权转让合同》无效或解除，反而裁决驳回仲裁申请人的仲裁请求，违背制止犯罪、保护受害人权益的基本法律制度和社会公序良俗，违背社会公共利益。

第二，《股权转让合同》的签订系通过虚构黄金储量、向第十一地质大队和申请人的工作人员行贿等犯罪手段达成。如上所述，该等以合法形式掩盖的欺骗、内外串通、行贿受贿、权钱交易、侵占国有资产的犯罪行为在煤炭资源等领域并不鲜见。李某以及接受李某行贿而为其提供帮助、协助的相关人员也已被追究刑事责任。此等证据充分说明，《股权转让合同》是在欺骗、贿赂等犯罪行为下达成的，其签订和履行致使交易价格严重高于矿产价值，严重损害了申请人作为国有企业的利益，造成国有资产的重大损失。依据《股权转让合同》签署时生效的《合同法》《中华人民共和国企业国有资产法》《中华人民共和国民法典》的规定和相关司法实践，该等仲裁被申请人与仲裁申请人工作人员恶意串通达成的以侵占国有资产为目的的合同应属无效。1406号裁决认可该等合同的效力，有违诚信和禁止行贿受贿的基本法律制度和社会公序良俗，违背社会公共利益。

第三，《股权转让合同》的履行已经导致申请人向被申请人支付股权转让款8000万元，国有资产遭受重大损失。1406号裁决在明知《股权转让合同》的履行已导致国有资产流失的基础上，仍裁决驳回申请人要求返还股权转让款的仲裁请求，导致流失的国有资产无法收回，违背社会公共利益。

2. 仲裁庭不同意仲裁申请人增加的仲裁请求，违反法定程序，导致裁决结果错误。

在仲裁案件审理过程中，仲裁申请人于2020年9月10日向贸仲提交《增加仲裁请求申请书》，请求确认《股权转让合同》无效。但是，仲裁庭在2020年10月30日告知不同意仲裁申请人增加仲裁请求的申请。

根据《仲裁法》第二十七条及仲裁案件适用的《中国国际经济贸易仲裁委员会仲裁规则（2015版）》（以下简称《贸仲仲裁规则》）第十七条"变更仲裁请求或反请求"的规定，变更仲裁请求系当事人的法定权利，仲裁庭拒绝当事人变更仲裁请求或反请求，需同时满足"提出变更的时间过迟"且"影响仲裁程序正常进行"两项条件。

《股权转让合同》的效力是仲裁庭审理案件的前置问题,仲裁庭依法应主动审查。因此,不论仲裁申请人何时提出新增仲裁请求,对该仲裁请求的受理都不会满足"提出变更的时间过迟"且"影响仲裁程序正常进行"的条件。仲裁庭均应予以受理。事实上,1406 号裁决确实对《股权转让合同》的效力作出了认定,且仲裁申请人提出新增仲裁请求距仲裁庭最终作出裁决的时间相距近一个半月。仲裁庭驳回仲裁申请人增加仲裁请求的申请,违反了《贸仲仲裁规则》第十七条的规定,剥夺了仲裁申请人对于合同效力充分发表意见的机会。

由于仲裁庭不同意仲裁申请人要求确认《股权转让合同》无效的新增仲裁请求,仲裁申请人未能就《股权转让合同》的效力问题发表针对性意见,导致仲裁庭作出了认定《股权转让合同》有效的错误认定。根据《仲裁法》第五十八条第一款第三项和《最高人民法院关于适用〈中华人民共和国仲裁法〉若干问题的解释》第二十条的规定,1406 号裁决书应予撤销。

李某、刘某丰称:

1. 裁决不存在违反公共利益的情形。本案所涉协议是平等民事主体间的合同争议,处理结果仅影响合同当事人,不涉及社会公共利益。依照相关司法实践,央企在日常商事活动中受到的经济损失并不等于国有资产的流失。本案纠纷仅涉及申请人与被申请人之间的经济利益,与全体社会成员的广泛利益无关,更不属于社会公共利益。

2. 仲裁程序未违反法定程序,仲裁庭不接受申请人变更仲裁请求具有充分的法律和事实依据。《贸仲仲裁规则》第十七条规定,申请人可以申请对其仲裁请求进行变更,被申请人也可以申请对其反请求进行变更;但是仲裁庭认为其提出变更的时间过迟而影响仲裁程序正常进行的,可以拒绝其变更请求。据此,申请人在仲裁程序中虽然有权提出变更仲裁请求,但是否接受该请求的决定权最终应在于仲裁庭。

四、法院查明的事实

2011 年 12 月 31 日,刘某丰(甲方)、李某(乙方)和某集团(丙方)、某集团辽宁公司(丁方)在北京某集团总部大楼签署了《股权转让合同》。该合同第 2 条约定，李某将其持有红某矿业 40%股权、刘某丰将其持有的红某矿业 30%股权转让给某集团，合同价款 7000 万元，李某同时还将 10%股权转让给某集团辽宁公司，合同价款 1000 万元。

《股权转让合同》签订后，2012 年 1 月 9 日至 2013 年 3 月 8 日，申请人分五次向李某支付合同价款 8000 万元（某集团支付 7000 万元，某集团辽宁公司支付 1000 万元）。

2014 年 4 月，李某因涉嫌单位行贿罪被辽宁省铁岭市人民检察院立案侦查。2017 年 2 月 16 日，辽宁省铁岭市中级人民法院作出（2015）铁刑二初字 00005 号刑事判决。红某矿业犯单位行贿罪，被处罚金 1500 万元。李某为红某矿业的实际控制人，犯单位行贿罪，判处有期徒刑二年十个月。

此外，辽宁省第十一地质大队勘察一处处长张某和因在上述金某—红某金矿收购中涉嫌受贿罪、事业单位人员滥用职权罪等，沈阳市铁西区人民法院于 2016 年 6 月 7 日作出（2015）沈铁西刑初字第 00296 号刑事判决，张某和犯受贿罪，判处有期徒刑十一个月，犯事业单位人员滥用职权罪，判处有期徒刑四年六个月……担任辽宁省第十一地质大队副总工的丁某，因上述金某—红某金矿收购中涉嫌受贿罪、事业单位人员滥用职权罪等，沈阳市铁西区人民法院于 2015 年 10 月 8 日作出（2015）沈铁西刑初字第 00278 号刑事判决，丁某犯受贿罪，判处有期徒刑一年，犯事业单位人员滥用职权罪，判处有期徒刑三年六个月……此外，时任辽宁中金黄金有限责任公司地质开发部经理的樊某宏、时任某集团辽宁有限公司副总经理的刘某远、时任中国某集团公司资源开发部副经理的王某江等人因在上述金某—红某金矿收购中涉嫌受贿罪，分别被判刑。

另外，时任某集团总经理的孙某学，在上述金某—红某金矿收购中涉嫌受贿罪，2016 年被辽宁省铁岭市中级人民法院判刑。

根据上述刑事判决书确认的证据，证明如下事实：

李某是红某矿业实际控制人，2008 年收购郭某如持有的金某矿业股权，但金某—红某两矿的储量仍然达不到中金集团收购标准。李某为完成收购，指使红某矿业工作人员实行了以造假方法虚构金矿储量的行为，编制虚假储量《补充勘探地质报告》，未经国土资源部门评审备案，导致该金矿虚假储量被李某卖给了某集团，造成国家经济损失 27752.85 万元，其中包括：某集团支付的股权转让价款 2.32 亿元，某集团于收购股权后投入的资金 4552.85 万元。为完成某集团对红某矿业的股权收购，李某单独或者伙同他人多次向孙某学等 11 人行贿共计 1294 万元。

后经查实，金某—红某两矿实际的黄金储量仅有 278.79 千克，但是虚假的《补充勘查地质报告》载明两矿的黄金探明储量为 6970.45 千克（其中金某矿为 6248 千克，红某矿为 722.45 千克）。

2018 年 8 月 22 日，二申请人依据《股权转让合同》向贸仲提起仲裁申请，要求确认《股权转让合同》已经解除，被申请人返还某集团支付的合同价款 7000 万元，返还某集团辽宁公司支付的合同价款 1000 万元；被申请人赔偿二申请人收购红某矿业股权后投入的生产、探矿等资金 2276.425 万元（投入总额 4552.85 万元÷2＝2276.425 万元）……

两申请人于 2020 年 9 月 17 日提交《增加仲裁请求申请书》，请求确认申请人与被申请人签订的《股权转让合同》无效。仲裁庭认为两申请人的该项增加仲裁请求申请提出过迟，不予同意。

五、北京市第四中级人民法院拟处理意见

本案争议不具有涉外因素，应依照《仲裁法》第五十八条的规定，对本案进行审查。

北京市第四中级人民法院拟裁定撤销 1406 号裁决。主要理由如下：

依据相关刑事判决确定的事实，金某—红某两矿实际的黄金储量仅有 278.79 千克，但是李某提供的虚假的《补充勘查地质报告》载明，两矿的黄金探明储量为 6970.45 千克（其中金某矿为 6248 千克，红某矿为 722.45 千克），虚增 25 倍左右。

按照某集团的收购标准，被收购的金矿黄金储量为 6000 千克以上。金某—红某两矿实际的黄金储量仅有 278.79 千克，按照当时价格大约价值 1100 万元（尚未扣除生产费用等支出）。本案中，某集团支付 8000 万元股权转让费用，在收购后投入的生产、探矿费用亦多达 4500 多万元，正常情况下，该笔交易是不可能发生的。

双方之所以签订本案《股权转让合同》，由申请人花费 8000 万元购买价值 1100 万元的金矿，明显系双方行贿受贿的结果。而且，双方行贿受贿的行为，并不仅是为了让被申请人获取市场交易机会，而是借此合

同套取国企的国有资产。所以《股权转让合同》是明显的恶意串通损害国家利益的行为,也符合以合法形式掩盖非法目的的情形。

在上述情形下,通过行贿受贿方式签订的导致重大国有资产流失的《股权转让合同》,明显成为相关人员骗取国有资产的工具,但是仲裁庭认定为合法有效,该裁决结果显然违背了我国法律维护社会公平正义的价值取向,也不符合公序良俗,对社会最根本的法律原则构成了危害,亦与社会主义核心价值观相悖,属于违反社会公共利益的情形,因此,案涉裁决应予撤销。

综合以上分析,北京市第四中级人民法院依据《仲裁法》第五十八条第三款关于裁决违背社会公共利益之规定,拟裁定撤销1406号裁决。

六、我院拟处理意见

本案的焦点问题是1406号裁决结果是否违反了社会公共利益。"社会公共利益"一词具有不确定性和模糊性,我国法律对其未作任何解释或者界定。依照一般的理解,社会公共利益常指一个国家的重大社会或经济利益、法律的基本原则或者基本道德准则。因此,在司法审查过程中,法院应当审查执行裁决的结果是否会使国家的重大社会或经济利益遭受严重的损失,是否违背法律的基本原则,是否违反社会的公序良俗。本案中,虽然《股权转让合同》在表面上仅涉及申请人与被申请人双方平等主体之间的民事纠纷,但根据相关刑事判决认定的事实,案涉《股权转让合同》的签订、履行的背后均存在李某、孙某学、张某和等人的行贿、受贿行为,《股权转让合同》已经成为相关人员骗取国有资产的工具,其实质是以从事犯罪或者帮助犯罪行为作为内容的合同,该等行为涉及贿赂等严重违法犯罪,违背了法律的基本原则,违反了社会的公序良俗。因此,依据《仲裁法》第五十八条第三款关于裁决违背社会公共利益之规定,拟裁定撤销1406号裁决。

此外,对于某集团、某集团辽宁公司关于仲裁庭不同意其增加的仲裁请求违反法定程序的撤销理由,我院认为,《最高人民法院关于适用〈中华人民共和国仲裁法〉若干问题的解释》第二十条规定:"仲裁法第五十八条规定的'违反法定程序',是指违反仲裁法规定的仲裁程序和当事人选择的仲裁规则可能影响案件正确裁决的情形。"本案中,仲裁庭根据《贸仲仲裁规则》第十七条的规定未同意申请人增加的确认《股权转让协议》无效的请求,但对合同效力的审查应属仲裁庭裁判的范围和应有之义。尽管在裁决书中对《股权转让协议》的效力进行了确认,但因仲裁庭未能受理某集团、某集团辽宁公司确认《股权转让协议》无效的请求导致申请人与被申请人双方未能就合同效力问题充分展开辩论,存在影响案件正确裁决的可能,故应当认定仲裁程序违反法定程序。因此,依据《仲裁法》第五十八条第一款第三项关于仲裁程序违反法定程序之规定,拟裁定撤销1406号裁决。

综上所述,我院同意北京市第四中级人民法院拟撤销1406号仲裁裁决的意见。根据《最高人民法院关于仲裁司法审查案件报核问题的有关规定》第三条之规定,特向贵院报告。

以上意见妥否,请批示。

最高人民法院
关于对达某奇家居股份有限公司申请撤销北京仲裁委员会（2018）京仲裁字第0242号仲裁裁决再请示案的复函

2021年9月10日　　　　　　　　　　（2020）最高法民他331号

北京市高级人民法院：

你院京高法（2020）787号《关于达某奇家居股份有限公司申请撤销北京仲裁委员会（2018）京仲裁字第0242号仲裁裁决案件的再请示》收悉。经研究，答复如下：

达某奇家居股份有限公司（以下简称达某奇公司）申请撤销北京仲裁委员会作出的仲裁裁决，因被申请人潘某尼、庄某华为新加坡居民，故本案为申请撤销涉外仲裁裁决案件，应依照《中华人民共和国仲裁法》第七十条及《中华人民共和国民事诉讼法》第二百七十四条第一款的规定，对达某奇公司的申请事项进行审查。

关于案涉债权债务关系是否真实存在。根据你院报请的事实，案涉股权转让框架协议第四条"股东向公司借款债权的偿还"约定：约定股东借款债权的偿还，根据卖方说明，截至本协议签署日，卖方向目标公司提供不超过2亿元的股东借款（不计利息），具体金额以各方共同指定的会计师事务所就公司债权债务进行的专项审计的审计结果中记载的卖方对目标公司享有的股东借款债权为准。针对案涉债权的真实性，潘某尼、庄某华向仲裁庭提供了讼争债权的款项交付凭证、款项来源的证据、达某奇公司及其实际控制人的自认、达某奇公司工作人员的确认、达某奇公司出具的询征函、历次审计报告、案涉一笔债权名义债权人的确认函件，以及声明书和当庭证言。仲裁庭对案涉债权债务存在与否系基于一系列证据而综合作出的认定，所依据的并非仅仅是三位名义债权人的证言。

关于裁决的事项是否属于协议的范围或者仲裁机构无权仲裁。根据你院报请的事实，案涉股权转让协议第十一条约定"因签署或履行本协议引起或与之有关的任何争议，应提交北京仲裁委员会，按照申请仲裁时该会现行有效的仲裁规则在北京进行仲裁"。首先，案涉股权转让框架协议第四条载明了争议的债权债务的相关内容，第四条属于案涉股权转让框架协议的组成部分，达某奇公司也已在案涉股权转让框架协议上签字。故潘某尼、庄某华以案涉股权转让框架协议第四条为依据提起仲裁，属于因履行案涉协议引起或与之有关的争议。其次，协议中关于"不超过2亿元的股东向公司借款"的约定并不构成双方对借款数额的最终确定，协议已明确载明具体金额应当由各方共同指定的会计师事务所专项审计结果决定。而以上债权均与"4·30审计报告"及2014年年度审计报告的审计结果一致。裁决事项并未超出仲裁协议的范围。

另，你院报请称拟依据《中华人民共和国民事诉讼法》第二百七十四条第三款、第四款撤销案涉裁决，但现行有效的《中华人民共和国民事诉讼法》第二百七十四条并不存在第三款、第四款。如果你院所指系《中华人民共和国民事诉讼法》第二百七十四条第一款第三项、第四项，你院认为仲裁庭超裁属于该条第一款第三项所规定的"仲裁庭的组成或者仲裁的程序与仲裁规则不符"，归类似有不妥。

综上所述，本案不存在《中华人民共和国民事诉讼法》第二百七十四条第一款第三项、第四项规定的情形。不宜以你院报送的理由撤销（2018）京仲裁字第0242号仲裁裁决。

此复

附：

北京市高级人民法院
关于达某奇家居股份有限公司申请撤销北京仲裁委员会（2018）京仲裁字第 0242 号仲裁裁决案件的再请示

2020 年 11 月 26 日　　　　　　　　京高法（2020）787 号

最高人民法院：

我市第四中级人民法院（以下简称北京四中院）受理的达某奇家居股份有限公司申请撤销北京仲裁委员会（以下简称北仲）作出的（2018）京仲裁字第 0242 号仲裁裁决一案，经我院及贵院审查后，需要对未查清楚的案情进一步查清，我院于 2019 年 7 月退回北京市第四中级人民法院补充查明相关事实。现北京市第四中级人民法院（以下简称北京四中院）再次向我院请示。经研究，现将本案有关情况报告并请示如下：

一、当事人基本情况

申请人（原仲裁被申请人）：达某奇家居股份有限公司。

法定代表人：范某学，董事长。

委托诉讼代理人：孙某昱，北京市海勤律师事务所律师。

委托诉讼代理人：耿某强，北京市海勤律师事务所律师。

被申请人：潘某尼（TONY PHUA，原仲裁申请人），新加坡共和国籍，男，住 143 COVE DRIVE, SINGAPORE。

委托诉讼代理人：应某彪，北京市炜衡律师事务所律师。

委托诉讼代理人：宋某琦，北京炜衡（天津）律师事务所律师。

被申请人：庄某华（PHUA SIEW HUA，原仲裁申请人），新加坡共和国籍，女，住 143 COVE DRIVE, SINGAPORE。

委托诉讼代理人：应某彪，北京市炜衡律师事务所律师。

委托诉讼代理人：宋某琦，北京炜衡（天津）律师事务所律师。

二、仲裁概况

（一）案情

2014年4月30日，潘某尼、庄某华（卖方）与北京东某投资有限公司（买方，以下简称东某公司）、达某奇家居股份有限公司（以下简称达某奇公司）签订了《达某奇家居股份有限公司股权转让框架协议》，即本案协议，第二条约定股权转让及债务偿还安排，包括：（1）卖方同意将其合计持有的目标公司3519万股，占股本总额的32.58%的股份（以下简称目标股份）及相应股东权利和权益全部转让给买方……（3）各方一致同意，自本协议签署之日起，目标公司的损益与卖方无关，卖方不再承担目标公司的亏损，也不享有获得股利和其他形式利益分配的权利……（4）自本协议签署之日起至目标股份转让完成日止，各方确认，在此期间，卖方仅为名义股东，由买方实际享有目标股份所对应的全部股东权利和权益，并承担所有股东义务和责任……（5）各方同意在本协议签署之日起三个月内（2014年7月30日前）将与本次目标股份转让相关的政府审批及工商登记程序需买方与卖方共同或需卖方单方签署的相关文件一并签署完毕，并提供全部所需手续资料……（6）卖方为目标公司融资所承担的个人保证担保，自目标股份转让完成后解除，目标公司需积极配合办理相关解除手续。协议第三条约定股权转让价款及支付方式，卖方和买方一致同意本次转让目标公司的转让价格为2亿元（以下简称股份转让价格），支付方式为：相关交易文件签署之日起3个工作日内，支付第一笔股份转让款5000万元；完成上海市商务委员会审批且办理完毕目标股份转让的工商变更登记手续之日起7个工作日内，支付剩余全部股份转让价款1.5亿元……第四条约定股东借款债权的偿还，根据卖方说明，截至本协议签署日，卖方向目标公司提供不超过2亿元的股东借款（不计利息），具体金额以各方共同指定的会计师事务所就公司债权债务进行的专项审计的审计结果中记载的卖方对目标公司享有的股东借款债权为准，卖方确认除前述股东借款债权外，其就目标公司不享有其他任何债权。各方一致同意，就上述股东借款，在专项审计完成后7个工作日内，按照该审计结果确认的债权实际金额由目标公司向名义债权人偿还。卖方要求向其直接偿还的，则应由经专业审计确认的名义债权人和卖方双方按照专项审计确认的借款债权金额共同向目标公司提交名义债权人出具的书面确认函，确认其对目标公司相应的借款债权已于本协议签署之前转给卖方，或该等借款实际由卖方提供，其对目标公司不享有任何借款债权。卖方不能向买方提供前述确认函的，则买方有权直接向名义债权人偿还。目标公司向卖方实际偿还借款后，名义债权人或其他第三方就该等股东借款债权向目标公司或买方主张任何权利导致目标公司或买方产生任何损失的，卖方应全额赔偿。第十一条约定仲裁条款，提交北京仲裁委员会。

2014年4月8日，达某奇公司以询征函的方式分别向三位名义债权人及潘某尼、庄某华确认了上述债务。

潘某尼、庄某华申请仲裁的请求如下：

（1）达某奇公司立即偿还借款本金204621324.1元；

（2）达某奇公司立即偿还逾期利息暂计至2015年12月1日为14579269.3元；

（3）达某奇公司立即偿还违约金暂计至2015年12月1日为55247757.21元；

（4）达某奇公司承担本案财产保全申请费、申请人提供担保的损失与支出、律师费、交通费、公证认证费、其他为实现债权而产生的费用、其他损失等合计1500万元；

（5）仲裁费由达某奇公司承担。

潘某尼、庄某华申请仲裁称：

潘某尼、庄某华曾系达某奇公司的股东，为解决达某奇公司的经营需要，曾委托黄某新、朱某基、莫某（以下简称三位名义债权人）以他们的名义向达某奇公司提供本金为187638190元的股东借款，此外，达某奇公司对潘某尼还负有16983134.1元的债务。

潘某尼、庄某华在仲裁审理过程中，向仲裁庭提交了18组证据，包括立案证据、名义债权人转账凭证及声明、达某奇公司的审计报告、潘某尼名下的贷款、达某奇公司控股地位、潘某尼从新加坡向黄某新汇新加坡币1970万元用于贷款给被申请人、黄太（指黄某新妻子）收到的两笔欧元款系庄某华4300万元股份转让款借贷转化形成、黄某新收到的美元系用于达某奇公司的证据、潘某尼和庄某华主张还款的证据、达某奇公司向名义债权人发出询证函的证据、潘某尼主张律师费等实现债权费用的证据、达某奇家居股权转让框架协议、潘某尼关于借款的部分电邮、达某奇公司部分工商登记档案、来往邮寄公证等。

(二) 仲裁庭的审查意见（摘要）

仲裁庭认为本案的焦点为：第一，本案协议第四条约定的借款和该款项的性质；第二，本案协议第四条约定的付款条件是否成就；第三，潘某尼和庄某华主张的16983134.1元股东借款是否属于仲裁范围；第四，达某奇公司反请求依据和事实是否清晰以及本案是否需要移送公安机关；第五，本案利息、违约金和其他费用的计算。

1. 本案协议第四条约定的借款和该款项的性质

作为本案协议项下的此约定义务的合法存在，以及达某奇公司并未就此项义务向潘某尼、庄某华实际履行的事实，双方也不持有异议。对潘某尼、庄某华提交的达某奇公司审计报告中的欠款数额，达某奇公司对此事实也不持有异议。双方的焦点争议在于，是否存在着潘某尼、庄某华在控制达某奇公司期间，发生了将本属于达某奇公司的应收账款，转为了达某奇公司对前股东（潘某尼、庄某华）的个人欠款。由于双方存在这种分歧，导致本案项下的合同关系和潘某尼、庄某华与达某奇公司之间的公司变动交易关系发生了重叠，进而产生了事实上的分歧主张。因此，本案项下的争议属于事实层面的争议，即审计报告中所确定的达某奇公司对潘某尼、庄某华的债权属于潘某尼、庄某华所称的本案协议项下的真实债权，还是达某奇公司所称的应当归属于达某奇公司的应收货款。

仲裁庭认为，判断本案项下的双方争议，首先应当通过对本案项下的法律关系界定，确定双方的举证证明责任和证明水平；其次，就所涉及的事实层面的相关因素，分配相应的举证责任；最后，对双方提交的证据，就其所能证明的事实的内容、程度和水平，予以判断。

仲裁庭认为，本案协议所约定的双方之间的交易关系，系属股东与股东之间公司控制权力转移的大宗股权交易，即原控股股东将其持有的控制权力比例的股份转让给其他股东，从而形成了新的控股股东。该交易中的股权转让义务已经完成，公司的控制权力也随之发生了转移。双方对这些事实并无异议。潘某尼、庄某华主张的是要求达某奇公司履行股权转让中的部分对价，系合同约定中未能界定清晰数额的，公司对原控股股东的债务。因此，这一合同关系是债权债务关系，潘某尼、庄某华认为达某奇公司的履行条件已经满足，并且数额已经得到确定，是股权转让中的对价给付义务履行问题。对这一法律关系，作为股权转让的对价支付履行义务，仲裁庭认为，我国法律并未对发生在股东和股东之间的债务履行关系和一般的债务履行关系作出区分。在本案协议项下，潘某尼、庄某华的举证责任应当包括债权的合法、真实存在，达某奇公司应予履行而未履行，以及本案协议约定的支付条件已经满足这三个核心要件。

达某奇公司在本案协议下对潘某尼、庄某华主张的抗辩，属于案件上的事实抗辩，包括以下几个具体主张：第一，潘某尼、庄某华没有提供转给三位名义债权人的转款依据；第二，三位名义债权人向达某奇公司转账的资金，实际为达某奇公司位于香港母公司、子公司代收取的货款。达某奇公司的主张，即本案协议项下的欠款，应当属于三位名义债权人作为达某奇公司的员工履行职务，归属于达某奇公司所有而非股东的借款。达某奇公司主张的法律事实属于公司内的前控股股东和公司之间的基于控制权力而引发的公司内部管理关系。

仲裁庭认为，由于本案交易的特性，既有基于股权转让的债权债务关系的特性，也有基于大宗股份转让而产生的控制权力的转移内容，而本案协议的约定对价中也包含了作为股东和公司之间存在着借款关系，由此本案项下的潘某尼、庄某华主张的债务履行的法律关系和达某奇公司主张的公司内部的代收货款等内部管理关系，存在着重叠关系。

仲裁庭认为本案协议属于股权转让交易，如果达某奇公司的抗辩事实不能成立，在潘某尼、庄某华通过仲裁申请书及其初步证据，提交了本案协议依据等证明证据的前提下，可以参照适用一般的债权债务法律关系加以判断。达某奇公司在本案项下的抗辩理由系达某奇公司主张的实际支付与事实不符，达某奇公司应当就其所主张的事实成立，且足以否定潘某尼、庄某华所主张的事实的举证证明程度承担责任，并在不能证明其所主张的事实存在的情形下，承担不利的仲裁后果。

仲裁庭就双方通过本案程序提交的证据所涉及的相关事实认定如下：

第一，关于本案协议所涉及的股权转让对应的控制权转移。仲裁庭认为，本案协议系股东之间的大宗股份转让，同时涉及达某奇公司的控制权力转移问题，前股东将公司的实际控制权转移给新股东，该项转移系本案协议的主合同义务，同时对查明本案的争议事实，以及本案争议的法律关系及其法律后果具有重要意义。

仲裁庭查明，从2012年5月21日至2012年7月14日，达某奇公司经历一系列股份变更，潘某尼、庄某华夫妇持有达某奇公司32.58%的股份，郑某坤间接持有达某奇公司33.2%的股份，首旅集团间接持有达某奇公司33.8%的股份。

本案中，根据双方提交的证据，庄某华在担任达某奇公司总经理期间，其处理的事务为公司日常管理与经营事务，对于公司重大决策，需要股东大会的决定。并且，根据双方提交的公司日常邮件往来记录，对于公司重大事项，需要告知或请示郑某坤，说明郑某坤实际参与达某奇公司的公司治理。结合潘某尼、庄某华提供的达某奇公司三方股东因理念不合，潘某尼、庄某华退出达某奇公司的证据，仲裁庭注意到《达某奇（香港）有限公司股份转让协议》履行并完成了股权登记变更之后，潘某尼、庄某华已经成为达某奇公司的第三股东，并且对公司的重大决策和经营不再具有决定性影响。不晚于2012年7月14日，按照持股比例，达某奇公司的事实第一股东和第二股东已经接管公司的经营，并有能力对公司的重大决策、监督以及具体制度，依据《中华人民共和国公司法》等相关规定，提出和通过针对第三股东的议案并通过相应的决策。

第二，关于达某奇公司所主张的代收货款事实认定。达某奇公司认为达某奇香港关联公司转移至鑫通、顺通账户的款项大部分为马某的代收货款。达某奇公司提交了证据38，包括马某于境内付款购货销售单以及后续转单、送货单、自提单相关凭证以及马某于香港付款购货销售单及境内转单、送货单。同时，达某奇公司在证据30、31、33、34中提出在潘某尼、庄某华实际经营管理期间，黄某新、朱某基、莫某名下的挂账金额中100380444元所对应的马某订单全部转为收入，潘某尼、庄某华主张的借款实际是应收账款。对此，仲裁庭认为，达某奇公司所提供的证据仅是对黄某新、朱某基、莫某名下挂账金额转为销售收入的确认，且提交的该证据存在明显瑕疵。

就达某奇公司提出的代收货款的证据，潘某尼、庄某华第16组证据中提供了直接证据证明马某支付给香港关联公司1.2亿元港币款项用途：黄某新发给马某的短信，黄某新代表潘某尼询问马某2011年支付给香港关联公司的款项事宜，马某进行了回复；潘某尼、庄某华发送给马某的核实邮件及次日马某的回复，潘某尼、庄某华向马某核实2011年支付给香港关联公司的约1.2亿元款项用途，马某回复系抵押金，账目已结清，2011年均是从深圳购货。

结合双方所提交的证据，仲裁庭认为：首先，根据达某奇公司关于马某与郑某坤应收货款的数额主张，二者相加约为1.44亿元，与187638190元的借款数额相差甚大，达某奇公司的主张并不能直接证明应收货款和股东借款之间的数额上的对应；其次，对应收账款的事实，达某奇公司所提交的证据，缺乏来自交易方的直接证据，而潘某尼、庄某华则提交了来自交易方马某的直接证据。因此仲裁庭认为在这一举证事实上，潘某尼、庄某华具有证据上的优势。

同时，仲裁庭认为，如果达某奇公司主张的事实为真，在本案协议签订并且主合同义务即股权转让履行之后，截至本案仲裁提起之时，达某奇公司并未提交任何证据表明，就在本案仲裁中其所提出的事实，向潘某尼、庄某华作出了主张；达某奇公司也并未提交在前述2012年7月14日，即达某奇公司的控制权转移之后，就上述事实向潘某尼、庄某华作出主张或者交涉的事实；达某奇公司在2015年5月作出对2014年年度的自行审计，其中明确写明欠名义债权人和潘某尼、庄某华的欠款数额和申请书中的数额是一致的，该审计报告表明在2015年度达某奇公司仍然确认存在着针对潘某尼、庄某华的债务，这与达某奇公司主张的应收货款的认定形成明确的冲突。

再次，仲裁庭认为，2011年9月27日的《达某奇家居股份有限公司股份转让框架协议》显示，郑某坤指定的东某公司持有达某奇公司4.08%的股份。2012年7月14日至2014年4月30日，达某奇公司股权变动，郑某坤成为第二股东，依照《中华人民共和国公司法》及公司章程，享有公司的决策权、知情权，对于本案协议项下争议所涉及的款项，如果如达某奇公司所主张属于应收货款而非欠款，那么涉及在性质上对争议的支付应重新确认并予以重新定性，但达某奇公司并未提供证据表明在长达数年的时间内启动相应的调查乃至认定程序，同时，也并未有来自达某奇公司的证据表明，就上述事实作为本案项下潘某尼、庄某华的对抗主张，达某奇公司向潘某尼、庄某华作出过明确主张。

最后，仲裁庭在听取了双方的证人证言之后，经过询问证人的工作、离职、分工、财务手续等，认为达某奇公司作为潘某尼、庄某华持续经营多年的公司，在内部分工、工作流程上均有相应的制度，分工明确，属于公司治理较为完善的情形。在此前提下，达某奇公司在长达数年的时间内并未就在本案中主张的理由和事实进行相应的程序处理，也没有提交相应的证据。同时，达某奇公司没有提交来自会计师或者审计师等方面的证据，表明达某奇公司的会计制度存在明显的制度缺陷，在日常管理中对达某奇公司所主张的潘某尼、庄某华公私不分及更改付款属性等行为或性质上类似的行为，提出过保留意见或者纠正措施。因此，仲裁庭认为达某奇公司的公司治理、财务管理及其制度较为规范。达某奇公司的主张，在未提交存在着公司治理、财务管理上的重大缺陷，以及向潘某尼、庄某华在合同履行义务持续期间作出主张的证据的前提下，缺乏交易时间上的连续性和一致性，也缺乏相关事实的辅助性事实作为证明。故此，仲裁庭对达某奇公司的主张、事实、理由，认为不能构成对潘某尼、庄某华所提出的主张、事实和理由的否定和对抗。

结合上述判断，仲裁庭认为，达某奇公司提交的证据，对其所主张的本案项下的争议支付，属于达某奇公司的应收账款，涉及对交易款项的重新定性，缺乏来自交易方的直接证据，与其自身的公司内部财务审计报告形成冲突，也不符合公司治理和商务经营，乃至合同管理的惯例和常理。同时，潘某尼、庄某华提供的证据属于来自交易方的确认，是直接证据。仲裁庭认为达某奇公司的现有证据并未能够完成对其主张事实的证明。

第三，关于潘某尼、庄某华所主张的股东借款事实认定。潘某尼、庄某华主张，本案资金的流向是潘某尼、庄某华支付黄某新新加坡币1970万元、从某处借款新加坡币4400万元、从某公司处借款新加坡币800万元，扣除费用后，透过名义债权人黄某新、朱某基、莫某共计贷款给达某奇公司187638190元。本案中，达某奇公司提交本案协议、三份询证函、三份债权确认书、三位名义债权人证人证言、三位名义债权人银行流水与关于股东向公司借款的部分电子邮件作为证据，证明本案协议第四条约定的股东向公司借款真实存在。

仲裁庭认为，潘某尼、庄某华提供的上述证据，分别有款项转入来源的证据，名义债权人的确认，以及实际债权人的确认，形成了完整的证据链条，可以证明上述款项的转移存在。潘某尼、庄某华对本案协议项下的债权存在的真实性的证明义务已经完成。

仲裁庭同时注意到，达某奇公司针对潘某尼、庄某华上述事实的抗辩，系法律抗辩，达某奇公司认为，潘某尼、庄某华一方的证人当庭证言的自认及相关银行流水、转账凭证等证据显示，潘某尼、庄某华同证人存在非法买卖巨额外汇非法跨境转移巨额资金的行为，涉嫌非法经营罪。仲裁庭认为，上述法律抗辩构成了对达某奇公司主张的事实抗辩的冲突，如果达某奇公司主张的代收货款事实主张成立，则法律抗辩不能成立，达某奇公司在本案项下向仲裁庭提交了相应的证据，表明其已经启动了相应的法律程序，仲裁庭认为达某奇公司已经通过其所提交的证据表明的法律行为，否定了其所主张的事实。同时，仲裁庭认为，达某奇公司的上述行为，在没有提供充分证据的前提下，其所主张的事实与本案协议项下的法律关系属独立、可分的法律关系；与本案法律关系并不必然形成对抗性的否定关系。

综上所述，仲裁庭认为，潘某尼、庄某华已经就仲裁庭在本案审理过程中，基于查明本案事实而进行的举证责任分配，完成了相应的举证义务，证明了本案协议项下的借款行为真实存在。

同时，仲裁庭结合潘某尼、庄某华已经提交的本案协议作为债权存在的凭证，以及双方共同确认的达某奇公司并未向潘某尼、庄某华返还的事实，认为达某奇公司在本案协议项下的欠款事实明确。

2. 关于本案协议第四条约定的付款条件是否成就

关于作为债权偿还条件的专项审计结果是否成就的问题，双方存在着争议。

仲裁庭认为，结合双方提交的材料，仲裁庭认定专项审计结果已经完成，偿还借款的条件成就。

首先，"4·30审计报告"和2014年年度审计报告对潘某尼、庄某华主张的股东向公司借款予以确认。2014年年度审计报告第34页，在"其他应付款"一列，列明以下信息：潘某尼—周转资金—股东—16983134.1元，黄某新—周转资金—非关联方—34095600元，莫某—周转资金—非关联方—31900000元，朱某基—周转资金—非关联方—121642590元。此金额与潘某尼、庄某华主张的借款金额一致。在"4·30审计报告"中，列明上述各方的债权债务明细。

其次，上述审计结果符合本案协议约定的偿还借款的条件。《中华人民共和国会计法》（2017年修正）第二十条第二款规定："财务会计报告由会计报表、会计报表附注和财务情况说明书组成。向不同的会计资料使用者提供的财务会计报告，其编制依据应当一致。有关法律、行政法规规定会计报表、会计报表附注和财务情况说明书须经注册会计师审计的，注册会计师及其所在的会计师事务所出具的审计报告应当随同财务会计报告一并提供。"《企业财务会计报告条例》第三十六条的规定："企业依照本条例规定向有关各方提供的财务会计报告，其编制基础、编制依据、编制原则和方法应当一致，不得提供编制基础、编制依据、编制原则和方法不同的财务会计报告。"会计报告的编制依据具有一致性，本案中在"4·30审计报告"草稿和2014年年度审计报告已出具而且对股东向公司借款进行确认的情况下，在达某奇公司并未提供否定性证据的前提下，仲裁庭有合理理由认为会计师事务所出具的正式审计报告与其之前出具的报告具有一致性。本案协议中的付款条件是"审计工作完成"，但由于正式审计报告由一方不合理拖延，导致尚未出具。但结合审计报告的目的和审计报告之间的一致性，仲裁庭认为"4·30审计报告"草稿已经达到合同目的，即对双方之间股东向公司借款数额的确认。

另外，潘某尼、庄某华提出，2014年年度审计报告虽是潘某尼、庄某华退出达某奇公司后制作，但年度审计报告制作的依据为公司财务账簿记载，而公司账簿本身存在瑕疵，同样的，"4·30审计报告"中，作为审计依据的公司财务账簿本身也是存在瑕疵的。仲裁庭认为，第一，达某奇公司的上述公司财务账簿本身存在瑕疵的主张，并未得到来自达某奇公司提交的、在本案之前已经发生的事实证据的支持；第二，根据本案协议的目的，双方所约定的条件，属于对潘某尼、庄某华的债权数额的确认，而并不涉及对于达某奇公司账簿本身瑕疵与否的审查。会计师事务所作审计报告依据的公司财务账簿真实、准确与否并不在本案范畴，属于公司内部治理问题，达某奇公司也并未提交证据表明该项公司账簿瑕疵的存在，以及该瑕疵对本案协议项下的支付条件是否满足构成了影响。仲裁庭对此抗辩不予支持。

综上所述，仲裁庭认为，本案协议第四条中作为偿还借款的条件已经成就，对于正式审计报告尚未出具的过错归属于达某奇公司。

3. 关于潘某尼、庄某华主张的16983134.1元股东向公司借款是否属于仲裁范围

仲裁庭认为，潘某尼、庄某华增加的16983134.1元的仲裁请求属于本案审理范围，新增的仲裁请求与本案原有仲裁请求皆涉及潘某尼、庄某华与达某奇公司的债权债务法律关系。

第一，潘某尼、庄某华增加的仲裁请求属于股东潘某尼直接向公司提供的股东向公司借款，属于本案协议第四条的范畴。仲裁庭注意到，潘某尼、庄某华在其提交的第七组证据中针对16983134.1元股东借款的来源作出回应，即庄某华的4300万元股份转让款作为贷款给达某奇公司后，转化为汇给JUMBO的3120351.4欧元（人民币26016865.9元）；剩余人民币16983134.1元计作潘某尼的贷款，根据本案协议第四条"股东向公司借款债权的偿还"，第一款约定"根据卖方说明，截至本协议签署日，卖方向目标公司提供了不超过2亿元的股东向公司借款（股东向公司借款不计利息），具体金额以各方共同指定的会计师事务所（即致同会计师事务所）就目标公司债权债务进行专项审计的审计结果中记载的卖方对目标公司享有的股东向公司借款债权为准（包括卖方以第三方名义向目标公司提供的借款）……"对于协议中"不超过2亿元的股东向公司借款"应当理解为卖方单方说明，并不构成双方对借款数额的最终确定，根据本案协议，具体金额由各方共同指定的会计师事务所专项审计结果确定。

第二，关于潘某尼、庄某华增加仲裁请求的贷款关系是否存在。仲裁庭注意到，在2014年年度审计报告中，显示达某奇公司欠黄某新、莫某、朱某基三人合计187638190元，欠潘某尼16983134.1元，在潘某尼、庄某华提交的证据16中含询证函的电子邮件中，达某奇公司再次确认欠潘某尼16983134.1元。结合以上证据与潘某尼、庄某华提供的其他证据，

仲裁庭认可潘某尼关于借款本金 16983134.1 元的增加仲裁请求属于本案审理范围，仲裁庭对潘某尼的请求予以支持，达某奇公司应向潘某尼偿还借款 16983134.1 元。

（三）仲裁裁决

（1）达某奇公司偿还潘某尼和庄某华借款本金 187638190 元；

（2）达某奇公司偿还潘某尼借款本金 16983134.1 元；

（3）达某奇公司向潘某尼和庄某华支付以借款本金 187638190 元为基数、按照每年 4.75% 的利率标准、自 2015 年 6 月 30 日计算至实际支付之日的逾期利息，暂计算至 2015 年 12 月 1 日的逾期利息为 3784893.63 元；

（4）达某奇公司向潘某尼支付以借款本金 16983134.1 元为基数、按照每年 4.75% 的利率标准、自 2015 年 6 月 30 日计算至实际支付之日的逾期利息，暂计算至 2015 年 12 月 1 日的逾期利息为 342570.75 元；

（5）达某奇公司向潘某尼和庄某华支付以借款本金 187638190 元为基数、按照每月 1.5% 的标准、自 2015 年 6 月 30 日计算至实际支付之日的违约金，暂计算至 2015 年 12 月 1 日的违约金为 14541959.73 元；

（6）达某奇公司向潘某尼支付以借款本金 16983134.1 元为基数、按照每月 1.5% 的标准、自 2015 年 6 月 30 日计算至实际支付之日的违约金，暂计算至 2015 年 12 月 1 日的违约金为 1316192.89 元；

（7）达某奇公司承担潘某尼和庄某华为本案支出的律师费 62 万元、公证费 40210 元及保全费 5000 元；

（8）驳回潘某尼和庄某华的其他仲裁请求；

（9）驳回达某奇公司的全部仲裁反请求；

（10）本案本请求仲裁费 1247343.4 元（已由潘某尼和庄某华全额预交），全部由达某奇公司承担，达某奇公司应直接向潘某尼和庄某华支付潘某尼和庄某华代其垫付的本请求仲裁费 1247343.4 元；本案反请求仲裁费 75308.96 元（已由达某奇公司全额预交），由达某奇公司自行承担。

三、申请人申请及被申请人答辩

达某奇公司申请称：请求撤销北京仲裁委员会作出的（2018）京仲

裁字第0242号仲裁裁决（以下简称0242号仲裁裁决）。事实与理由如下：（1）仲裁裁决存在"不属于仲裁协议的范围或者仲裁机构无权仲裁的"情形。裁决第一项、第二项的借款本金之和超出了仲裁协议约定的范围及潘氏夫妇自认的金额范围；裁决第五项、第六项确定的违约金计算方式没有仲裁协议约定并超出了潘氏夫妇的仲裁申请范围；裁决的事项属于仲裁机构无权仲裁的事项。（2）仲裁裁决中第二项所裁决内容借款本金16983134.1元没有订立仲裁条款。（3）仲裁案中存在"仲裁庭的组成或者仲裁的程序与仲裁规则不符的"情形。首席仲裁员在接受指定时应披露而未披露利害关系，违反《北京仲裁委员会仲裁规则》第21条、《北京仲裁委员会仲裁员守则》第5条，严重损害了达某奇公司在仲裁案件中行使申请仲裁员回避的程序权利；仲裁庭恶意偏袒潘氏夫妇，未做到公平、公正地对待各方当事人，包括仲裁庭认定仲裁案关键事实问题系根据存在严重程序瑕疵的潘某尼、庄某华方面的证人证言。亦未给予达某奇公司陈述和辩论的合理机会，违反《北京仲裁委员会仲裁规则》第24条的规定。（4）裁决认可了通过地下钱庄跨境借贷的合法化和有效性，如果这一裁决得到法院的支持，将严重损害及威胁我国的外汇管理制度，并最终损害我国社会公共利益。本次在北京四中院审查过程中，达某奇公司补充的实和理由为：（1）仲裁庭刻意将案涉争议定性为股权转让纠纷，强行将双方当事人未形成合议的、不属于仲裁协议范围的事项纳入仲裁，在未经当事人授权情况下代替致同会计师事务所代表当事人补充合同缺失的要素，明显超出仲裁范围；（2）首席仲裁员未履行信息披露义务，严重违反仲裁规则，仲裁裁决理应撤销。

潘某尼、庄某华答辩称：达某奇公司提出撤裁申请是为了规避执行、逃避责任。对于股东借款的具体金额的认定属于仲裁庭就仲裁案件实体内容的认定和处理裁决事项围绕仲裁申请人的申请作出，既未超出仲裁申请人请求的范围，也未超出仲裁协议的范围。对于违约金的计算方式有无仲裁协议约定是否超裁问题属于达某奇公司对仲裁裁决单方面的错误理解。仲裁庭认为，16983134.1元的仲裁请求属于本案审理范围。达某奇公司在仲裁程序中，已申请了首席仲裁员邓某回避，北京仲裁委已驳回了达某奇公司的申请，不存在影响公正仲裁的情形。《最高人民法院关于仲裁司法审查案件报核问题的有关规定》体现人民法院秉持于法有据、谦抑慎重的态度对仲裁实施监督，而支持仲裁应该是常态的、一贯的、坚定不移的。达某奇公司申请撤销仲裁的理由均不能成立，其想利用执行中的救济程序来规避执行、逃避责任，已构成对执行救济程序的滥用。潘某尼、庄某华补充意见为：（1）法院应遵循有限审查原则，确保仲裁裁决的确定性和稳定性；（2）本案仲裁事项属于仲裁协议的范围；（3）涉及外汇管理的刑事问题与本案借款法律关系不是同一个法律关系；（4）是否调取名义债权人的银行流水属于仲裁的事实认定问题，不属于法院的审查范围。

四、关于本案报请情况

2018年11月21日，北京四中院京四中法文（2018）62号拟处理意见为：本案中，潘某尼、庄某华将187638190元的股东借款作为主要仲裁请求，同时向仲裁庭提交了三位名义债权人签字确认的询证函和债权确认书，以及三位名义债权人的证人证言等作为主要证据，而仲裁庭正是在采信了上述证据的基础上，认定潘某尼、庄某华所主张的股东向公司借款真实存在，最终裁定由达某奇公司偿还潘某尼、庄某华借款本金187638190元。现达某奇公司在申请撤销仲裁裁决的同时，提出三位名义债权人涉嫌作伪证，潘某尼、庄某华则通过伪造证据、隐匿与案件有关的重要事实等手段在仲裁中获取不正当利益。根据北京四中院调取的公安机关对三位名义债权人的询问笔录，证实三位名义债权人在仲裁庭出庭作证时，并未如实、客观地陈述其所知道的事实情况，对其出具的书面证据和其证人证言的内容并不知情亦未核实，缺乏基本的客观真实性。潘某尼、庄某华提交不实证据的行为已足以影响仲裁庭对事实的认定，导致涉案仲裁裁决存在瑕疵，有必要通过重新仲裁加以纠正。为维护当事人合法权益，避免不诚信的一方当事人获取非法利益，保障仲裁裁决的公正，北京四中院拟依据《最高人民法院关于适用〈中华人民共和国仲裁法〉若干问题的解释》第二十一条第一款及《第二次全国涉外商事海事审判工作会议纪要》第七十九条的规定，通知北京仲裁委员会在一定期限内重新仲裁，同时裁定中止撤销程序。经与北京仲裁委员会沟通，北京仲裁委员会明确答复北京四中院不同意重新仲裁。基于以上情况，北京四中院认为，本案因仲裁申请人伪造证据，导致仲裁裁决存在明显瑕疵，拟裁定撤销0242号仲裁裁决。

2018年12月19日，我院报送贵院京高法文（2018）798号拟处理意见：（1）《达某奇家居股份有限公司股份转让框架协议》是潘某尼、庄某华与东某公司关于达某奇公司股权转让的约定，而本案实际上涉及的是潘某尼、庄某华与达某奇公司之间的债权债务关系。虽然该协议第十一条第二款约定了仲裁条款，但本案不应属于该仲裁协议范围。（2）本案首席仲裁员邓某与潘某尼、庄某华的委托诉讼代理人所在的北京市炜衡律师事务所的执业律师之间私交频繁，定期来往，存在可能影响公正裁决的情形。根据《中华人民共和国仲裁法》（以下简称《仲裁法》）第三十四条规定，"仲裁员与本案当事人、代理人有其他关系，可能影响公正仲裁的必须回避"，仲裁庭对此应主动予以披露并严格执行回避制度。（3）本案中，潘某尼、庄某华将187638190元的股东借款作为主要仲裁请求，同时向仲裁庭提交了三位名义债权人签字确认的询征函和债权确认书，以及三位名义债权人的证人证言等作为主要证据，而仲裁庭正是在采信了上述证据的基础上，进而认定潘某尼、庄某华所主张的股东向公司借款真实存在，最终裁定由达某奇公司偿还潘某尼、庄某华借款本金187638190元。现达某奇公司在申请撤销仲裁裁决的同时，提出三位名义债权人涉嫌作伪证，潘某尼、庄某华则通过伪造证据、隐匿与案件有关的重要事实等手段在仲裁中获取不正当利益。根据北京四中院调取的公安机关对三位名义债权人的询问笔录，证实三位名义债权人在仲裁庭出庭作证时，并未如实、客观地陈述其所知道的事实情况，对其出具的书面证据和其证人证言的内容并不知情亦未核实，缺乏基本的客观真实性。潘某尼、庄某华提交不实证据的行为已足以影响仲裁庭对事实的认定。本案为涉外仲裁，应依据《中华人民共和国民事诉讼法》（2017年修正）[以下简称《民事诉讼法》（2017年修正）]第二百七十四条审理，仲裁裁决依据的证据是伪造的，也与仲裁规则不符。我院拟裁定撤销0242号仲裁裁决。

贵院于2019年5月10日以（2019）最高法民他8号答复我院：根据《最高人民法院关于仲裁司法审查案件报核问题的有关规定》（以下简称《仲裁司法审查规定》）第二条第一款的规定，高级人民法院经审查拟同意中级人民法院认定仲裁协议无效，不予执行或者撤销我国内地仲裁机构的仲裁裁决,需要向我院报核。根据《仲裁司法审查规定》第五条的规定,上级人民法院收到下级人民法院的报核申请后,认为案件相关事实不清的,可以询问当事人或者退回下级人民法院补充查明事实后再报。你院应在对相关事实独立进行审查的基础上,再依据《仲裁司法审查规定》的规定进行报核。

我院于 2019 年 7 月 1 日(2018)京民他 163 号答复北京四中院,要求对本案查清:(1)北京仲裁委员会作出的 0242 号仲裁裁决的事项是否属于仲裁协议的范围或者存在仲裁机构无权仲裁的情形;(2)本案首席仲裁员邓某与潘某尼、庄某华的委托诉讼代理人所在的北京市炜衡律师事务所的执业律师之间是否存在《仲裁法》第三十四条规定的"仲裁员与本案当事人、代理人有其他关系,可能影响公正仲裁的必须回避"情形,且仲裁庭对此未披露;(3)关于北京四中院报告中提及你院调取了公安机关对三位名义债权人的询问笔录,证实三位名义债权人在仲裁庭出庭作证时,未如实客观地陈述其所知道的事实情况,对其出具的书面证据和其证人证言的内容并不知情亦未核实,缺乏基本的客观真实性。潘某尼、庄某华提交不实证据,足以影响仲裁庭对事实的认定。对此,请北京四中院进一步查清案情,并提出因此构成撤销仲裁裁决的法律依据。

北京四中院收到我院(2018)京民他 163 号答复后,承办法官做了如下工作:(1)组织当事人开庭谈话;(2)与原承办法官沟通;(3)联系仲裁委与首席仲裁员邓某约谈。

承办法官李某梅称,卷七中的法院调取的材料是原承办法官温某军依达某奇公司申请,从北京市公安局朝阳分局刑事侦查支队调取的,有 2018 年 5 月 29 日的受案登记表,有 2018 年 8 月 1 日分别对三位名义债权人的询问笔录,莫某、朱某基均认可其曾在仲裁庭出庭作证,出示了钱是潘某尼的书面证明,该证明内容系黄某新写的,并让两人签字,两人同时均承认没有通过潘某尼的账户给两人转过钱,无法确认钱就是潘某尼,而是按黄某新的说法作证钱是潘某尼的。黄某新认可其曾在仲裁庭出庭作证,证明达某奇公司与潘某尼存在债权债务关系,达某奇公司实际欠潘某尼 1.8 亿元左右人民币,同时承认无法证明其个人人民币账户收到的资金确系潘某尼换汇而来,只是推断。卷七中还有涉及周某炎、范某学、李某、郑某坤、赵某伟的询问笔录。原承办法官温某军还前往深圳公安局调查资金情况是否涉及违反法律，未查实。

承办法官李某梅称，与首席仲裁员邓某谈话内容系录音，笔录未签字，且未作为撤裁理由，故未入卷。此次北京市高级人民法院需要，整理后于2020年4月17日寄至北京市高级人民法院。

北京市高级人民法院收到后入其卷宗。

2019年12月31日，北京四中院以京四中法文（2019）97号再次拟处理意见：（1）本案中，潘某尼、庄某华与东某公司因股权转让事宜签订《股权转让框架协议》，达某奇公司作为目标公司在股权转让协议上盖章确认。《股权转让框架协议》对目标公司股东及持股情况、股份转让及债务偿还安排、股权转让价款及支付方式、股东借款债权的偿还、竞业禁止条款、关于新加坡子公司的处理等内容进行了约定，但纵观上述内容，均是对股权转让内容进行了约定，合同权利义务的主体均为潘某尼、庄某华及东某公司，而达某奇公司作为目标公司仅是知晓上述内容。即使是《股权转让框架协议》第四条关于股东借款债权的偿还，亦是基于潘某尼、庄某华的说明，目的在于告知买方东某公司关于达某奇公司所欠潘某尼、庄某华借款的情况及偿还安排，以及间接说明确定股权转让价款的依据之一，不能据此条认定达某奇公司与潘某尼、庄某华就借款债权（包括借款数额、借款时间、偿还时间等）存在合意，亦不能认定该条是对达某奇公司与潘某尼、庄某华关于借款部分权利义务的约定。《股权转让框架协议》第十一条约定的仲裁事项为因签署或履行本协议引起或与之有关的任何争议，该争议应为股权转让的双方即潘某尼、庄某华与东某公司之间因股权转让而发生的争议，仲裁程序中双方均认可股权转让义务已完成，公司的控制权力也随之发生了转移。潘某尼、庄某华与东某公司就股权转让不存在争议。现潘某尼、庄某华依据《股权转让框架协议》就其与达某奇公司之间的借款纠纷申请仲裁，该仲裁事项不属于因签署或履行股权转让协议引起或与之有关的争议。北京仲裁委作出的裁决属于对与本案股权转让纠纷有关联但不属于仲裁协议约定的事项，符合裁决的事项不属于仲裁协议的范围的规定，应当予以撤销。

（2）本案中，仲裁申请人潘某尼、庄某华将187638190元的股东借款作为主要仲裁请求，同时向仲裁庭提交了三位名义债权人签字确认的询征函和债权确认书,以及三位名义债权人的证人证言等作为主要证据,而仲裁庭正是在采信了上述证据的基础上,进而认定潘某尼、庄某华所主张的股东向公司借款真实存在,最终裁定由达某奇公司偿还潘某尼、庄某华借款本金187638190元。根据北京四中院调取的公安机关对三位名义债权人的询问笔录,证实三位名义债权人在仲裁庭出庭作证时,并未如实、客观地陈述其所知道的事实情况,对其出具的书面证据和其证人证言的内容并不知情亦未核实,缺乏基本的客观真实性。潘某尼、庄某华提交不实证据的行为已足以影响仲裁庭对事实的认定,导致涉案仲裁裁决存在瑕疵,有必要通过重新仲裁加以纠正。

(3)其他需要说明的问题。关于本案首席仲裁员是否存在可能影响公正仲裁的必须回避的情形,且仲裁庭对此未披露的问题。达某奇公司主张本案首席仲裁员邓某参加了潘某尼、庄某华委托的律师所在的北京市炜衡律师事务所举行的论坛,且邓某与该所的王某民律师存在私交。经承办人与首席仲裁员邓某面谈了解,邓某以专家身份参加2015年国企举办的研讨会,北京市炜衡律师事务所的律师也参加了;此外,邓某还参加过延安炜衡律师事务所举办的培训;邓某与北京市炜衡律师事务所的王某民律师系师兄弟。经北京四中院审查认为,以上情形均不符合《北京仲裁委员会仲裁员守则》(2006修订)第五条规定的有义务披露的情形,不存在可能影响公正仲裁的必须回避的情形。且达某奇公司在仲裁程序中,已申请了首席仲裁员邓某回避,北京仲裁委已作出《关于(2015)京仲案字第2783号仲裁案不予回避的决定》,驳回了达某奇公司的申请。

综上所述,北京四中院认为本案首席仲裁员邓某与潘某尼、庄某华的委托代理人所在的北京市炜衡律师事务所的执行律师之间不存在可能影响公正仲裁的必须回避且仲裁庭对此未披露的情形。在北京仲裁委员会明确答复北京四中院不同意重新仲裁且存在裁决的事项不属于仲裁协议的范围的情况下,北京四中院认为,鉴于以上两点意见,本案拟裁定撤销0242号仲裁裁决。

五、我院拟处理意见

本案诉讼系达某奇公司以0242号仲裁裁决超出了仲裁请求范围等理

由提起的撤销之诉。因被申请人潘某尼、庄某华为新加坡居民，故本案为申请撤销涉外仲裁裁决案件，应依照《仲裁法》第七十条及《民事诉讼法》（2017年修正）第二百七十四条的规定，对达某奇公司的申请事项进行审查。

《民事诉讼法》（2017年修正）第二百七十四条第一款规定："对中华人民共和国涉外仲裁机构作出的裁决，被申请人提出证据证明仲裁裁决有下列情形之一的，经人民法院组成合议庭审查核实，裁定不予执行：（一）当事人在合同中没有订有仲裁条款或者事后没有达成书面仲裁协议的；（二）被申请人没有得到指定仲裁员或者进行仲裁程序的通知，或者由于其他不属于被申请人负责的原因未能陈述意见的；（三）仲裁庭的组成或者仲裁的程序与仲裁规则不符的；（四）裁决的事项不属于仲裁协议的范围或者仲裁机构无权仲裁的。"

根据申请人达某奇公司的撤裁理由，分析如下：

1. 本案是否存在《民事诉讼法》第二百七十四条第四款规定"裁决的事项不属于协议的范围或者仲裁机构无权仲裁的"情形

第一，达某奇公司在申请撤销仲裁裁决中提出三位名义债权人涉嫌作伪证，潘某尼、庄某华则通过伪造证据、隐匿与案件有关的重要事实等手段在仲裁中获取不正当利益。

本案中，潘某尼、庄某华以三位名义债权人签字确认的询征函和债权确认书以及三位名义债权人的证人证言等作为主要证据，主张公司向股东借款真实存在，继而要求达某奇公司偿还潘某尼、庄某华借款本金187638190元。仲裁庭采信了上述证据。现达某奇公司在申请撤销仲裁裁决的同时，提出三位名义债权人涉嫌作伪证，潘某尼、庄某华则通过伪造证据、隐瞒与案件有关的重要事实等手段在仲裁中获取不正当利益。根据北京四中院调取的公安机关对三位名义债权人的询问笔录，证实三位名义债权人在仲裁定出庭作证时，并未如实、客观地陈述其所知道的事实情况，对其出具的书面证据和其证人证言的内容并不知情亦未核实，缺乏基本的客观真实性，潘某尼、庄某华提交不实证据的行为已足以影响仲裁庭对事实的认定，导致涉案仲裁裁决存在瑕疵，有必要通过重新仲裁加以纠正。

第二，关于本案首席仲裁员是否存在可能影响公正仲裁的必须回避的情形。

达某奇公司主张,本案首席仲裁员邓某参加了潘某尼、庄某华委托的律师所在的北京市炜衡律师事务所举行的论坛,且邓某与该所的王某民律师存在私交。北京四中院承办法官与首席仲裁员邓某通过面谈了解到,邓某以专家身份参加2015年国企举办的研讨会,北京市炜衡律师事务所的律师也参加了研讨会;此外,邓某还参加过延安炜衡律师事务所举办的培训;邓某与北京市炜衡律师事务所的王某民律师系师兄弟。达某奇公司在仲裁程序中,已申请了首席仲裁员邓某回避,北京仲裁委作出了《关于(2015)京仲案字第2783号仲裁案不予回避的决定》,驳回了达某奇公司的申请。对此,我院认为,首席仲裁员邓某未主动披露不属于《民事诉讼法》第二百七十四条第三款规定"仲裁庭的组成或者仲裁的程序与仲裁规则不符的"情形,不存在可能影响公正仲裁的必要回避情形。

2. 本案是否存在《民事诉讼法》第二百七十四条第三款规定"仲裁庭的组成或者仲裁的程序与仲裁规则不符的"情形

潘某尼、庄某华是依据《达某奇家居股份有限公司股份转让框架协议》中仲裁条款向北京仲裁委提出仲裁申请的。《达某奇家居股份有限公司股份转让框架协议》的签约方为潘某尼及庄某华、东某公司、达奇公司。潘某尼及庄某华作为卖方,向买方东某公司转让、买方东某公司受让卖方潘某尼及庄某华持有的目标公司全部股份。达某奇公司作为目标公司在股权转让协议上盖章确认。《达某奇家居股份有限公司股份转让框架协议》第四条股东借款债权的偿还中,明确了达某奇公司所欠潘某尼、庄某华借款的情况及偿还安排。该条款是对买方东某公司的告知条款,不能认定是达某奇公司与潘某尼、庄某华关于借款部分权利义务的约定。《达某奇家居股份有限公司股份转让框架协议》第十一条约定仲裁事项为因签署或履行本协议引起或与之有关的任何争议,应提交北京仲裁委员会。现潘某尼、庄某华依据《达某奇家居股份有限公司股份转让框架协议》就其与达某奇公司之间的借款纠纷申请仲裁,已超出《达某奇家居股份有限公司股份转让框架协议》中约定的仲裁事项范围,该仲裁事项不属于因签署或履行股权转让协议引起或与之有关的争议。北京仲裁委作出的裁决属于对与本案股权转让纠纷有关联但不属于仲裁协议约定的事项作出了裁决，符合裁决的事项不属于仲裁协议的范围的规定，应当予以撤销。

综上所述，在北京仲裁委员会明确答复不同意重新仲裁且存在裁决的事项不属于仲裁协议的范围的情况下，我院拟依据《民事诉讼法》第二百七十四条第三款、第四款的规定，裁定撤销（2018）京仲裁字第0242号仲裁裁决。依据《最高人民法院关于仲裁司法审查案件报核问题的有关规定》第二条第一款的规定报送贵院审查。

以上意见妥否，请批示。

(三）申请不予执行仲裁裁决案件

最高人民法院
关于岳某君、裴某申请不予执行
仲裁裁决一案的复函

2021 年 10 月 22 日　　　　　　（2021）最高法民他 235 号

四川省高级人民法院：

你院（2020）川执他412号《关于不予执行北京仲裁委员会（2018）京仲裁字第0441号仲裁裁决的报告》收悉。经研究，答复如下：

《中华人民共和国民事诉讼法》第二百三十七条第二款第五项规定"对方当事人向仲裁机构隐瞒了足以影响公正裁决的证据"，是指一方当事人对于只有己方掌握、而对方不掌握的证据，在仲裁庭审理过程中，对方要求提供，而其故意拒不提供的行为。在本案仲裁裁决过程中，并不存在此类情形，不应当以构成隐瞒证据为由不予执行案涉仲裁裁决。

社会公共利益在不同领域、不同国家和不同历史时期，有不同的含义。《中华人民共和国民事诉讼法》第二百三十七条第三款所称社会公共利益，一般包括我国法律基本原则、国家主权、国家及社会公共安全、善良风俗等。首先，本案存在自然人向不特定对象提供借款的事实，不足以构成违反社会公共利益。而且，借款发生在2014年，而在2018年3月20日仲裁裁决作出时，并无明文规定此种行为无效，至2020年12月23日最高人民法院修正《最高人民法院关于审理民间借贷案件适用法律若干问题的规定》时，才明确规定："未依法取得放贷资格的出借人，以营利为目的向社会不特定对象提供借款的"，人民法院应当认定民间借贷合同无效。在上述司法解释施行前，有大量判决认定此类民间借贷合同有效。因此，不宜将自然人向不特定多数人大量出借资金认定为违反社会公共利益。其次，出借人以咨询费、服务费、违约金等形式突破法定利息红线赚取高额利息，仲裁裁决支持出借人相关请求属于适用法律错误，也不足以认定为违反社会公共利益。

综上所述，不同意你院以"向仲裁机构隐瞒了足以影响公正裁决的证据"以及"执行该仲裁裁决违背社会公共利益"为由，不予执行北京仲裁委员会（2018）京仲裁字第0441号裁决的意见。

此复

附：

四川省高级人民法院
关于不予执行北京仲裁委员会（2018）京仲裁字
第0441号仲裁裁决的报告

2021年5月31日　　　　　　　　（2020）川执他412号

最高人民法院：

关于唐某与岳某君、裴某国内仲裁纠纷一案，四川省成都市中级人民法院依照《中华人民共和国民事诉讼法》（2017年修正）[以下简称《民事诉讼法》（2017年修正）] 第二百三十七条第二款"被申请人提出证据证明仲裁裁决有下列情形之一的，经人民法院组成合议庭审查核实，裁定不予执行：……（五）对方当事人向仲裁机构隐瞒了足以影响公正裁决的证据的"，第二百三十七条第三款"人民法院认定执行该裁决违背社会公共利益的，裁定不予执行"的规定拟裁定不予执行，向我院报核。经审查，我院拟同意四川省成都市中级人民法院意见，裁定不予执行。依照《最高人民法院关于仲裁司法审查案件报核问题的有关规定》第二条和第三条的规定，报请你院审核。

一、案件的由来

四川省成都市中级人民法院在执行申请执行人唐某依据北京仲裁委员会（2018）京仲裁字第0441号裁决，申请执行岳某君、裴某民间借贷纠纷一案中，被执行人岳某君、裴某向该院申请不予执行仲裁裁决。

二、当事人基本情况

申请人：岳某君，女，汉族，住四川省成都市。

申请人：裴某，男，汉族，住四川省绵阳市。

被申请人：唐某，男，汉族，住北京市。

三、案件的基本情况

北京仲裁委员会根据唐某提交的其与岳某君签订的《借款协议》中的仲裁条款，唐某与岳某君、裴某签订的《补充协议》，以及唐某的仲裁申请书受理了唐某与岳某君、裴某民间借贷纠纷案。2018年3月20日，北京仲裁委员会作出（2018）京仲裁字第0441号裁决，该裁决在"仲裁庭意见"中对于岳某君欠付的借款本金、利息，认为："双方在2014年12月30日最后一次签订的展期协议中确认岳某君尚欠唐某本金346500元，展期期限自2014年12月30日起至2015年1月29日，2015年1月29日展期届满应还本息35万元。唐某主张，在2014年12月30日签署展期协议时，岳某君支付23500元，尚欠借款本金346500元，欠付利息3500元（350000元-346500元=3500元）。唐某还主张，在2014年12月30日最后一份展期协议签署后，岳某君再未支付过任何本金和利息，而岳某君、裴某经本会书面通知无正当理由未到庭参加庭审，且对唐某的该仲裁请求未提出任何异议或者相反的证据，应承担由此产生的不利后果，故仲裁庭对唐某的第一项仲裁请求予以支持，岳某君、裴某应向唐某偿还借款本金346500元及利息3500元。"该裁决主文为："一、岳某君向唐某偿还借款本金346500元和利息3500元；二、岳某君向唐某支付自2015年1月30日起至岳某君实际给付之日的逾期违约金，以346500元为基数，按年利率24%计算，暂计至2017年10月25日为227835.62元；三、岳某君向唐某支付唐某支出的律师费2000元；四、仲裁费26166.72元（已由唐某预交），全部由岳某君承担，岳某君应直接向唐某支付唐某代其垫付的仲裁费26166.72元；五、裴某就该裁决主文第一、二、三、四项中岳某君应向唐某支付的款项承担连带清偿责任；六、唐某对岳某君所有的机动车（车牌号川A5Q×××，车架号WBAFG×××××××××××）拍卖或变卖所得价款在该裁决主文第一、二、三、四项的范围内享有优先受偿权。上述裁决各项中岳某君、裴某应向唐某履行的义务，应于该裁决书送达之日起 15 日内履行完毕。逾期履行的，按照《中华人民共和国民事诉讼法》第二百五十三条的规定处理。"

另查明，唐某系宜信惠普信息咨询（北京）有限公司（以下简称宜信信息咨询公司）、宜信惠民投资管理（北京）有限公司（以下简称宜信投资管理公司）的股东及法定代表人。2014 年 3 月 4 日，岳某君与唐某签订《借款协议》《借款协议信息补充表》约定：岳某君向唐某借款 435600 元；借款期限自 2014 年 3 月 5 日起至 2014 年 6 月 3 日止；利息为 13200 元；岳某君应向宜信信息咨询公司、宜信投资管理公司支付的咨询费、服务费共计 13200 元，由唐某在出借本金中扣减后代为支付。次日，岳某君与宜信信息咨询公司、宜信投资管理公司签订《借款咨询及管理服务协议（借款人）》约定：宜信信息咨询公司、宜信投资管理公司为岳某君借款事宜提供服务，岳某君应向宜信信息咨询公司、宜信投资管理公司分别支付咨询费、服务费，统称为综合费用共计 13200 元，委托出借人代为支付。同日，唐某在扣减综合费用 13200 元后，向岳某君转款 422400 元。后因岳某君未按期还款，唐某与岳某君先后于 2014 年 6 月 3 日、7 月 3 日、8 月 2 日、9 月 1 日、10 月 1 日、10 月 31 日、11 月 30 日、12 月 30 日签订八份《展期协议》，每份《展期协议》均约定展期为一个月。其中，2014 年 12 月 30 日双方所签《展期协议》约定：本次展期借款本金数额为 346500 元，展期至 2015 年 1 月 29 日，岳某君应偿还借款本息 35 万元。宜信信息咨询公司、宜信投资管理公司亦于前述八份《展期协议》签署的相同日期与岳某君签订八份《补充协议》，每份协议约定收取各期展期的综合费用均为 1 万余元。2017 年 10 月，唐某申请仲裁。

四、岳某君、裴某申请不予执行仲裁裁决的理由及唐某答辩意见

岳某君、裴某向四川省成都市中级人民法院申请不予执行仲裁裁决的理由如下：1. 双方所签《借款协议》《借款协议信息补充表》约定，借款本金为 435600 元，前期费用（咨询费、服务费）13200 元从借款本金中预先扣除。协议签订后，岳某君、裴某实际收到借款 422400 元，但仲裁裁决没有将唐某预先扣除的咨询费、服务费从借款本金中扣除，违反法律规定。2. 按照协议约定及相关证据，岳某君、裴某每月偿还的利息、咨询费、服务费共计 17600 元，以岳某君、裴某实际收到的 422400 元为借款本金计算，岳某君、裴某承担的融资成本年利率超过 50%，超过年利率 36% 的法定标准，依法应不予支持，但仲裁裁决未审查上述事实。另外，《借款协议》约定的违约金年化利率亦高达 78.25%。3. 唐某不具备贷款资质，以营利为目的，向不特定多数人发放高息贷款，严重违反法律规定，扰乱金融秩序和社会秩序。4. 唐某在仲裁时隐瞒了部分岳某君、裴某已偿还款项的证据，影响公正裁决，导致仲裁机构错误认定还剩 346500 元本金未偿还。且岳某君所有的机动车（车牌号川 A5Q××   ×，车架号 WBAFG××××××××××××）抵押给了唐某指定的宜信普惠公司，并向唐某交付了一把车钥匙。若唐某将该车处置，则所得款项应抵扣借款本息，唐某隐瞒了该证据，亦影响了仲裁机构公正裁决。5. 唐某在仲裁时，明知岳某君、裴某的实际居住地，仍向仲裁庭提交岳某君、裴某身份证上的居住地，导致岳某君、裴某未能收到仲裁庭有关通知，未能参加仲裁。6. 唐某作为申请执行人的仲裁裁决已被多地法院以违背社会公共利益为由裁定不予执行。综上所述，请求不予执行北京仲裁委员会（2018）京仲裁字第 0441 号裁决。

唐某称：1. 案涉借款，唐某与岳某君、裴某先后签了多次协议、展期协议，最后确认尚欠本金 346500 元，仲裁庭以双方最后确认的金额认定欠款金额正确。2. 双方系民间借贷关系，并不存在放贷资格问题，签订《借款协议》后唐某出借了款项，岳某君、裴某得到了借款即应支付相应利息，至于合同约定超过 36% 的利息，唐某亦认可超过法定利息，故仲裁中调整利息按年利率 24% 计算，北京仲裁委员会予以支持正确。3. 岳某君、裴某主张唐某在仲裁时隐瞒了部分已偿还款的证据，对此问题岳某君、裴某应在仲裁审理过程中举证证实，但其放弃了举证的权利，应当自行承担不利后果。4. 双方选择了北京仲裁委员会对双方纠纷进行仲裁，北京仲裁委员会按照《北京仲裁委员会仲裁规则》向岳某君、裴某送达了开庭通知，被退回后，仲裁庭进行缺席仲裁，符合法律规定。综上所述，请求驳回岳某君、裴某不予执行仲裁裁决的申请。

五、需要说明的问题

1. 关联案件。经四川省成都市中级人民法院检索查询，唐某以民间借贷纠纷起诉或申请仲裁的案件达数十件。其中，四川省达州市中级人民法院对唐某申请执行北京仲裁委员会的九份仲裁裁决，均以唐某向不特定多数人大量出借资金，以咨询费、服务费、违约金等形式突破法定利息红线赚取高额利息，严重扰乱金融秩序和社会秩序，执行该仲裁裁决违背社会公共利益为由，裁定不予执行。我院在审查中发现，四川省达州市中级人民法院未严格执行报核程序，即作出不予执行裁定。

吉林省白城市中级人民法院亦以相同理由驳回了唐某申请执行与孙某伟等纠纷仲裁裁决的申请。

2. 执行中协调情况。在四川省成都市中级人民法院组织的听证中，双方当事人表示案件已进入执行阶段，愿意进行对账后和解。后岳某君、裴某向该院出具书面意见，认为其共计已偿还借款328780.9元，愿意支付尚欠金额105888.48元。唐某的委托诉讼代理人则电话回复称，经核实，岳某君确实于2016年4月还款8万元，但岳某君、裴某计算的欠款金额错误，不同意对方的和解意见。

六、执行法院审查意见

四川省成都市中级人民法院认为，根据《民事诉讼法》（2017年修正）第二百三十七条第二款第五项规定，申请人提出证据证明对方当事人向仲裁机构隐瞒了足以影响公正裁决的证据的，人民法院裁定不予执行仲裁裁决。根据查明的事实，唐某系宜信信息咨询公司、宜信投资管理公司的股东并担任公司法定代表人，而宜信信息咨询公司、宜信投资管理公司就案涉借款的合同签订及展期等一系列过程，均以综合费用的方式收取高额费用，足以说明三者之间具有关联关系。四川省成都市中级人民法院在听证过程中，岳某君、裴某出示了岳某君与电话号码为010-51××××××的人员的通话录音。该录音资料中，对方通话人员陈述：2016年4月7日岳某君还款5万元，2016年4月8日岳某君还款20400元，2016年4月24日岳某君还款9600元，共计还款8万元。录音资料播放完毕后，本庭当即让岳某君拨打010-51××××××电话，电话接通后对方接听电话人员直接称其系宜信公司接线总机，并主动询问来电人是否是岳某君。结合听证时010-51××××××电话接听人员表明的身份，录音资料中通话对象主动陈述的事实，以及唐某、宜信信息咨询公司、宜信投资管理公司具有关联关系的事实，足以说明该录音资料真实、合法，能证明岳某君于2016

年 4 月共计还款 8 万元这一事实。唐某在仲裁中隐瞒了岳某君已偿还借款 8 万元的证据，足以影响仲裁庭对案件的公正裁决。根据前述法条的规定，岳某君、裴某申请不予执行仲裁裁决，理由成立，应予支持。

《中华人民共和国银行业监督管理法》第十九条规定："未经国务院银行业监督管理机构批准，任何单位和个人不得设立银行业金融机构或者从事银行业金融机构的业务活动。"本案中，唐某作为自然人，向不特定多数人大量出借资金，以咨询费、服务费、违约金等形式突破法定利息红线赚取高额利息，严重扰乱金融秩序和社会秩序，执行该仲裁裁决违背社会公共利益，根据《民事诉讼法》（2017 年修正）第二百三十七条第三款关于人民法院认定执行该裁决违背社会公告利益的，裁定不予执行的规定，北京仲裁委员会（2018）京仲裁字第 0441 号裁决应不予执行。

综上所述，唐某向仲裁机构隐瞒了足以影响公正裁决的还款 8 万元的证据，执行该仲裁裁决亦违背社会公共利益，依照《民事诉讼法》（2017 年修正）第二百三十七条第二款第五项、第三款，《最高人民法院关于人民法院办理仲裁裁决执行案件若干问题的规定》第十九条第二款规定，拟裁定不予执行北京仲裁委员会（2018）京仲裁字第 0441 号裁决。

七、我院审查意见

我院经审查，拟同意四川省成都市中级人民法院关于拟裁定不予执行北京仲裁委员会（2018）京仲裁字第 0441 号裁决的意见及其理由。因本案被申请人（申请执行人）住所地在北京市，本案为跨省级行政区域执行案件，根据《最高人民法院关于仲裁司法审查案件报核问题的有关规定》第三条第一项关于当事人住所地跨省级行政区域、高级人民法院经审查同意中级人民法院不予执行仲裁裁决的，应当向最高人民法院报核，待最高人民法院审核后，方可依最高人民法院的审核意见作出裁定的规定，将本案报请最高人民法院审核。

以上意见当否，请批复。

最高人民法院
关于尹某申请不予执行仲裁裁决一案的复函

2021 年 8 月 31 日　　　　　　　　（2021）最高法民他 222 号

广东省高级人民法院：

你院（2020）粤民他 112 号《关于尹某申请不予执行仲裁裁决一案的请示》收悉。经研究，答复如下：

关于第二次仲裁裁决第二项。根据请示报告载明的事实，该项请求已在第一次仲裁时提出，仲裁庭已经对该项请求作出处理，故第二次裁决支持了另外 50% 的租金属于重复仲裁。对于 2016 年 9 月 28 日至 10 月 28 日的租金，虽然第一次仲裁裁决遗漏，但李某音未申请补正，仲裁庭也未予以补正，且第一次仲裁裁决已发生法律效力并执行完毕，该遗漏部分也无法从裁决第二项中分割，亦属于重复裁决。

关于第二次仲裁裁决第一项、第三项。该部分房屋占用费和物业费系在第一次仲裁裁决后至法院强制执行前发生的新损失，不包含在首次仲裁审理裁决的范围内，不构成重复裁决。

关于第四项房屋维修费，李某音第一次仲裁时没有提出该请求，仲裁庭也未审理并裁决，亦不构成重复裁决。

综上所述，同意深圳市中级人民法院少数意见，对案涉仲裁裁决第二项不予执行。

此复

附：

广东省高级人民法院
关于尹某申请不予执行仲裁裁决一案的请示

2021 年 4 月 26 日　　　　　　　　　　　（2020）粤民他 112 号

最高人民法院：

深圳市中级人民法院（以下简称深圳中院）受理尹某申请不予执行仲裁裁决一案，经审查拟裁定不予执行深圳仲裁委员会（2018）深仲裁字第 1266 号仲裁裁决第一项至第三项，向我院请示。我院拟同意该院处理意见。因本案当事人的住所地跨省级行政区域，依照《最高人民法院关于仲裁司法审查案件报核问题的有关规定》第三条第一项的规定，向钧院请示。

一、当事人的基本情况

申请人：尹某，女，汉族，住黑龙江省富锦市。

被申请人：李某音，女，汉族，住广东省深圳市。

二、请求及答辩意见

尹某申请称：1. 尹某及其亲属在 2019 年 7 月 1 日前从未收到过有关涉案仲裁裁决的任何信息，直至接到深圳中院执行局法官的电话后，前往深圳仲裁委员会查询才得知，在前案了结，没有任何通知信息、没有被送达的情况下，李某音再次申请仲裁。2. 前案仲裁已执行完毕，尹某已经缴纳款项。3. 尹某手机号码及居住地变更相关事项的说明。本次仲裁相关通知发送地址均为尹某身份证地址，但尹某于 2005 年 6 月已经搬离此住处，并于 2014 年 9 月到深圳务工，现居住地址为深圳市福田区。尹某手机号码已于 2016 年 11 月变更。直至今日，尹某手机号码已经变更两次。但尹某的妹妹尹某 1 的手机一直处于正常使用中，前案处理过程中仲裁委员会都曾联系尹某 1，但在本次仲裁中，尹某 1 在 2019 年 7 月 1

日前,未收到有关本案仲裁的任何信息。4. 前案已于 2017 年 7 月 3 日结案,一年期房屋租赁合同(2016 年 7 月 28 日至 2017 年 7 月 27 日)法律效力早已终止。事隔十个月之后,李某音于 2018 年 5 月 25 日又立新案,要求赔偿,并且向仲裁委员会只提供尹某早已更换的电话号码,刻意不提供其他联系人电话。综上所述,请求不予执行(2018)深仲裁字第 1266 号仲裁裁决。

李某音答辩称:尹某的申请没有事实和法律依据,应当驳回其申请,并立即恢复执行,具体理由如下:1. 尹某申请不予执行仲裁裁决的时间已经超过法律规定的期限。2. 涉案仲裁裁决系由深圳仲裁委员会根据法律规定作出,证据确凿,没有任何违反法定程序的情形。(1)尹某提出其没有收到此次仲裁裁决的任何信息的理由,完全不符合事实。仲裁委已经按照仲裁规则依法履行了送达义务。(2)尹某提出的前案仲裁已经解决双方纠纷的理由,完全不符合事实。在前案仲裁后,尹某未按照前案仲裁的裁决履行返还房屋的义务,而且前案裁决漏裁了部分事项。

三、案件相关事实

李某音因与尹某房屋租赁合同纠纷,向深圳仲裁委员会申请仲裁(以下简称第二次仲裁),仲裁请求如下:1. 请求裁决尹某向李某音支付自 2017 年 2 月 28 日至 2017 年 7 月 12 日共计 4.5 个月双倍的房屋租金 51300 元(5700 元/月×4.5 个月×2＝51300 元);2. 请求裁决尹某向李某音支付违约补偿金共 17478 元(按每月 5700 元计算,尹某自 2016 年 9 月 28 日至 2016 年 10 月 27 日占用房屋造成李某音经济损失 5700 元,尹某自 2016 年 9 月 28 日至 2017 年 2 月 28 日占用屋期间,造成李某音经济损失 11778 元,因尹某只支付了应交房屋占用费、物业管理费、水电燃气费共 23556.89 元的一半 11778.45 元);3. 请求裁决尹某支付 2017 年 3 月至 2017 年 7 月 12 日产生的物业管理费 380 元;4. 请求裁决尹某向李某音支付房屋维修费 3890 元;5. 请求裁决尹某支付本案全部仲裁费用。深圳仲裁委员会于 2018 年 10 月 30 日作出(2018)深仲裁字第 1266 号仲裁裁决,裁决如下:(1)尹某向李某音支付自 2017 年 2 月 28 日至 2017 年 7 月 12 日共计 4.5 个月的房屋占有使用费 51300 元;(2)尹某向李某音支付自 2016 年 9 月 28 日至 2017 年 2 月 27 日房屋占有使用费、水电燃气费、物业管理费17478元；（3）尹某向李某音支付2017年3月至2017年7月12日产生的物业管理费380元；（4）尹某向李某音支付房屋维修费1560元；（5）本案仲裁费8472元由尹某承担，该费用已由李某音预交，尹某径付李某音；（6）驳回李某音其他仲裁请求。

另查明，李某音曾以同一份房屋租赁合同向深圳仲裁委员会申请仲裁（以下简称第一次仲裁），仲裁请求为：1. 裁决确认李某音与尹某签订的《房屋租赁合同》于2016年9月10日由尹某提前解除；2. 裁决李某音无须向尹某返还已支付的合同保证金11400元；3. 裁决尹某向李某音交还房屋并按租金标准支付2016年9月28日至实际交付房屋之日的房屋占用费及水电费、燃气费，现暂计至2016年11月7日的租金为7790元（5700元×1个月+190元/天×11天）；水电费、燃气费612元；4. 裁决尹某承担李某音本案支付的律师费6000元；5. 本案仲裁费用由尹某承担。深圳仲裁委员会于2017年2月17日作出（2016）深仲裁字第2270号仲裁裁决，裁决如下：（1）尹某于本裁决送达之日起三日内将深圳市福田区莲花路莲花北路××栋×××号房产返还给李某音；（2）尹某向李某音支付房屋占有使用费、物业管理费、水电费、燃气费11778.45元；（3）李某音无须向尹某返还租赁保证金11400元；（4）尹某补偿李某音律师费3000元；（5）驳回李某音的其他仲裁请求；（6）本案仲裁费6390元由尹某承担，该费用已由李某音预交，尹某径付李某音。仲裁庭在裁决理由第五点认为，李某音请求尹某支付自2016年9月28日起至实际交付房屋之日的房屋占用费，双方均存在过错，综合双方的过错程度，对于租赁合同终止后涉案房屋的收益损失，由双方各承担50%的责任。其中占有使用费的计算为2016年10月28日至2017年2月27日以5700元/月为标准，金额为5700元/月×4个月＝22800元，物业管理费、水电费、燃气费756.89元。尹某应支付李某音合同解除后的房屋占用费、物业管理费、水电费、燃气费的50%，即11778.45元。

第一次仲裁漏裁了2016年9月28日至10月28日的房屋占用费，但李某音未提请补正，仲裁庭也未予以补正。第一次裁决作出后尹某没有主动履行付款义务，在2017年7月被深圳中院强制执行，已执行完毕。

李某音提起涉案仲裁（2018）深仲裁字第1266号案件时提供了尹某的身份证住址和联系电话（尹某1电话）。深圳仲裁委员会按尹某的上述身份证住址和联系电话送达了仲裁申请书等材料，邮件退回。尹某称其原电话号码已不再使用。涉案仲裁执行阶段，深圳中院于2019年4月26日向尹某在深圳市福田区的地址邮寄了执行通知书，因联系电话无法联系尹某，邮件于2019年4月30日退回。后又于2019年5月5日向尹某公告送达执行通知书等，公告期60天。尹某称2019年7月1日尹某1接到深圳中院电话获知涉案仲裁在强制执行阶段，在2019年7月9日申请不予执行仲裁裁决。

四、深圳中院审查意见

深圳中院经合议庭讨论，形成以下两种意见：

合议庭多数意见认为：涉案裁决除房屋维修费在第一次仲裁时没有提出，不构成重复仲裁外，第一、第二、第三仲裁项均包含在第一次仲裁的仲裁请求中，仲裁庭构成重复仲裁。

1. 李某音在第一次仲裁时请求"裁决尹某向李某音交还房屋并按租金标准支付2016年9月28日至实际交付房屋之日的房屋占用费及水电费、燃气费。深圳仲裁委员会认为双方均有过错，故仅支持了李某音2016年10月28日至2017年2月27日的房屋占用费、物业管理费、水电费、燃气费的50%，即11778.45元，另有50%未支持。另外漏裁了2016年9月28日至10月28日的房屋占用费。但李某音未提请补正，仲裁庭也未予以补正，第一次仲裁裁决已发生法律效力并执行完毕。

在第二次仲裁时，李某音仲裁请求的第二项为"尹某向李某音支付违约补偿金共17478元（按每月5700元计算，尹某自2016年9月28日至2016年10月27日占用房屋造成李某音经济损失5700元，尹某自2016年9月28日至2017年2月28日占用房屋期间，造成李某音经济损失11778元，因尹某只支付了应交房屋占用费、物业管理费、水电费、燃气费共23556.89元的50%即11778.45元）即第一次仲裁没有支持的2016年10月28日至2017年2月27日房屋占用费、水电费、燃气费、物业管理费的另外50%，加上漏裁的2016年9月28日至10月28日房屋的占用费。仲裁庭支持了其该部分仲裁请求。第二次仲裁的部分裁决是对第一次仲裁未支持内容的重复仲裁，对不应受理的仲裁请求予以审理并裁决，违反法定程序，应对该部分裁决项不予执行。

2. 李某音申请第一次仲裁时，请求支付 2016 年 9 月 28 日至实际交付房屋之日的房屋占用费及水电费、燃气管理费。仲裁庭没有支持支付到实际交付房屋之日而是裁决支付到 2017 年 2 月 27 日即裁决之日，并驳回李某音其他仲裁请求。李某音第二次仲裁请求支付 2017 年 2 月 28 日（第一次裁决次日）至 2017 年 7 月 12 日（第一次裁决后强制执行程序中对方将钥匙交付法院之日）的房屋占用费和物业管理费，实际是要求对方支付房屋占用费和物业管理费到实际交付房屋之日止，而该请求已经被第一次仲裁裁决驳回。第二次仲裁的仲裁庭对此部分请求进行审理并裁决，属于对同一仲裁请求的重复仲裁。

根据《中华人民共和国仲裁法》（以下简称《仲裁法》）第九条的规定，仲裁实行一裁终局的制度。裁决作出后，当事人就同一纠纷再申请仲裁或者向人民法院起诉的，仲裁委员会或者人民法院不予受理。涉案（2018）深仲裁字第 1266 号案件的仲裁庭对已经生效仲裁裁决的内容无权重新仲裁。（2018）深仲裁字第 1266 号仲裁裁决的第一至第三裁决项均属重复仲裁，违反法定程序，应不予执行。

合议庭少数意见认为：重复裁决并不是一个标准的法律概念，《仲裁法》及相关的司法解释没有关于重复裁决的规定，但仲裁裁决的终局性以及仲裁规则一事不再理原则，决定了仲裁机构不得对已经裁决的同一事项再次作出不同或者相反的裁决，否则构成无权仲裁或违反法定程序而符合不予执行仲裁裁决的构成要件。重复裁决应当同时符合以下三个条件：（1）申请人是否以已经仲裁裁决的同一事实和理由，再次向仲裁机构提出请求；（2）仲裁庭是否对之前裁决已经认定的事实再次进行审理；（3）仲裁庭是否对之前裁决已经裁决的事项再次作出不同或相反的裁决。

关于第二次仲裁裁决第二项。李某音请求支付 2016 年 6 月 28 日至 2017 年 2 月 27 日房屋占用费、物业管理费的另 50% 加上漏裁的 2016 年 9 月 28 日至 10 月 27 日的房屋占用费、水电燃气费、物业管理费。经审查，该项请求已在第一次仲裁时提出，且仲裁庭已经审理，并对该项请求作出处理，因而属于重复裁决。

关于第二次仲裁裁决第一项、第三项、第四项。李某音请求尹某支付自 2017 年 2 月 28 日至 2017 年 7 月 12 日的房屋占用费和物业费管理。

经审查：（1）该部分费用因尹某没有主动返还房屋导致，系在第一次仲裁裁决后至法院强制执行前发生的新损失。该部分损失在第一次仲裁时没有发生，属于新的事实。（2）对于该部分新事实，仲裁庭在第一次仲裁中，没有进行审理认定并作出处理。（3）李某音在第一次仲裁中请求尹某支付房屋占用费及物业管理费到实际交付房屋之日止，而该裁决第一项裁决了尹某于该裁决送达之日起三日内将房屋返还李某音，该裁决确定了交付房屋的时间。第一次裁决生效后的房屋占用费等不包含在首次仲裁审理裁决的范围。基于以上三点，第二次仲裁裁决第一项至第三项，不构成重复裁决。

至于房屋维修费，李某音第一次仲裁时没有提出该请求，仲裁庭也未审理并裁决，亦不构成重复裁决。

综上所述，除第二项裁决外，（2018）深仲裁字第1266号仲裁裁决的其他裁决项与（2016）深仲裁字第2270号仲裁裁决并不重复，仲裁庭有权裁决。因此，应对（2018）深仲裁字第1266号仲裁裁决第二项不予执行。

深圳中院以合议庭多数意见报核，即除维修费外，其他部分违反一裁终局原则，属于重复仲裁，应不予执行。

五、我院审查意见

我院审查认为，根据本案证据及深圳中院请示所述事实，李某音在第一次仲裁时请求裁决尹某向其支付2016年9月28日至实际交付房屋之日的房屋占用费及水电燃气费、物业管理费，深圳仲裁委员会仅裁决尹某向李某音支付2016年10月28日至2017年2月27日的房屋占用费、物业管理费、水电费、燃气费的50%，即11778.45元，对另外50%款项未予支持，对李某音主张各种款项支付至实际交付房屋之日的请求也未予支持。深圳仲裁委员会漏裁了2016年9月28日至10月28日的房屋占用费，但李某音未提请补正，该仲裁委员会也未予以补正。第一次仲裁裁决已发生法律效力并执行完毕。李某音在第二次仲裁时请求裁决尹某支付的款项，除了房屋维修费以外，其他款项是其在第一次仲裁时已请求而深圳仲裁委员会未予支持或漏裁的部分。深圳仲裁委员会受理李某音的该部分仲裁请求并作出裁决，该裁决第一项至第三项支持了李某音再次申请仲裁的请求，构成重复仲裁。依照仲裁法第九条第一款"仲裁实行一裁终局的制度。裁决作出后，当事人就同一纠纷再申请仲裁或者向人民法院起诉的，仲裁委员会或者人民法院不予受理"的规定，(2018) 深仲裁字第1266号仲裁裁决第一项至第三项属于重复仲裁，违反了法定程序，应不予执行。我院拟同意深圳中院拟不予执行（2018) 深仲裁字第1266号仲裁裁决第一项至第三项的处理意见。

以上意见当否，请予批复。

最高人民法院
关于不予执行北海国际仲裁院（2019）北海仲字第 1-1287 号仲裁裁决一案的复函

2021 年 12 月 14 日　　　　　　　　（2021）最高法民他 402 号

云南省高级人民法院：

你院（2021）云执他 6 号《云南省高级人民法院关于拟同意西双版纳傣族自治州中级人民法院不予执行北海国际仲裁院（2019）北海仲字第 1-1287 号仲裁裁决的报告》收悉。经研究，答复如下：

第一，关于你院认为仲裁裁决违背社会公共利益，应当裁定不予执行的问题。我院认为，仲裁司法审查中的社会公共利益，不能简单等同于法律的强制性规定和金融监管秩序。虽然网络放贷平台的借款人和出借人为不特定人，但每一份仲裁裁决均仅涉及借款人个人本身，并非指向不特定多数人的利益，网贷平台虽然没有金融从业资质，但并无明确的法律规定网贷业务违规违法。因此，不同意你院依据《中华人民共和国民事诉讼法》第二百三十七条第三款的规定不予执行该仲裁裁决。

第二，电子签名为当前常用的签名方式，当事人提交的电子签名通过防篡改的技术手段或者通过电子取证存证平台认证，能够证明其真实性的，应当认定为有效。根据请示，本案中包含仲裁条款的《补充协议》尾部有字样为 7758775185 四某的电子签名，该电子签名未经相关技术手段或有关机构认证，根据现有证据，难以认定双方达成仲裁协议。因双方未达成仲裁协议，且无法证明《补充协议》确定的邮箱为四某提供的送达地址，仲裁庭向上述邮箱送达相关仲裁文书，违反了法定程序。

综上所述，根据《中华人民共和国民事诉讼法》第二百三十七条第二款第一项、第三项的规定,案涉仲裁裁决应不予执行。

此复

附:

云南省高级人民法院
关于拟同意西双版纳傣族自治州中级人民法院
不予执行北海国际仲裁院(2019)北海仲字
第 1-1287 号仲裁裁决的报告

2021 年 10 月 23 日　　　　　　　　　　(2021)云执他 6 号

最高人民法院:

云南省西双版纳傣族自治州中级人民法院(以下简称版纳中院)受理的上海唯渡网络科技有限公司申请执行四某执行一案,北海国际仲裁院作出(2019)北海仲字第 1-1287 号仲裁裁决。2021 年 7 月 20 日,版纳中院拟对该案不予执行,向本院报核,本院经审查拟同意版纳中院不予执行上述仲裁裁决的意见,因当事人住所地跨省级行政区域,依据《最高人民法院关于仲裁司法审查案件报核问题的有关规定》第三条第一项的规定,特向你院报核。具体情况报告如下。

一、当事人基本情况

申请执行人:上海唯某网络科技有限公司。

统一社会信用代码:9131×××5MA1FW3WT64。

法定代表人:武某秀,总经理。

委托诉讼代理人:沈某冬,江苏锦泰律师事务所律师。特别授权代理。

被执行人:四某,男,哈尼族,住云南省西双版纳傣族自治州。

二、版纳中院审查情况

(2019)北海仲字第 1-1287 号裁决书载明,2017 年 5 月 13 日,出借人与借款人四某、深圳市钱某钱互联网金融服务有限公司、上海乾某乾金融信息服务有限公司四方签订了《借款合同》，约定四某通过上海乾某乾金融信息服务有限公司提供居间服务、深圳市钱某钱互联网金融服务有限公司运营的钱牛牛平台与出借人签订《借款合同》，并向四某出借 28409.09 元，借款期限 1 年，按月还本。同时，借款合同还对逾期还款按剩余借款本金为基数每日千分之三计收逾期罚息等进行了约定。

《借款合同》签订后，出借人委托上海隐某资产管理有限公司向四某支付借款 25000 元。后因四某逾期 90 天未还款，出借人将合同项下债权转让与上海乾某乾金融信息服务有限公司、深圳市钱某钱互联网金融服务有限公司，深圳市钱某钱互联网金融服务有限公司将其债权再行转让与上海乾某乾金融信息服务有限公司，上海乾某乾金融信息服务有限公司将全部债权一并转让与上海唯某网络科技有限公司，上海唯某网络科技有限公司随后申请仲裁裁决。2019 年 7 月 28 日，北海国际仲裁院作出了（2019）北海仲字第 1-1287 号裁决书。

版纳中院认为，根据《中华人民共和国银行业监督管理法》第十九条"未经国务院银行业监督管理机构批准，任何单位或者个人不得设立银行业金融机构或者从事银行业金融机构的业务活动"及《中国银行保险监督管理委员会、公安部、国家市场监督管理总局、中国人民银行关于规范民间借贷行为维护经济金融秩序有关事项的通知》中"未经有权机关依法批准，任何单位和个人不得设立从事或者主要从事发放贷款业务的机构或以发放贷款为日常业务活动"等相关规定，本案中，出借人及居间服务公司均未提供金融监管机构的相关批准文件，故不能证明其从事金融借贷业务的合法性。同时，北海国际仲裁院依据《借款合同》组成独任仲裁庭，置于互联网不公开开庭审理，并作出仲裁裁决，仲裁过程中未充分保障网络借贷当事人申请仲裁员回避、提供证据、答辩等仲裁法规定的基本程序权利，应当认定为仲裁的程序违反法定程序。故，依据《中华人民共和国民事诉讼法》（2017 年修正）[以下简称《民事诉讼法》（2017 年修正）] 第二百三十七条第二款、《最高人民法院关于人民法院办理仲裁裁决执行案件若干问题的规定》第十四条的规定，拟裁定不予执行北海国际仲裁院（2019）北海仲字第 1-1287 号裁决。

三、我院审查情况

1. 仲裁裁决违背社会公共利益，应当裁定不予执行。经工商登记信息查询，居间人上海乾某乾金融信息服务有限公司、出借人上海唯某网络科技有限公司的经营范围并不包括向不特定人提供金融借款及相应居间服务的经营范围。

我院认为：除四某案件外，尚有其余三件仲裁案件向版纳中院申请执行，案件中实际出借金额均为合同约定出借金额的80%左右。出借人及居间人在没有取得金融监管部门批准的情况下，利用互联网信息技术，搭建融资业务平台，向不特定对象提供借款的行为，系从事资金融通业务牟利，违反了《中华人民共和国商业银行法》《中华人民共和国证券法》《中华人民共和国银行业监督管理法》及《中国银行保险监督管理委员会、公安部、国家市场监督管理总局、中国人民银行关于规范民间借贷行为维护经济金融秩序有关事项的通知》的规定，扰乱了金融市场秩序，破坏了金融市场的稳定性，损害了社会公共利益，此行为不具有合法性。依据《民事诉讼法法》（2017年修正）第二百三十七条的规定，本案应当不予执行。

2. 仲裁裁决未充分保障四某享有的仲裁法规定的基本程序权利。2019年5月16日，四某、上海乾某乾金融信息服务有限公司、上海唯某网络科技有限公司签订《补充协议》，约定："本协议中预留的电子邮箱，作为各方之间往来及仲裁机构和法院执行时的相关资料、通知、法律文书送达地址，并以预留手机号码为短信的通知号码。邮件到达对方相应服务系统即视为送达。任何一方当事人、仲裁机构或执行法院向预留电子邮箱或电话号码发送法律文书被邮件系统或短信系统退回的，均视为已经完成送达。"该协议中，四某预留的电话号码为：182××××××××，邮箱为：182××××××××@139.com。

我院认为，第一，从签订借款协议、进行仲裁裁决至申请执行的整个过程中，均未能与四某取得有效联系。除四某案件外，尚有其余三件仲裁案件向版纳中院申请执行，该四件案件签订借款合同日期不同，但补充协议约定仲裁日期相同，借款人的签名并非借款人的亲笔签名，不能排除该补充协议为申请执行人为实现对仲裁裁决的执行而通过系统自动生成的约定仲裁的补充协议的可能性。第二，虽然补充协议约定向当事人采取电子送达方式，北海仲裁院向四某的电子邮箱发送了相关文书，但对四某是否确实收到该文书未进行核实，由于借贷款系发生于网络中，协议中并无四某有效的亲笔签名，电子邮箱为电话号码生成的@139的电子邮箱，极有可能该电子邮箱为系统自动生成的有效而非四某的有效邮箱。综上所述，被执行人的基本程序权利在仲裁过程中未得到有效保护。

3. 网络仲裁执行案件在云南省呈现执行标的小、被执行人难找、仲裁案件批量涌入法院执行的特点。该类执行案件立案后，经网络查控后大多不能查找到被执行人名下可供执行的财产，随即会产生大量案件进行终结本次执行程序的处理，导致终本率偏高，执行到位率低，对法院执行质效有不良影响，因此，执行法院对该类案件的执行积极性不高。加之网络仲裁申请执行案件存在诸多问题，且多数案件均为当事人住所地跨省级区域的案件，故该类案件今后执行可能成为大量向最高人民法院报核的案件类型。最高人民法院对于先于执行仲裁裁决进行了明确后，网络仲裁机构也对相应程序进行了完善，但仍面临对当事人程序保护不利以及相关违背公序良俗、社会公共利益的风险。

综合考虑上述因素，我院拟同意版纳中院对该案不予执行的意见。依据《最高人民法院关于仲裁司法审查案件报核问题的有关规定》第三条第一项的规定，特向你院报核。

最高人民法院

关于对吉林仲裁委员会（2015）吉仲裁字第 7 号等 75 份仲裁裁决不予执行请示的复函

2021 年 12 月 2 日　　　　　　　　　　（2021）最高法民他 361 号

吉林省高级人民法院：

你院（2021）吉执他 17 号《关于拟对吉林仲裁委员会（2015）吉仲裁字第 7 号等 75 份仲裁裁决不予执行的请示》收悉。经研究，答复如下：

根据你院请示所述案件事实及相关情况，本案当事人通过制造虚假仲裁案件，并利用人民法院的执行程序，查封保证人的财产，变相达到规避经营风险赚取担保费的目的。该行为肆意将仲裁机构的仲裁权和人民法院的强制执行权变为企业规避商业风险的工具，严重损害了国家仲裁、司法的严肃性和公信力，扰乱了社会公共秩序，属于《中华人民共和国民事诉讼法》第二百三十七条第三款规定的违反社会公共利益的情形。同时，本案虽非案外人申请不予执行，但对本案不予执行符合《最高人民法院关于人民法院办理仲裁裁决执行案件若干问题的规定》第九条第一项和第十八条规定的精神。综上所述，同意你院关于对案涉 75 份仲裁裁决不予执行的报核意见。

此复

附：

吉林省高级人民法院
关于拟对吉林仲裁委员会（2015）吉仲裁字第7号等75份仲裁裁决不予执行的请示

2021年8月10日　　　　　　　　　　　　　　（2021）吉执他17号

最高人民法院：

  吉林市中级人民法院（以下简称吉林中院）受理的申请执行人吉林华某小额贷款有限公司（以下简称华某小贷）与被执行人卢某俭、郑某、卢某强、赵某宇借款合同纠纷一案，执行依据为吉林仲裁委员会作出的（2015）吉仲裁字第7号裁决书。2015年10月14日，吉林中院作出（2015）吉中执字第93号执行裁定，裁定主文为：终结本院（2015）吉中执字第93号案件本次执行程序。2017年4月18日，华某小贷申请恢复执行。2017年4月19日，吉林中院依法恢复执行。2017年4月25日作出（2017）吉02执恢74号之二执行裁定，裁定主文为：终结对吉林仲裁委员会作出的（2015）吉仲裁字第7号仲裁裁决的执行。

  2021年4月21日，吉林市人民检察院向吉林中院提出检察建议。检察机关认为，吉林仲裁委员会作出的（2015）吉仲裁字第7号等71份仲裁裁决的当事人之间不存在真实有效的民间借贷法律关系，申请执行人依据由此不真实法律关系形成的仲裁裁决向人民法院申请执行的行为构成虚假诉讼，建议吉林中院撤销相关执行裁定，并对该案裁定不予执行。同时建议吉林中院对案涉虚假诉讼的单位、负责人及主要参与人进行制裁，依法适用罚款、扣留等司法惩戒措施，加大对虚假诉讼行为的惩治力度，并在收到检察建议后三个月内书面回复处理结果。

一、案件基本情况

(一) 相关当事人情况

吉林市华某电器有限公司（以下简称华某电器）成立于 2007 年 7 月 10 日，法定代表人莫某志，股东莫某志持股 100%，莫某志任执行董事兼总经理，莫某惠任监事。

吉林某创信用担保有限责任公司（以下简称某创公司）成立于 2005 年 6 月 2 日。2011 年 9 月 5 日，华某电器注资 4950 万元，成为某创公司控股股东（持股 99%），莫某志任经理。2012 年 4 月 23 日，华某电器将其持有的 4950 万股权无偿转让给陈某，同日将法定代表人变更为杨某福，陈某任经理。2013 年，股东陈某增资 5000 万元。2014 年 4 月 1 日，莫某志与某创公司签署《房屋借用协议》，莫某志将其个人所有的坐落在船营区河南街吉源商城××区××号房屋无偿借用给该公司，借用期限暂定为 10 年。该地址亦为某创公司的注册登记地。2019 年 3 月 5 日，公司法定代表人变更为莫某晖。2019 年 10 月 21 日，公司名称变更为吉林市某创融资担保有限责任公司。截至 2019 年 12 月 25 日，该公司股东为吉林市青少年宫（持股 0.3%）、中国共产主义青年团吉林市团校（持股 0.2%）、陈某（持股 99.5%）。

吉林华某小额贷款有限公司（以下简称华某小贷）成立于 2010 年 2 月 8 日，法定代表人莫某惠，发起人为：莫某惠、窦某志、陈某珍、陈某萍、陈某、杨某福、赵某、程某、张某宁。2018 年 5 月 28 日，公司股东变更为陈某珍持股 70%，陈某萍持股 30%，法定代表人变更为陈某珍，陈某萍任监事，陈某珍任执行董事兼总经理。2019 年 10 月 21 日，公司名称变更为吉林市江城华某商贸有限公司。

吉林市华某投资控股集团有限公司（以下简称华某集团）成立于 2014 年 3 月 19 日，法定代表人莫某志，股东为莫某志（持股 70%）、莫某惠（持股 30%），李某胜、陈某玲任董事，莫某惠任监事。经营范围：以自有资产对外投资；网络工程（凭资质证书经营）。公司设法务部（负责人王某泉）、审贷部（负责人陈某玲、莫某晖）、业务部（负责人莫某慧）、资产部（负责人孙某超）、财务部（负责人杨某巍）、考察部（负责人于某胜)、办公室(负责人李某胜)等部门。2013年3月15日,莫某志与华某集团签订《房屋借用协议书》,将其所有的坐落于吉林市船营区大东街河南街××号的自有房屋无偿借给华某集团使用,该地址为华某集团的注册登记地。2018年11月27日,华某集团的注册登记地变更为吉林市船营区河南街××号××室。

莫某志、莫某惠系兄妹关系,陈某珍系二人母亲,陈某珍与陈某萍系姐妹,杨某福与陈某萍系夫妻关系,莫某晖与莫某志系堂兄弟,莫某惠与滕某系夫妻关系。莫某志系华某集团、某创公司、华某小贷三公司的实际控制人。三公司在公司设立和历次工商变更登记时的委托代理人均为李某胜、杨某巍。三公司共用审贷部、业务部、法务部、财务部等部门,人员未严格区分,都服从莫某志一人指挥,根据不同的工作任务,随时转换为不同关联公司的工作人员。

(二)(2015)吉中执字第93号执行案件当事人情况

申请执行人:吉林市华某小额贷款有限公司。

法定代表人:莫某惠,该公司总经理。

被执行人:卢某俭,男,满族,住吉林省吉林市。

被执行人:郑某,女,汉族,住吉林省。

被执行人:卢某强,男,满族,住吉林省吉林市。

被执行人:赵某宇,男,汉族,住吉林省吉林市。

(三)案件事实

2014年12月,卢某俭因资金需要欲向吉林某农村商业银行股份有限公司申请贷款,找到某创公司为其提供担保。华某集团、某创公司、华某小贷利用三公司关联关系,为了规避某创公司为借款人贷款担保业务的经营风险,2014年12月19日,在为卢某俭提供担保前,要求借款人卢某俭、担保人郑某、卢某强、赵某宇在多份空白的循环贷款合同、保证合同、收条等文书的指定位置签字。同日,华某集团财务人员带卢某俭至吉林银行,从华某集团控制的滕某的吉林银行账户向卢某俭名下吉林银行账户转款人民币35万元,制造转款银行流水后,立即将35万元由卢某俭账户转到华某集团控制的李某胜个人银行账户。华某小贷在卢某俭签订的空白合同上盖章，虚构卢某俭向华某小贷借款的事实。2015年1月4日，华某小贷委托孙某向吉林仲裁委员会申请仲裁，以卢某俭未在期限内偿还本金及利息为由，请求卢某俭返还借款本金35万元及利息；郑某、卢某强、赵某宇承担连带责任。2015年1月9日，某创公司向吉林某农村商业银行股份有限公司出具《担保函》和《放款通知》。2015年1月9日，卢某俭与吉林某农村商业银行股份有限公司签订个人消费借款合同，借款金额35万元，借款期限自2015年1月12日起至2016年1月9日止。同日，某创公司与吉林某农村商业银行股份有限公司签订《吉林省农村信用社保证合同》，为卢某俭借款提供担保。2015年1月14日，吉林仲裁委员会作出（2015）吉仲裁字第7号裁决书，支持了华某小贷的全部仲裁申请。2015年4月23日，华某小贷委托杨某海向吉林中院申请执行（2015）吉仲裁字第7号仲裁裁决书，吉林中院于2015年4月23日立案执行，2015年5月5日，作出（2015）吉中执字第93号执行裁定，查封郑某所有的房屋，查封期限为二年。2015年10月14日，作出（2015）吉中执字第93号执行裁定书，裁定主文为：终结本院（2015）吉中执字第93号案件本次执行程序。2017年4月18日，华某小贷申请恢复执行。2017年4月19日，依法恢复执行。2017年4月25日，作出（2017）吉02执恢74号之一执行裁定，解除郑某所有房屋的查封。同日，作出（2017）吉02执恢74号之二执行裁定，裁定主文为：终结对吉林仲裁委员会作出的（2015）吉仲裁字第7号仲裁裁决的执行。

二、仲裁机关意见

2021年4月30日，吉林中院向吉林仲裁委员会发出司法建议，建议该仲裁委员会应依据检察机关的调查情况对上述案件的当事人之间是否存在真实有效的民间借贷法律关系进行复查；如该仲裁委员会亦认定仲裁裁决系依据不真实的民间借贷法律关系作出的，当事人构成虚假仲裁，应对仲裁裁决予以撤销。

此间，信访人夏某力到吉林中院反映（2015）吉仲裁字第28号仲裁裁决系虚假仲裁，吉林中院亦向吉林仲裁委员会发出司法建议。

2021年5月26日，吉林仲裁委员会复函称："通过复查案件卷宗相关材料，并结合《检察建议书》所查明认定的内容，我委认为，案件列表所载的 71 件案件以及吉仲受字（2015）第 28 号案件的申请人所提供相关证据材料所证明的事实与检察机关所查明的事实确有不符，申请人未如实向我委提交案件证据材料，存在故意隐瞒足以影响案件公正审查的基本事实及证据的行为，从而获取我委具有法律执行力的生效裁决文书。《检察建议书》认定的申请人的行为，符合《民事诉讼法》（2017 年修正）第二百三十七条之规定，即有下列情形之一，经人民法院审查核实，裁定不予执行：对方当事人向仲裁机构隐瞒了足以影响公正裁决的证据的。因《仲裁法》及相关法律未规定仲裁委员会对仲裁案件有自行撤销权力，仲裁案件的撤销和不予执行应由有管辖权的中级人民法院作出，故我委无法对所复查的案件予以撤销。为此，我委建议，因案件符合不予执行条件，贵院可依据《民事诉讼法》（2017 年修正）的规定，裁定不予执行。"

该仲裁委员会同时表示，其受理的吉仲受字（2015）第 106 号案件，申请人存在《检察建议书》中所认定隐瞒足以影响案件公正裁决证据事实的情形，请求吉林中院依法进行审查，如确实符合不予执行条件，予以不予执行。

三、案件处理情况

根据上述情况，吉林中院经审判委员会讨论决定，作出（2021）吉02 执监 11 号执行裁定，撤销（2015）吉中执字第 93 号执行裁定书，撤销（2017）吉 02 执恢 74 号之二执行裁定书。现案件在执行程序中。

四、需要说明的问题

吉林中院执行的华某小贷系列案件，检察机关提出检察建议的 72 件，公安机关移送 1 件，吉林仲裁委自查 1 件，我院复查当事人信访案件 1 件，以上共 75 件，均为仲裁执行案件，案情与本案基本相同。

五、我院拟处理意见

《中华人民共和国民事诉讼法》（2017 年修正）第二百三十七条第三款规定："人民法院认定执行该裁决违背社会公共利益的，裁定不予执行。"本案存在检察机关所称利用人民法院的执行程序，查封保证人的财产，变相达到规避经营风险赚取担保费的目的，从而将法院的执行权变为企业规避商业风险的工具，严重损害司法的纯洁性，妨害司法秩序的情形。该情形有违社会公共利益，我院拟裁定不予执行。对类案亦裁定不予执行。吉林中院根据《最高人民法院关于仲裁司法审查案件报核问题的有关规定》（法释〔2017〕21号）第二条第二款的规定，报我院审核。

我院同意吉林中院关于拟以仲裁裁决违反公共利益为由不予执行。现按照《最高人民法院关于仲裁司法审查案件报核有关问题的规定》报送最高人民法院核准。

最高人民法院
关于申请人陈某朗与被申请人邝某珍、杜某德申请不予执行仲裁裁决一案的复函

2021 年 12 月 15 日　　　　　　　　（2021）最高法民他 404 号

广东省高级人民法院：

你院（2020）粤民他 187 号《关于陈某朗申请不予执行仲裁裁决案件的请示》收悉。经研究，答复如下：

根据你院请示，案涉一方当事人为香港特别行政区居民，案涉仲裁裁决为涉港仲裁裁决。《最高人民法院关于审理仲裁司法审查案件若干问题的规定》第二十一条规定："人民法院受理的申请确认涉及香港特别行政区、澳门特别行政区、台湾地区仲裁协议效力的案件，申请执行或者撤销我国内地仲裁机构作出的涉及香港特别行政区、澳门特别行政区、台湾地区仲裁裁决的案件，参照适用涉外仲裁司法审查案件的规定审查。"第十七条规定："人民法院对申请执行我国内地仲裁机构作出的非涉外仲裁裁决案件的审查，适用《中华人民共和国民事诉讼法》第二百三十七条的规定。人民法院对申请执行我国内地仲裁机构作出的涉外仲裁裁决案件的审查，适用《中华人民共和国民事诉讼法》第二百七十四条的规定。"因此，本案应当参照适用《中华人民共和国民事诉讼法》第二百七十四条的规定对案涉仲裁裁决是否应当不予执行进行审查。

案涉（2013）深仲裁字第 837-1 号补正裁决将原（2013）深仲裁字第 837 号仲裁裁决中第二项"并将涉案土地上所有属申请人的房屋返还予申请人"补正为"并将涉案土地上所有房屋返还予申请人"，可能造成返还房屋的范围不同，应当视为对当事人权利义务的实质性变更，而不

属于《中华人民共和国仲裁法》第五十六条关于"对裁决书中的文字、计算错误或者仲裁庭已经裁决但在裁决书中遗漏的事项,仲裁庭应当补正"和《深圳仲裁委员会仲裁规则》第六十八条关于"裁决书中如有文字、计算错误或者遗漏事项,仲裁庭应当自行补正"的规定中可以补正的内容。通过补正裁决对仲裁规则中不属于补正范围的当事人实体权利义务内容予以补正,构成《中华人民共和国民事诉讼法》第二百七十四条第一款第三项规定的"仲裁的程序与仲裁规则不符"的情形。

鉴于案涉(2013)深仲裁字第837-1号补正裁决内容与原(2013)深仲裁字第837号仲裁裁决其他裁项内容可分,且根据你院请示所述事实,当事人对其他裁决事项即涉及金钱给付的内容没有争议,并已由广东省深圳市中级人民法院在执行案件中执行完毕,同意你院关于"不予执行(2013)深仲裁字第837-1号补正裁决"的报请意见。

此复

附:

广东省高级人民法院
关于陈某朗申请不予执行仲裁裁决案件的请示

2021 年 9 月 15 日　　　　　　　　　　(2020)粤民他 187 号

最高人民法院:

深圳市中级人民法院(以下简称深圳中院)受理申请人陈某朗与被申请人邝某珍、杜某德申请不予执行仲裁裁决一案,拟裁定部分不予执行仲裁裁决,根据《最高人民法院关于仲裁司法审查案件报核问题的有关规定》(法释〔2017〕21号)第二条的规定呈报我院审查。现将本案有关情况报告如下。

一、当事人基本情况

申请人(仲裁被申请人):陈某朗,男,汉族,住广东省深圳市。

委托诉讼代理人：郭某元，广东深桦律师事务所律师。
被申请人（仲裁申请人）：邝某珍，女，香港特别行政区居民。
委托诉讼代理人：马某杰，广东瀚宇律师事务所律师。
被申请人（仲裁申请人）：杜某德，男，香港特别行政区居民。

二、当事人诉辩意见

陈某朗向深圳中院申请不予执行深圳仲裁委员会作出的（2013）深仲裁字第837号仲裁裁决（以下简称837号仲裁裁决）及（2013）深仲裁字第837-1号补正裁决（以下简称837-1号补正裁决）。主要事实和理由如下：案涉仲裁裁决自发生法律效力以来多次被申请强制执行，执行中因原仲裁裁决存在严重错误，引发严重的执行问题，并导致被申请人依据错误执行程序不断干扰破坏司法，欺骗公众投资，并企图吞并租赁土地上属于申请人的合法房产，怂恿仲裁机构违法修改原仲裁裁决项，违法作出补正裁决。具体理由如下：（1）837号仲裁裁决对源头租赁行为的违法性质没有明确认定，对仲裁申请人非法转租人身份没有确认，导致错误支持了仲裁申请人的不合法请求。（2）仲裁机构自己不能处理的解决源头租赁违法问题，已经由深圳中院生效判决解决，请求依法确认该判决结果对审查案涉仲裁裁决是否违法直接适用。（3）依据837号仲裁裁决申请执行所发生的错误结果应当纠正，应依法裁定不予执行837号仲裁裁决及837-1号补正裁决，即行停止尚在恢复执行的原仲裁裁决第二项的执行程序；同时，深圳仲裁委员会作出补正裁决违反《中华人民共和国仲裁法》（以下简称《仲裁法》）及《深圳仲裁委员会仲裁规则》相关规定，本案既不存在应当补正的客观基础，也远远超出了法律规定"自收到裁决书之日起三十日内"的补正期限。（4）仲裁机构违法办案和违法操作，涉嫌徇私舞弊、枉法裁判，应依法裁决该仲裁裁决不予执行。（5）原仲裁裁决和补正裁决涉嫌违背社会公共利益，应依法裁决不予执行。

邝某珍、杜某德答辩称，请求人民法院依法驳回陈某朗的申请。

三、深圳中院查明事实

（一）仲裁情况

1. 仲裁当事人

仲裁申请人：邝某珍、杜某德

仲裁被申请人：陈某朗

2. 仲裁请求

（1）裁决被申请人向申请人支付 2012 年 7 月 1 日至 2013 年 5 月 2 日期间被拖欠的租金 805333.4 元及利息 18116.8 元，并从 2013 年 5 月 2 日开始按拖欠租金金额的银行同期贷款利率计至生效法律文书确定的付款之日止支付拖欠租金利息；（2）裁决被申请人交付的 16 万元保证金因被申请人违约申请人不予返还；（3）裁决申请人与被申请人 2004 年 5 月 28 日签订的《厂房、房屋租赁合同》及《租赁厂房宿舍协议补充书》于 2013 年 5 月 2 日解除，并裁决被申请人在裁决书生效之日起三十日内将涉案房屋及土地恢复原状，并将出租土地上所有房屋交付申请人；（4）裁决被申请人向申请人交付租赁合同被解除后占用涉案房屋和土地的使用费（从 2013 年 5 月 2 日开始按每月 8 万元计算至裁决书生效日止）；（5）裁决被申请人承担申请人因本案而支付的合理费用 8 万元；（6）裁决本案仲裁费由被申请人承担。

3. 仲裁受理情况

深圳仲裁委员会于 2013 年 5 月 7 日立案受理，于 2013 年 7 月 18 日由邓某涛、陈某敏和武某设组成仲裁庭，于 2013 年 8 月 19 日开庭审理，并于 2013 年 10 月 22 日作出裁决。

4. 适用的仲裁规则

适用自 2011 年 5 月 1 日起施行的《深圳仲裁委员会仲裁规则》。

5. 仲裁庭意见

仲裁庭针对返还出租土地上房屋的问题认为，申请人邝某珍、杜某德请求裁决被申请人陈某朗在裁决书生效之日起三十日内将涉案房屋及土地恢复原状，并将出租土地上所有房屋交付申请人，鉴于申请人对合同无效负有责任，又考虑到被申请人的生产经营实际情况，基于公平原则,仲裁庭酌情确定恢复和返还的期限:被申请人应在本裁决送达之日起六个月内,将涉案房地产恢复原状,并将涉案土地上所有属申请人的房屋返还申请人。

6. 仲裁结果

(1) 被申请人向申请人支付 2012 年 7 月 1 日至 2013 年 5 月 2 日期间的房地产占有使用费 805333.4 元;(2) 被申请人应在本裁决送达之日起六个月内,将涉案房地产恢复原状,并将涉案土地上所有属申请人的房屋返还申请人;(3) 被申请人按每月 8 万元,向申请人支付从 2013 年 5 月 2 日开始至本裁决书生效之日止的涉案房地产占有使用费;(4) 被申请人向申请人支付申请人因本案而支出的律师费用 4 万元;(5) 驳回申请人的其他仲裁请求;(6) 本案仲裁费 28984 元,由申请人承担 14492 元,被申请人承担 14492 元。

7. 补正裁决情况

仲裁庭于 2020 年 7 月 27 日作出 837-1 号补正裁决,将原裁决第二项中"并将涉案土地上所有属申请人的房屋返还予申请人"补正为"并将涉案土地上所有房屋返还予申请人",即删除了该裁决项中"属申请人的"五个字。

(二) 执行情况

邝某珍、杜某德在 837 号仲裁裁决作出后,于 2013 年 12 月 10 日向深圳中院申请强制执行,案号为(2013)深中法执字第 1210 号,后因执行款项被另案冻结、需等待另案审理结果再行处理,深圳中院裁定终结该次执行程序。

深圳中院于 2015 年 10 月 28 日依邝某珍、杜某德的申请恢复执行,案号为(2015)深中法执恢字第 266 号,后以 837 号仲裁裁决确定的内容已全部执行完毕为由裁定结案。

邝某珍、杜某德不服该执行裁定向深圳中院申诉,深圳中院于 2019 年 5 月 27 日作出(2019)粤 03 执监 6 号执行裁定,撤销(2015)深中法执恢字第 266 号执行裁定并恢复执行,案号为(2019)粤 03 执恢 440 号,目前该案仍在深圳中院执行之中。

(三) 申请撤裁情况

深圳仲裁委员会837号仲裁裁决作出后，陈某朗曾向深圳中院申请撤销该仲裁裁决，主要理由是：（1）双方之间的土地使用权争议应当行政程序前置，该争议事项不具有可仲裁性，依法不能仲裁；（2）双方在仲裁协议中对仲裁机构约定不明确，仲裁协议无效，故深圳仲裁委员会无权仲裁；（3）陈某朗代邝某珍、杜某德向深圳市龙岗区平湖街道某居民委员会（以下简称某居委会）缴纳租金的行为，系由邝某珍、杜某德委托，属于有效行为，深圳仲裁委员会对此事实认定错误；（4）深圳仲裁委员会对邝某珍、杜某德的违约行为避而不谈，是对客观事实极大的不尊重，其认定事实严重错误，并基于此错误认识作出了错误的裁决；（5）案涉土地及地上建筑现状与移交时有极大的变化，且相应地上建筑的权属尚未经行政主管部门确认，深圳仲裁委员会径行裁决要求陈某朗将租赁土地恢复原状，严重侵害了某居委会和陈某朗的合法权利；（6）本案并非深圳仲裁委员会可以受理的案件，其裁决陈某朗承担邝某珍、杜某德支付的律师费于法无据。

深圳中院于2013年12月19日作出（2013）深中法涉外仲字第215号民事裁定，驳回陈某朗的撤裁申请。

(四) 关联诉讼情况

1. 土地租赁合同纠纷

原告某居委会、深圳市某股份合作公司（以下简称某公司）诉被告邝某珍、杜某德以及第三人陈某朗土地租赁合同纠纷一案，原告请求：（1）确认原告、被告双方于2001年3月21日签订的《土地租用合同》无效；（2）两被告在六个月内返还原告租赁土地；（3）两被告支付原告自2012年7月1日起至返还土地之日止的土地使用费及逾期付款利息；（4）两被告承担该案的诉讼费用。

深圳市龙岗区人民法院作出（2014）深龙法民三初字第20号民事判决，查明被告邝某珍、杜某德租赁土地后，在土地上建设了一些铁皮房，第三人陈某朗与被告邝某珍、杜某德签订合同及补充协议后，在土地上投资建设了固定的厂房、办公楼、宿舍，共计7500多平方米。该案一审判决结果如下：（1）确认原告、被告双方签订的《土地租用合同》无效；（2）被告邝某珍、杜某德将租赁土地返还原告；（3）被告邝某珍、杜某德按每月30336元的标准向原告支付自2012年7月1日起至深圳中院确定的返还土地之日止的占有使用费；（4）驳回原告的其他诉讼请求。

邝某珍、杜某德不服一审判决提起上诉，深圳中院作出（2015）深中法房终字第476号民事判决，认定一审查明的事实清楚，予以确认。另查明，各方当事人在二审调查中均确认涉案土地现由陈某朗占有使用。但认为本案各方均确认涉案土地现由陈某朗占有使用，某公司、某居委会亦同意陈某朗继续占有使用涉案土地，故其在本案中诉请邝某珍、杜某德返还涉案土地缺乏事实依据亦无必要，深圳中院对该项诉请予以驳回。二审判决结果如下：（1）撤销一审判决第二项、第四项；（2）维持一审判决第一项；（3）变更一审判决第三项为：邝某珍、杜某德按每月30336元的标准向原告支付自2012年7月1日起至本判决生效之日止的占有使用费；（4）驳回原告的其他诉讼请求。

邝某珍、杜某德不服二审判决申请再审，广东省高级人民法院作出（2015）粤高法民四申字第110号民事裁定，驳回邝某珍、杜某德的再审申请。

2. 排除妨碍纠纷

原告某居委会、某公司诉被告邝某珍、杜某德以及第三人陈某朗排除妨碍纠纷一案，原告请求：（1）两被告立即停止侵权，将占有原告土地建筑物面积为6624平方米的铁皮房予以拆除；（2）两被告向原告支付占用土地使用费667392元；（3）由被告承担本案诉讼费用。

深圳市龙岗区人民法院作出（2017）粤0307民初第8976号民事判决，认定（2015）深中法房终字第476号民事判决中已驳回某居委会、某公司要求邝某珍、杜某德返回涉案土地的诉求，上述判决发生法律效力后，某居委会、某公司于2015年9月2日与陈某朗签订《土地临时占用费协议书》，某居委会、某公司同意陈某朗继续占有使用涉案土地，涉案土地现仍由陈某朗占有使用，某居委会、某公司在本案中主张邝某珍、杜某德将涉案土地上的建筑物拆除并恢复原状缺乏事实依据，该院对某居委会、某公司该项诉请予以驳回。关于某居委会、某公司主张邝某珍、杜某德支付自2015年7月22日起至恢复原状之日期间的占有使用费，因某居委会、某公司与陈某朗在《土地临时占用费协议书》中约定陈某朗自2015年7月1日开始占有使用涉案土地并向某居委会、某公司支付占有使用费，陈某朗在该案庭审中亦认可其自2015年7月1日开始向某居委会、某公司支付占有使用费，故某居委会、某公司的该项请求缺乏事实依据，该院不予支持。一审判决结果：驳回原告的全部诉讼请求。

某居委会、某公司不服该判决提起上诉，深圳中院作出（2019）粤03民终14394号判决，驳回上诉，维持原判。

（五）深圳中院向仲裁机构函询情况

根据《最高人民法院关于适用〈中华人民共和国仲裁法〉若干问题的解释》第三十条第一款"根据审理撤销、执行仲裁裁决案件的实际需要，人民法院可以要求仲裁机构作出说明或者向相关仲裁机构调阅仲裁案卷"之规定，深圳中院审理本案的合议庭于2020年9月10日向深圳国际仲裁院发函核实以下情况：（1）该补正裁决的内容是否属于《仲裁法》和《深圳仲裁委员会仲裁规则》规定可以补正的范围？（2）该补正裁决是仲裁院自行补正还是依当事人申请补正？（3）原仲裁裁决在主文中是否已对涉案土地上所有房屋的权属作出认定？该补正裁决的内容对原仲裁裁决第二项是否构成实质性改变？

深圳仲裁委员会于2020年10月22日就函询问题向深圳中院作出如下情况说明：（1）《仲裁法》第五十六条规定"对裁决书中的文字、计算错误或者仲裁庭已经裁决但在裁决书中遗漏的事项，仲裁庭应当补正"；《深圳仲裁委员会仲裁规则》（自2011年5月1日起实施）第六十八条规定"裁决书中如有文字、计算错误或者遗漏事项，仲裁庭应当自行补正"，该补正的内容系对原裁决书存在的文字错误进行的补正，即837号仲裁第二项中"并将涉案土地上所有属申请人的房屋返还予申请人"补正为"并将涉案土地上所有房屋返还予申请人"。其符合《仲裁法》和《深圳仲裁委员会仲裁规则》的规定，属于可以补正的范围。（2）该补正是仲裁庭自行补正，而非依当事人的申请作出的。（3）仲裁庭在审理过程中注意到，申请人出租的厂房、宿舍，并无办理报建等建设规划许可手续，未取得建设工程规划许可证，亦无房地产权利凭证，原审过程中没有对涉案土地上所有房屋的权属作出认定，即未确权。但双方当事人在《租赁厂房宿舍协议补充书》中约定，由被申请人垫资200万元用于厂房、宿舍、地面、消防、环保、水电等设施的完善，由申请人在每月租金内扣除……可见，实质上还是由申请人出资，虽然原裁决没有对地上房屋进行确权，但被申请人没有证据证明涉案土地上所有房屋系被申请人所有。因此，申请人关于将涉案土地上所有房屋返还申请人的请求合理，该补正裁决的内容对原仲裁裁决第二项没有构成实质性改变。(4) 在837-1号补正裁决作出后，被申请人到仲裁院来访，提交了一些证据，包括其与申请人之间在837号仲裁裁决作出后又进行诉讼的证据，深圳仲裁委员会认为，补正裁决是对原裁决文字错误进行的补正，并不会对法院的后续判决产生影响。

（六）当事人信访情况

邝某珍、杜某德与陈某朗以及某村委会多年来因土地及房屋租赁纠纷经历了多轮诉讼和仲裁，一直矛盾激烈。邝某珍多次向省市各部门上访甚至进京访。深圳中院立案庭信访办已将邝某珍列为近期重点维稳对象，并将有关情况报告维稳部门。

四、深圳中院审查意见

深圳中院合议庭经评议形成一致意见认为：

第一，根据《最高人民法院关于人民法院办理仲裁裁决执行案件若干问题的规定》第八条的规定，申请期限有十五日的限制。案涉837号仲裁裁决虽系2013年10月22日作出，但仲裁庭又于2020年7月27日作出837-1号补正裁决，并载明补正构成原裁决书的一部分，且所涉执行案件仍在深圳中院执行之中，故申请期限应从补正裁决作出之后重新计算，陈某朗于2020年8月5日向深圳中院申请不予执行837号仲裁裁决及837-1号补正裁决并不超过法定期限。

第二，陈某朗虽然在2013年曾向深圳中院申请撤销仲裁裁决并被驳回，但申请撤裁的事由与本次申请不予执行仲裁裁决的事由并不相同，且系基于仲裁庭作出补正裁决出现新的事实申请，故其是有权申请不予执行仲裁裁决的。

第三，陈某朗在申请书中载明的申请事由主要包括"仲裁的程序违反法定程序""仲裁员枉法裁判""违背社会公共利益"三项。对于后两项，合议庭一致意见认为，首先，根据《最高人民法院关于审理仲裁司法审查案件若干问题的规定》第十八条规定，《仲裁法》第五十八条第一款第六项和《中华人民共和国民事诉讼法》（2017年修正）[以下简称《民事诉讼法》（2017年修正）] 第二百三十七条第二款第六项规定的仲裁员在仲裁该案时有索贿受贿、徇私舞弊、枉法裁决行为，是指已经由生效刑事法律文书或者纪律处分决定所确认的行为。陈某朗并未举证证明本案存在上述情形，故其该项主张缺乏依据。其次，社会公共利益是指关系到全体社会成员或者社会不特定多数人的利益，不包括特定主体之间的权利义务关系。涉案仲裁裁决的是平等主体之间的民事纠纷，不涉及社会公共利益，也不违背我国法律的基本制度与准则、不违背社会和经济生活基本原则及基本道德和伦理，故陈某朗的该项申请理由也是不成立的。

第四，本案的主要争议焦点为陈某朗的第一项申请事由，即深圳仲裁委员会作出的补正裁决是否属于可以自行补正的范围？该行为是否违反了《仲裁法》和《深圳仲裁委员会仲裁规则》的规定？深圳中院的合议庭一致意见认为，首先，《最高人民法院关于适用〈中华人民共和国仲裁法〉若干问题的解释》第二十条规定，《仲裁法》第五十八条规定的"违反法定程序"，是指违反仲裁法规定的仲裁程序和当事人选择的仲裁规则可能影响案件正确裁决的情形。《仲裁法》第五十六条规定仲裁庭补正的范围仅限于"裁决书中的文字、计算错误或者仲裁庭已经裁决但在裁决书中遗漏的事项"。自2011年5月1日起实施的《深圳仲裁委员会仲裁规则》第六十八条规定："裁决书中如有文字、计算错误或者遗漏事项，仲裁庭应当自行补正；当事人自收到裁决书之日起三十日内，可以请求仲裁庭补正，仲裁庭应当予以补正。补正裁决构成原裁决书的一部分。"关于补正期限问题，《仲裁法》和《深圳仲裁委员会仲裁规则》仅规定当事人申请补正的时限是收到裁决书之日起三十日内，并未规定仲裁庭自行补正的时限。深圳仲裁委员会于2013年10月22日作出的837号仲裁裁决第二项"并将涉案土地上所有属申请人的房屋返还予申请人"与其在837号仲裁裁决"仲裁庭意见"部分的表述前后是完全一致的，并不存在文字、计算错误或者仲裁庭已经裁决但在裁决书中遗漏的事项。仲裁庭在时隔七年之后又自行作出837-1号补正裁决，将原裁决第二项补正为"并将涉案土地上所有房屋返还予申请人",是对当事人权利和义务的实质性变更,已超出了补正"文字、计算错误或遗漏事项"的范围。其次,仲裁庭作出837-1号补正裁决,只将837号仲裁裁决裁决项第二项予以补正,并未补正837号仲裁裁决前面"仲裁庭意见"部分的内容,即前面仲裁庭意见部分仍认定陈某朗应将涉案土地上所有属申请人的房屋返还邝某珍、杜某德,补正后的裁决反而是"仲裁庭意见"与"裁决项"前后相互矛盾的。最后,法院生效判决已查明邝某珍、杜某德租赁土地后在土地上建设了一些铁皮房,陈某朗与邝某珍、杜某德签订合同及补充协议后又在土地上投资建设了固定的厂房、办公楼、宿舍共计7500多平方米,各方均确认涉案土地由陈某朗占有使用,某公司亦同意陈某朗继续占有使用涉案土地,故二审改判邝某珍、杜某德无须向某公司返还涉案土地。现仲裁庭在未查明相关事实的情况下直接补正裁决陈某朗应将涉案土地上所有房屋返还邝某珍、杜某德,明显缺乏依据,且与法院生效判决结果矛盾,同时剥夺了相关当事人对该问题向仲裁庭进行申辩的权利。因此,仲裁庭作出补正裁决的行为违反了《仲裁法》和《深圳仲裁委员会仲裁规则》相关规定,属于《民事诉讼法》(2017年修正)第二百三十七条第二款第三项规定的"仲裁的程序违反法定程序"情形,应裁定不予执行。

第五,《最高人民法院关于适用〈中华人民共和国民事诉讼法〉的解释》(2015年)第四百七十七条规定:"仲裁机构裁决的事项,部分有民事诉讼法第二百三十七条第二款、第三款规定情形的,人民法院应当裁定对该部分不予执行。应当不予执行部分与其他部分不可分的,人民法院应当裁定不予执行仲裁裁决。"本案中,双方当事人目前对案涉837号仲裁裁决除了第二项恢复原状并返还房屋的裁决项以外的其他涉及金钱给付的裁决项没有争议,并已由深圳中院在执行案件中执行完毕,且837号仲裁裁决第二项与其他裁决项是可分的,补正裁决也仅针对837号仲裁裁决第二项进行补正,因此,本案属于可以裁定部分不予执行仲裁裁决的情形,应裁定不予执行837号仲裁裁决第二项及837-1号补正裁决,并按规定向上级法院报核。

本案经深圳中院涉外商事审判庭专业法官会议讨论研究,专业法官会议一致同意合议庭一致意见。

深圳中院按照合议庭一致意见认定仲裁庭的补正行为违反了《仲裁法》和仲裁规则相关规定，该情形属于《民事诉讼法》（2017年修正）第二百三十七条第二款第三项规定的"仲裁的程序违反法定程序"情形，且与法院生效判决结果相矛盾，拟裁定不予执行837号仲裁裁决第二项及837-1号补正裁决。

五、我院处理意见

我院认为，根据《仲裁法》第五十六条以及《深圳仲裁委员会仲裁规则》第六十八条关于仲裁裁决补正范围的规定，仲裁庭作出的补正裁决仅限于原裁决书中的文字、计算错误或者遗漏事项。深圳仲裁委员会在837号仲裁裁决作出七年后自行作出837-1号补正裁决，将原裁决第二项补正为"并将涉案土地上所有房屋返还予申请人"，是对当事人权利义务的实质性变更，不属于文字、计算错误或遗漏事项，且与原仲裁裁决"仲裁庭意见"关于陈某朗应将涉案土地上所有属于仲裁申请人的房屋返还邝某珍、杜某德的认定相互矛盾。仲裁庭通过补正裁决的方式变更原裁决确认的当事人实体权利义务，剥夺当事人对该问题进行申辩的权利，属于《民事诉讼法》（2017年修正）第二百三十七条第二款第三项规定的"仲裁的程序违反法定程序"情形。

《最高人民法院关于适用〈中华人民共和国民事诉讼法〉的解释》（2015年）第四百七十七条规定："仲裁机构裁决的事项，部分有民事诉讼法第二百三十七条第二款、第三款规定情形的，人民法院应当裁定对该部分不予执行。应当不予执行部分与其他部分不可分的，人民法院应当裁定不予执行仲裁裁决。"本案中，当事人对案涉837号仲裁裁决除了第二项恢复原状并返还房屋的裁决项以外的其他涉及金钱给付的裁决项没有争议，且837号仲裁裁决第二项与其他裁决项可以分割，本案属于可以裁定部分不予执行仲裁裁决的情形，拟裁定不予执行837-1号补正裁决。

综上所述，我院拟同意深圳中院关于不予执行837-1号补正裁决的意见，根据《最高人民法院关于仲裁司法审查案件报核问题的有关规定》第二条的规定，向钧院请示，请予以批复。

（四）申请认可和执行港澳台仲裁裁决案件

最高人民法院
关于申请人来某资源国际私人有限公司
与被申请人天津市滨海新区枫某商贸有限公司、
新某国际能源有限公司、渤海某
集团国际贸易有限公司、重庆繁某机电技术进出口
有限公司申请执行香港特别行政区
仲裁裁决一案的复函

2021 年 12 月 20 日　　　　　　　（2021）最高法民他 130 号

天津市高级人民法院：

你院（2020）津民他 22 号《关于申请人来某资源国际私人有限公司与被申请人天津市滨海新区枫某商贸有限公司、新某国际能源有限公司、渤海某集团国际贸易有限公司、重庆繁某机电技术进出口有限公司申请执行香港特别行政区香港国际仲裁中心作出的 HKIAC/A16171（A17037；A17038；A17039）号第二部分最终仲裁裁决一案的报核请示》收悉。经研究，答复如下：

根据你院请示所述事实，是否应当认可和执行案涉仲裁裁决主要涉及两个问题：（一）来某资源国际私人有限公司，以下简称来某公司）将分属于不同合同的合同当事人并列为同一仲裁案件的被申请人，提出四个仲裁申请，香港国际仲裁中心根据来某公司的仲裁申请，依照"多份合同，单个仲裁"程序作为四个案件进行审理，是否符合 2013 年《香港国际仲裁中心机构仲裁规则》（以下简称《2013 机构仲裁规则》）第 29

条关于"多份合同,单个仲裁"的规定;(二)香港国际仲裁中心根据来某公司申请,将四个仲裁案件合并审理并作出一份仲裁裁决,是否符合《2013机构仲裁规则》第28条关于"仲裁的合并"的规定。

来某公司与天津市滨海新区枫某商贸有限公司(以下简称枫某公司)签订的合同中存在仲裁条款,与新某国际能源有限公司(以下简称新某公司)、渤海某集团国际贸易有限公司(以下简称渤某公司)、重庆繁某机电技术进出口有限公司(以下简称繁某公司)分别签订的合同中亦存在仲裁条款,但其中的任何一份合同均不能同时约束多个被申请人,因此对该四个案件适用"多份合同,单个仲裁"程序,不符合《2013机构仲裁规则》第29条关于适用该程序应当满足"导致仲裁的各仲裁协议分别约束仲裁所有当事人"这一条件的规定。但香港国际仲裁中心对来某公司的四个仲裁申请适用"多份合同,单个仲裁"程序,枫某公司、新某公司、渤某公司、繁某公司均只在香港国际仲裁中心发送邮件通知仲裁申请被受理阶段作出过反对性的意思表示、提出保留异议权,但在仲裁庭组成后明确赋予当事人异议权的时间段内,几个公司均未正式提出异议,而是参加了仲裁程序。对此,香港国际仲裁中心亦表示"未发现有向仲裁庭提出的对《2013机构仲裁规则》第29条适用性的异议"。根据《2013机构仲裁规则》第29.2条关于"只要可以有效放弃,当事各方放弃基于依第29条开始单个仲裁而对仲裁庭作出的任何裁决的效力和/或执行提出任何的异议"的规定和第31条关于"当事人知道或理应知道未按本规则(包括一个或多个仲裁协议)的规定或其引发的要求行事,但仍继续参与仲裁而未立即提出异议的,应视为已放弃提出异议的权利"的规定,应视为四个公司已经放弃了对适用该程序提出异议的权利。因此,香港国际仲裁中心依照"多份合同,单个仲裁"程序进行仲裁并不违反《2013机构仲裁规则》规定。

案涉仲裁符合《2013机构仲裁规则》第28条中"(c)请求依据多于一个的仲裁协议提出,而两个或所有仲裁中存在相同的法律或事实问题,请求救济的权利均涉及或源于同一交易或同一系列交易,且香港国际仲裁中心认定各仲裁协议彼此兼容"这一情形,香港国际仲裁中心据此依照"仲裁的合并"程序将四个案件合并为一个仲裁程序进行仲裁并不违反《2013机构仲裁规则》规定。

至于来某公司撤回在本案中对新某公司提出的认可和执行仲裁裁决的申请，系当事人自由处分权利，对该申请应予以许可。

综上，除因来某公司撤回对新某公司申请，就香港特别行政区香港国际仲裁中心HKIAC/A16171（A17037；A17038；A17039）号第二部分最终仲裁裁决第一项、第六项的（b）项涉及新某公司部分不予处理外，案涉仲裁裁决其他部分均应予以认可和执行。不同意你院不认可和执行香港特别行政区香港国际仲裁中心HKIAC/A16171（A17037；A17038；A17039）号第二部分最终仲裁裁决第一项、第三项、第四项、第六项的（b）项的处理意见。

此复

附：

天津市高级人民法院
关于申请人来某资源国际私人有限公司
与被申请人天津市滨海新区枫某商贸有限公司、
新某国际能源有限公司、渤海某集团
国际贸易有限公司、重庆繁某机电技术进出口有限公司
申请执行香港特别行政区香港国际仲裁中心作出的
HKIAC/A16171（A17037；A17038；A17039）号
第二部分最终仲裁裁决一案的报核请示

2021 年 2 月 10 日　　　　　　　　　　　　（2020）津民他 22 号

最高人民法院：

　　申请人来某资源国际私人有限公司与被申请人天津市滨海新区枫某商贸有限公司、新某国际能源有限公司、渤海某集团国际贸易有限公司、重庆繁某机电技术进出口有限公司申请执行香港特别行政区香港国际仲裁中心作出的 HKIAC/A16171（A17037；A17038；A17039）号第二部分最终仲裁裁决一案，天津市第三中级人民法院依法对本案受理、审查后，拟裁定不予执行该仲裁裁决，并依照《最高人民法院关于仲裁司法审查案件报核问题的有关规定》报请我院审查。我院受理后，依法组成合议庭进行审查，多数意见认为应同意天津市第三中级人民法院拟处理意见，现依照上述规定要求特向贵院报请审核。

一、当事人的基本情况

　　申请人：来某资源国际私人有限公司，住所地新加坡共和国。
　　代表人：威廉·詹姆斯·兰德尔，该公司董事。
　　委托诉讼代理人：朱某，上海瀛泰（天津）律师事务所律师。
　　委托诉讼代理人：李某，上海瀛泰（天津）律师事务所律师。

被申请人：天津市滨海新区枫某商贸有限公司，住所地天津市滨海新区。

法定代表人：吴某民，该公司总经理。

委托诉讼代理人：钟某，天津君恒律师事务所律师。

被申请人：新某国际能源有限公司。

代表人：王某霞，该公司董事。

委托诉讼代理人：周某强，男，该公司员工。

被申请人：渤海某集团国际贸易有限公司。

代表人：该公司管理人。

委托诉讼代理人：张某浩，男，该公司员工。

委托诉讼代理人：赵某淳，男，该公司员工。

被申请人：重庆繁某机电技术进出口有限公司。

法定代表人：向某，该公司董事长。

委托诉讼代理人：李某波，北京德恒（重庆）律师事务所律师。

委托诉讼代理人：张某学，北京德恒（天津）律师事务所律师。

二、申请人请求及事实理由、被申请人意见

来某资源国际私人有限公司（以下简称来某公司）申请请求：1. 申请认可和执行香港国际仲裁中心于 2019 年 1 月 11 日作出的 HKIAC/A16171（A17037；A17038；A17039）号第二部分最终仲裁裁决。2. 天津市滨海新区枫某商贸有限公司（以下简称枫某公司）与新某国际能源有限公司（以下简称新某公司）向来某公司连带支付：（1）2934276.42 美元，以及以此金额为基础，自 2016 年 12 月 21 日至付款之日为止这一期间的利息，利率为年复利 6%，每季度一期；（2）268056 美元，以及以此金额为基础，自 2016 年 11 月 29 日至付款之日为止这一期间的利息，利率为年复利 6%，每季度一期；（3）199346 美元，以及以此金额为基础，自 2017 年 1 月 23 日至付款之日为止这一期间的利息，利率为年复利 6%，每季度一期。3. 枫某公司向来某公司支付：（1）4306500 美元，以及以此金额为基础，自 2016 年 9 月 10 日至付款之日为止这一期间的利息，利率为年复利 6%，每季度一期；（2）1258350 美元，以及以此金额为基础，自 2016 年 12 月 23 日至付款之日为止这一期间的利息，利率为

年复利6%，每季度一期。4. 枫某公司与渤海某集团国际贸易有限公司（以下简称渤某贸易公司）向来某公司连带支付3732500美元，以及以此金额为基础，自2016年10月28日至付款之日为止这一期间的利息，利率为年复利6%，每季度一期。5. 枫某公司与重庆繁某机电技术进出口有限公司（以下简称繁某公司）向来某公司连带支付4524500美元，以及以此金额为基础，自2016年11月4日至付款之日为止这一期间的利息，利率为年复利6%，每季度一期。6. 枫某公司向来某公司支付37399.5美元，以及以此金额为基础，自本裁决作出之日至付款之日为止这一期间的利息，利率为年复利6%，每季度一期。7. 枫某公司、新某公司、渤某贸易公司、繁某公司连带承担全部认可和执行费用。事实和理由：来某公司与枫某公司、新某公司、渤某贸易公司、繁某公司之间存在散装低灰冶金焦炭买卖合同纠纷，按照合同中仲裁条款约定，来某公司于2016年12月16日向香港国际仲裁中心提起仲裁，仲裁庭于2019年1月11日作出针对枫某公司、新某公司、渤某贸易公司、繁某公司的第二部分最终仲裁裁决，裁决结果包含来某公司上述请求事项的第二项至第六项。同时裁决：除非任何一方在本第二部分最终仲裁裁决作出后28天内提出相反意见，费用方面：（1）枫某公司应支付仲裁费用。（2）就枫某公司应支付裁决第六项（a）所述仲裁费用的义务，新某公司、渤某贸易公司、繁某公司应与枫某公司连带承担该付款义务：新某公司应支付20%仲裁费用（不包括裁决第五项所述费用）；渤某贸易公司应支付20%仲裁费用（不包括裁决第五项所述费用）；繁某公司应支付25%仲裁费用（不包括裁决第五项所述费用）。上述第二部分最终仲裁裁决是终局的、具有约束力的，且已经生效。现枫某公司、新某公司、渤某贸易公司、繁某公司未履行仲裁裁决所确定的支付义务，依照《中华人民共和国民事诉讼法》及其他相关法律规定，来某公司请求法院认可和执行上述第二部分最终仲裁裁决，以保障其合法权益。

在天津市第三中级人民法院审查过程中，2019年8月6日，来某公司以已与新某公司达成和解，新某公司已按照和解协议支付全部和解款项为由，申请撤回在本案中对新某公司提出的认可和执行仲裁裁决申请。

枫某公司陈述意见称：案涉仲裁裁决程序和法律适用均存在不当之处，不应予以认可和执行。事实与理由如下：1. 案涉仲裁程序错误。

(1) 来某公司与枫某公司的合同中存在仲裁条款，来某公司与繁某公司、渤某贸易公司、新某公司分别签订的合同中存在仲裁条款，属多份合同存在不同仲裁条款，同一份合同不能同时约束多名被申请人，仲裁庭将来某公司与枫某公司、来某公司与新某公司的仲裁合并在一起，违反仲裁规则，仲裁程序与各方当事人之间的约定不符，依照《最高人民法院关于内地与香港特别行政区相互执行仲裁裁决的安排》第七条的规定应不予认可和执行。（2）仲裁案件中不仅有买卖合同关系，还存在代理关系，两种法律关系在一个仲裁裁决中出现，且案涉仲裁条款中没有将两种法律关系一并仲裁的约定，合并仲裁违反程序，不应予以认可和执行。2. 案涉仲裁裁决事项超出申请人、被申请人约定仲裁事项。案涉合同约定仲裁适用英国法，英国法属无令状无权利。来某公司在仲裁申请中没有主张仲裁庭认定枫某公司与新某公司、渤某贸易公司、繁某公司之间的法律关系，仲裁庭却认定了存在代理关系，并据此裁定新某公司、渤某贸易公司、繁某公司承担连带责任。仲裁庭的裁决事项已超出当事人赋予其仲裁的权利范围，属严重违反程序，不应予以认可和执行。3. 案涉仲裁裁决适用法律不当。枫某公司与繁某公司、渤某贸易公司之间的代理协议在我国内地签订，所有行为发生在我国内地，应受我国内地法管辖。该代理协议中未约定仲裁程序和适用法律，香港仲裁庭适用英国法对代理关系作出认定和处理，属于适用法律不当，违反仲裁程序与我国内地强制性法律规定（《中华人民共和国涉外民事关系法律适用法》第十六条），应不予认可和执行。4. 案涉仲裁裁决结果错误。按照我国内地有关法律规定，如枫某公司与新某公司、渤某贸易公司、繁某公司之间形成代理关系，代理人的行为后果应由委托人承担，代理人不用承担责任。香港仲裁庭在认定代理关系存在的情况下，仍裁定代理人承担责任，不符合我国内地法律规定。5. 案涉仲裁裁决结果不公正。仲裁庭各仲裁员之间并未就仲裁结果达成一致，其中一位仲裁员对结果提出保留意见，分歧即在代理关系的认定上。仲裁庭认定枫某公司与繁某公司是代理关系，来某公司通知枫某公司即视为通知了繁某公司，但在此基础上又认定繁某公司承担违约责任，采用双重标准。就渤某贸易公司、新某公司而言亦同。6. 来某公司存在恶意，裁决结果违背我国内地社会公共利益。在枫某公司与来某公司合同履行过程中，焦炭价格疯涨，枫某公司无力装船，此情况完全符合情势变更原则。枫某公司以电子邮件方式告知来某公司将克服一切困难继续履行合同，要求将装船日期延后。来某公司未予回复，并仍发出派船通知，而来某公司所派船只当时在日本，根本不可能来天津港装货。来某公司在明知枫某公司无力装船情形下，虚构派船通知，现又主张巨额赔偿，存在明显恶意，违背公序良俗、诚信原则，该公司有多个仲裁裁决在内地被不予认可和执行，案涉仲裁裁决应不予认可和执行。

新某公司陈述意见称：请求驳回来某公司对其的请求。事实与理由如下：1. 来某公司与枫某公司之间是真实的业务往来，新某公司仅作为枫某公司代收代付人，与来某公司之间无任何业务关系。2. 案涉仲裁裁决存在程序错误，意见同枫某公司。3. 2019 年 7 月初，来某公司与新某公司已达成和解，新某公司支付来某公司款项后，来某公司放弃对新某公司任何法律追索权。

渤某贸易公司陈述意见称：香港国际仲裁中心作出的仲裁裁决程序和法律适用均存在不当之处，不应予以认可和执行。具体理由同枫某公司、新某公司。渤某贸易公司与枫某公司另有合同约定，在渤某贸易公司与来某公司发生交易中产生的损失均由枫某公司负担。该合同渤某贸易公司在案涉仲裁中已提交仲裁庭，来某公司对此明知。仲裁庭将来某公司与枫某公司、来某公司与渤某贸易公司的合同在一个仲裁案件中审理，没有考虑枫某公司与渤某贸易公司之间权利义务的约定，程序违法、结果不公。因香港仲裁程序错误，导致突破合同相对性、混淆合同权利义务、中国法院失去对国内法律关系的管辖权、严重损害中国企业利益的相关后果。

繁某公司陈述意见称：案涉仲裁裁决程序和法律适用均存在不当之处，不应予以认可和执行。事实与理由如下：1. 香港国际仲裁中心在各被申请人之间没有仲裁协议的情况下，错误适用 2013 年《香港国际仲裁中心机构仲裁规则》（以下简称《2013 机构仲裁规则》）第 28 条、第 29 条，将多份合同进行单个仲裁，并对多个单个仲裁进行合并仲裁，属重大程序错误。2. 仲裁裁决繁某公司、枫某公司对来某公司承担连带责任，但该裁决事项并无各方当事人的仲裁约定，裁决内容已超出仲裁协议范围，依照《最高人民法院关于内地与香港特别行政区相互执行仲裁裁决的安排》第七条第三项和第四项的规定，应依法裁定不予认可和执行。

3. 繁某公司已向香港国际仲裁中心明确表态，保留其依照《2013 机构仲裁规则》第 29 条所享有的相关权利，并明确表态反对依照《2013 机构仲裁规则》第 28 条的合并仲裁，但香港国际仲裁中心仍适用该程序，属仲裁程序不当。因香港仲裁程序错误，导致突破合同相对性、混淆合同权利义务、中国法院失去对国内法律关系的管辖权、严重损害中国企业利益的相关后果。

三、天津市第三中级人民法院查明的事实

天津市第三中级人民法院经审查查明：

2015 年 9 月 30 日，来某公司与枫某公司签订编号为 NRIPL-×××××HP 的合同，约定 2015 年 10 月至 2016 年 9 月，来某公司向枫某公司购买共计 150 万公吨低灰冶金焦炭。合同约定争议适用英国法管辖，并根据英国法解释，争议均应提交仲裁，并最终由香港国际仲裁中心解决，香港国际仲裁中心应按照仲裁通知提交时现行有效的仲裁规则进行仲裁，仲裁条款管辖法律应为香港法，仲裁地应在香港，仲裁员应为三人，仲裁程序应以英语进行。

2016 年 2 月 29 日，来某公司与枫某公司签订 NRIPL-×××××HP 号合同之附件 4，约定事项涉及第 6、7、8、9 批次货物，枫某公司指定新某公司作为第三方公司代表其接收预付款。2016 年 4 月 26 日，来某公司与枫某公司签订 NRIPL-×××××HP 号合同之附件 4/1，约定事项涉及第 7、8、9 批次货物；2016 年 5 月 16 日，来某公司与枫某公司签订 NRIPL-×××××HP 号合同之附件 4/2，约定事项涉及第 7 批次货物；2016 年 5 月 27 日，来某公司与枫某公司签订 NRIPL-×××××HP 号合同之附件 4/3，约定事项涉及第 7、8、9 批次货物；2016 年 7 月 4 日，来某公司与枫某公司签订 NRIPL-×××××HP 号合同之附件 4/4，约定事项涉及第 8A、8B 批次货物；2016 年 8 月 8 日，来某公司与枫某公司签订 NRIPL-×××××HP 号合同之附件 4/5，约定事项涉及第 8B 批次货物；2016 年 11 月 2 日，来某公司与枫某公司签订 NRIPL-×××××HP 号合同之附件 4/6，约定事项涉及第 8B 批次货物。

2016 年 2 月 29 日，来某公司与新某公司签订编号为 NRIPL-×××××/

4HP 的合同，约定来某公司向新某公司购买散装低灰冶金焦炭。约定该合同受英国法管辖并解释，争议应移交香港国际仲裁中心，依照该仲裁机构的仲裁规则进行仲裁，该仲裁裁决是终局性的，仲裁条款法律依照香港法，仲裁地应在香港，仲裁人数应为三人，仲裁过程应使用英语。

2016 年 4 月 26 日，来某公司与新某公司签订 2016 年 2 月 29 日 NRIPL-××××HP/4 号合同之附件 1，约定事项涉及第 1、2、3 批次货物；2016 年 5 月 16 日，来某公司与新某公司签订 2016 年 2 月 29 日 NRIPL-××××HP/4 号合同之附件 1/1；2016 年 5 月 27 日，来某公司与新某公司签订 2016 年 2 月 29 日 NRIPL-××××HP/4 号合同之附件 1/2，约定事项涉及第 1、2、3 批次货物；2016 年 7 月 4 日，来某公司与新某公司签订 2016 年 2 月 29 日 NRIPL-××××HP/4 号合同之附件 1/3，约定事项涉及第 2A、2B 批次货物；2016 年 8 月 12 日，来某公司与新某公司签订 2016 年 2 月 29 日 NRIPL-××××HP/4 号合同之附件 1/4，约定事项涉及第 2B 批次货物；2016 年 11 月 2 日，来某公司与新某公司签订 2016 年 2 月 29 日 NRIPL-××××HP/4 号合同之附件 1/5，约定事项涉及第 2B 批次货物。

2016 年 4 月 6 日，来某公司与枫某公司签订编号为 NRIPL-××××HP 号合同之附件 5，约定事项涉及第 10、11、12、13 批次货物。2016 年 4 月 19 日，来某公司与枫某公司签订 NRIPL-××××HP 号合同之附件 5/1，约定事项涉及第 10、11、12、13 批次货物；2016 年 5 月 27 日，来某公司与枫某公司签订 NRIPL-××××HP 号合同之附件 5/2，约定事项涉及第 10、11、12、13 批次货物；2016 年 7 月 4 日，来某公司与枫某公司签订 NRIPL-××××HP 号合同之附件 5/3，约定事项涉及第 12 批次货物。

2016 年 9 月 5 日，来某公司与枫某公司签订 NRIPL-××××HP 号合同之附件 7，约定事项涉及第 14 批次货物，枫某公司指定渤某贸易公司作为第三方代表其接收信用证。

2016 年 9 月 5 日，来某公司与渤某贸易公司签订编号为 NRIPL-×××××/7HP 的合同，来某公司向渤某贸易公司购买 4500 公吨散装低灰冶金焦炭。约定该合同受英国法管辖并解释，争议应移交香港国际仲裁中心，依照该仲裁机构的仲裁规则进行仲裁，该仲裁裁决是终局性的，仲裁条款法律依照香港法，仲裁地应在香港，仲裁人数应为三人，仲裁过程应使用英语。

2016年9月18日,来某公司与枫某公司签订编号 NRIPL-×××××HP 号合同之附件8,来某公司向枫某公司购买第15批次货物。约定枫某公司指定繁某公司作为第三方代表其接收信用证。

2016年9月18日,来某公司与繁某公司签订编号 NRIPL-×××××/8HP 的合同,约定来某公司向繁某公司购买45000吨低灰冶金焦炭,合同约定争议适用英国法管辖,并根据英国法解释,争议均应提交仲裁,并最终由香港国际仲裁中心解决,香港国际仲裁中心应按照仲裁通知提交时现行有效的仲裁规则进行仲裁,仲裁条款管辖法律应为香港法,仲裁地应在香港,仲裁员应为三人,仲裁程序应以英语进行。

之后,来某公司与枫某公司对第8B批次、第12批、第14批、第15批货物履行产生争议。来某公司于2016年12月16日,就对8B(Ⅱ)/2B(Ⅱ)批次货物履行,以枫某公司、新某公司、渤某贸易公司为第一、第二、第三被申请人向位于香港的香港国际仲裁中心提出仲裁申请,启动编号为 HKIAC/A16171 的仲裁,依照多份合同、单个仲裁程序进行。2017年2月20日,就第12批次货物履行,来某公司以枫某公司为被申请人提起编号为 HKIAC/A17037 的仲裁,主张枫某公司赔偿损失;就第14批货物的履行,以枫某公司、渤某贸易公司为被申请人,提起编号为 HKIAC/A17038 的仲裁,向枫某公司、渤某贸易公司索赔损失,该仲裁依照多份合同、单个仲裁程序进行;就第15批次货物的履行,以枫某公司、繁某公司为被申请人提起编号为 HKIAC/A17039 的仲裁,向枫某公司、繁某公司索赔损失,该仲裁依照多份合同、单个仲裁程序进行。此后,香港国际仲裁中心依据来某公司的申请,将上述四个仲裁程序合并为一个仲裁,案号为 HKIAC/A16171(A17037;A17038;A17039),申请人为来某公司,第一被申请人为枫某公司,第二被申请人为新某公司,第三被申请人为渤某贸易公司,第四被申请人为繁某公司。

2018年2月27日,香港国际仲裁中心就上述仲裁申请,作出第一部分最终裁决,裁决:1. 枫某公司须支付来某公司款项5182872.8美元,以及以此款项为基础,自2016年9月10日至付款之日为止这一期间的利息,利率为年复利6%,每季度一期;2. 上述第1段提及的金额自2016年4月8日至2016年9月10日期间的利息索赔,仲裁庭保留至以后裁决时一并裁决的权力；3. 枫某公司应支付来某公司申请部分最终仲裁裁决的申请费用和相关的费用支出，这笔费用的具体量化金额，仲裁庭保留至以后裁决时一并裁决的权力。此后，来某公司向天津市第二中级人民法院申请认可和执行该部分最终裁决。天津市第二中级人民法院于2018年6月27日作出（2018）津02认港1号民事裁定，裁定执行香港特别行政区香港国际仲裁中心第 HKIAC/A16171（A17037；A17038；A17039）号部分最终仲裁裁决。

2019年1月11日，香港国际仲裁中心在三位仲裁员未能达成一致仲裁意见的情况下，作出第二部分最终裁决：1. 枫某公司与新某公司向来某公司连带支付：（1）2934276.42美元，以及以此金额为基础，自2016年12月21日起至付款之日止这一期间的利息，利率为年复利6%，每季度一期；（2）268056美元，以及以此金额为基础，自2016年11月29日起至付款之日止这一期间的利息，利率为年复利6%，每季度一期；（3）199346美元，以及以此金额为基础，自2017年1月23日起至付款之日止这一期间的利息，利率为年复利6%，每季度一期。2. 枫某公司向来某公司支付：（1）4306500美元，以及以此金额为基础，自2016年9月10日起至付款之日止这一期间的利息，利率为年复利6%，每季度一期；（2）1258350美元，以及以此金额为基础，自2016年12月23日起至付款之日止这一期间的利息，利率为年复利6%，每季度一期。3. 枫某公司与渤某贸易公司向来某公司连带支付3732500美元，以及以此金额为基础，自2016年10月28日起至付款之日止这一期间的利息，利率为年复利6%，每季度一期。4. 枫某公司与繁某公司向来某公司连带支付4524500美元，以及以此金额为基础，自2016年11月4日起至付款之日止这一期间的利息，利率为年复利6%，每季度一期。5. 枫某公司向来某公司支付37399.5美元，以及以此金额为基础，自本裁决作出之日起至付款之日为这一期间的利息，利率为年复利6%，每季度一期。6. 费用方面：（1）枫某公司应支付仲裁费用。（2）就枫某公司应支付裁决第六项（1）所述仲裁费用的义务，各被申请人应与枫某公司连带支付：（a）新某公司应支付20%的仲裁费用（不包括裁决第五项所述的费用）；（b）渤某贸易公司应支付20%的仲裁费用（不包括裁决第五项所述的费用）；（c）繁某公司应支付20%的仲裁费用（不包括裁决第五项所述的费用）。

2019年8月6日，来某公司以已与新某公司达成和解，新某公司已按照和解协议支付全部和解款项为由，申请撤回在本案中对新某公司提出的认可和执行仲裁裁决的申请。

枫某公司曾用名为天津市滨海新区贯成商贸有限公司。

另查明，香港国际仲裁中心《2013机构仲裁规则》第28条"仲裁的合并"第28.1条为："经当事人申请（"合并申请"），并经与当事人和已确定的仲裁员商议，香港国际仲裁中心有权在以下条件满足时，决定将依本规则正在进行的两个或多个仲裁合并：当事各方同意合并；或各仲裁中的所有请求均依据同一仲裁协议提出；或请求依据多于一个的仲裁协议提出，而两个或所有仲裁中存在相同的法律或事实问题，请求救济的权利均涉及或源于同一交易或同一系列交易，且香港国际仲裁中心认定各仲裁协议彼此兼容。"第29条"多份合同，单个仲裁"中，第29.1条为："源于或涉及多于一份的合同的请求可在单个仲裁中提出，但须满足以下条件：导致仲裁的各仲裁协议分别约束仲裁所有当事人；导致仲裁的各仲裁协议涉及共同的法律或事实问题；请求救济的权利均涉及或源于同一交易或同一系列交易；且请求所依据的仲裁协议彼此兼容。"

四、天津市第三中级人民法院拟处理意见

经审查，天津市第三中级人民法院认为，案涉仲裁裁决是香港国际仲裁中心在香港作出，本案是当事人申请认可和执行香港仲裁裁决，依据各方当事人陈述，归纳争议为两点：第一，香港国际仲裁中心依据来某公司申请，将来某公司与分属于不同合同的被申请人之间的争议，在一个仲裁案件中予以审理，该过程各当事人之间是否有仲裁协议约定或符合各当事人之间的仲裁协议约定；第二，香港国际仲裁中心依据来某公司申请，将四个仲裁案件合并审理并作出裁决，是否符合仲裁程序。

关于争议的第一点，在来某公司与枫某公司签订的编号为NRIPL-×××××HP的合同中，双方对争议解决约定了仲裁条款，但在该合同仲裁条款约定中，均未出现除来某公司、枫某公司以外的其他公司，仲裁条款约定亦未载明适用于其他公司，故该合同中的仲裁协议应仅约束来某公司与枫某公司，不应适用于其他公司。在来某公司与枫某公司不同批次

货物履行中，根据来某公司与枫某公司的交易安排，来某公司与新某公司、渤某贸易公司、繁某公司又分别签订各自独立的合同，在各独立合同中，来某公司分别与各公司约定了争议解决的仲裁条款。但各独立合同中均未披露枫某公司，各独立合同的仲裁条款约定亦未涉及枫某公司。故各独立合同中的仲裁条款仅应约束各独立合同的相对方，而不应适用于超出各独立合同当事公司以外的主体。并且，从上述各合同仲裁条款内容看，各仲裁条款之间并未约定彼此兼容。故来某公司依据其与枫某公司的仲裁条款、其与新某公司的仲裁条款，在同一仲裁程序中同时对枫某公司、新某公司提出仲裁申请，来某公司的该申请没有三方仲裁条款的约定，亦不在来某公司、枫某公司、新某公司分别约定的仲裁协议条款之内。同理，来某公司以枫某公司、渤某贸易公司为被申请人在单个仲裁中提出仲裁申请，没有三方仲裁条款的约定，亦不在来某公司、枫某公司、渤某贸易公司分别约定的仲裁条款之内；来某公司以枫某公司、繁某公司为被申请人在单个仲裁中提出仲裁申请，没有三方仲裁条款的约定，亦不在来某公司、枫某公司、繁某公司分别约定的仲裁条款之内。依照《最高人民法院关于内地与香港特别行政区相互执行仲裁裁决的安排》第七条"在内地或者香港特区申请执行的仲裁裁决，被申请人接到通知后，提出证据证明有下列情形之一的，经审查核实，有关法院可裁定不予执行：……（三）裁决所处理的争议不是交付仲裁的标的或者不在仲裁协议条款之内，或者裁决载有关于交付仲裁范围以外事项的决定的；但交付仲裁事项的决定可与未交付仲裁的事项划分时，裁决中关于交付仲裁事项的决定部分应当予以执行……"的规定，香港国际仲裁中心作出的 HKIAC/A16171（A17037；A17038；A17039）号第二部分最终裁决事项中第一项、第三项、第四项因不在仲裁协议条款之内，故应不予认可和执行。第六项裁决事项涉及裁决费用，其中（b）项因涉及新某公司、渤某贸易公司、繁某公司应承担的仲裁费用，故亦不应予认可和执行。

虽在本案审理期间，来某公司与新某公司已对香港国际仲裁中心作出的 HKIAC/A16171（A17037；A17038；A17039）号第二部分最终裁决事项中第一项中应由新某公司承担的责任达成和解，来某公司不再向新某公司主张认可和执行，但双方达成和解是对香港国际仲裁中心作出的

HKIAC/A16171（A17037；A17038；A17039）号第二部分最终裁决事项的自愿履行，不影响在本案中对该事项的不予认可和执行。

关于争议的第二点，香港国际仲裁中心依据来某公司申请，将四个仲裁案件合并审理，是其便于仲裁程序的措施，符合仲裁程序。香港国际仲裁中心合并审理后的裁决结果包含四个案件的裁决事项，其中裁决事项涉及新某公司、渤某贸易公司、繁某公司的裁决内容，天津市第三中级人民法院已有论述，但裁决事项中亦涉及来某公司依据与枫某公司签订的合同约定，以及实际履行中涉及的第12批次货物，以枫某公司为被申请人提起编号为HKIAC/A17037的仲裁申请的裁决结果。香港国际仲裁中心针对来某公司该申请作出的第二部分最终裁决事项的第二项、第五项及第六项中的（a）项仲裁裁决事项，不存在《最高人民法院关于内地与香港特别行政区相互执行仲裁裁决的安排》第七条所列明的可不予认可和执行的情形，亦不违反内地社会公共利益及香港特区的公共政策，故应予认可和执行。

综上所述，天津市第三中级人民法院依照《最高人民法院关于内地与香港特别行政区相互执行仲裁裁决的安排》第七条之规定，拟裁定：1. 执行香港特别行政区香港国际仲裁中心HKIAC/A16171（A17037；A17038；A17039）号第二部分最终仲裁裁决第二项、第五项、第六项的（a）项；2. 不执行香港特别行政区香港国际仲裁中心HKIAC/A16171（A17037；A17038；A17039）号第二部分最终仲裁裁决第一项、第三项、第四项、第六项的（b）项。案件申请费500元，由枫某公司负担。

五、我院查明的事实

天津市第三中级人民法院作出拟处理意见后，报请我院审查，我院在审查期间另查明以下事实。

（一）关于案涉仲裁条款原文

在案涉合同中，共有如下四份合同存在仲裁条款：
1. 2015年9月30日 NRIPL-×××××HP 合同，所涉相对方来某公司、枫某公司，仲裁条款条文为：本合同应受英国法管辖，并根据英国法解释。由本合同引起的或与本合同相关的任何纠纷、争论、异议或索赔包括合同存续、效力、解释、违约或终止,以及由本合同引起的或与本合同相关的任何非合同义务纠纷均应提交仲裁,并最终由香港国际仲裁中心解决,香港国际仲裁中心应按照仲裁通知提交时现行有效的仲裁规则进行仲裁。本仲裁条款管辖法律应为香港法。仲裁地应为香港。仲裁员应为三人。仲裁程序应以英语进行。

2. 2016 年 2 月 29 日 NRIPL-×××××/4HP 合同,所涉相对方来某公司、新某公司,仲裁条款条文为:本合同受英国法管辖并解释。凡因执行本合同而产生的与本合同相关的一切争议、分歧或索赔,包括关于合同的存在性、有效性、解释、履行、违约或合约终止的情况,或因执行非合同义务而产生的或与之相关的一切争议,应移交香港国际仲裁中心,依照该仲裁机构的仲裁规则进行仲裁,该仲裁裁决是终局性的。仲裁条款法律依照香港法。仲裁地应在香港。仲裁员人数应为三名。仲裁过程应使用英语。

3. 2016 年 9 月 5 日 NRIPL-×××××/7HP 合同,所涉相对方来某公司、渤某贸易公司,仲裁条款条文为:本合同应受英国法管辖,并根据英国法解释。由本合同引起的或与本合同相关的任何纠纷、争论、异议或索赔包括合同存续、效力、解释、违约或终止,以及由本合同引起的或与本合同相关的任何非合同义务纠纷均应提交仲裁,并最终由香港国际仲裁中心解决,香港国际仲裁中心应按照仲裁通知提交时现行有效的仲裁规则进行仲裁。本仲裁条款管辖法律应为香港法。仲裁地应为香港。仲裁员应为三人。仲裁程序应以英语进行。

4. 2016 年 9 月 18 日 NRIPL-×××××/8HP 合同,所涉相对方来某公司、繁某公司,仲裁条款条文为:本合同应受英国法管辖,并根据英国法解释。由本合同引起的或与本合同相关的任何纠纷、争论、异议或索赔包括合同存续、效力、解释、违约或终止,以及由本合同引起的或与本合同相关的任何非合同义务纠纷均应提交仲裁,并最终由香港国际仲裁中心解决,香港国际仲裁中心应按照仲裁通知提交时现行有效的仲裁规则进行仲裁。本仲裁条款管辖法律应为香港法。仲裁地应为香港。仲裁员应为三人。仲裁程序应以英语进行。

(二) 关于枫某公司与渤某贸易公司、繁某公司等的"内部协议"

2016年6月21日，渤某贸易公司与天津富某德能源投资有限公司（以下简称富某德公司）签订《焦炭购销框架协议》，约定双方就焦炭买卖合作事宜达成一致意见，富某德公司与渤某贸易公司基于渤某贸易公司资金优势和富某德公司货源、客户渠道优势开展合作，在合作期间富某德公司同意按照月息1.3%（含税）向渤某贸易公司支付占用渤某贸易公司款项利息。按照富某德公司指示，渤某贸易公司与其指定客户签订具体焦炭出口合同，并且富某德公司与渤某贸易公司签订焦炭购销合同。合同期间焦炭的数量、质量、单价、付款条件和结算方式均在渤某贸易公司与富某德公司签订的煤炭买卖合同中约定并遵循渤某贸易公司与富某德公司指定客户签订的出口合同中对以上要素之约定。在每笔焦炭购销合同约定付款期限内，合同双方须按约定结算款项。2016年10月25日，渤某贸易公司、富某德公司与枫某公司又签订《协议书》，约定渤某贸易公司与富某德公司焦炭业务合作事宜中，枫某公司为富某德公司的上游客户，即富某德公司购买枫某公司的焦炭后，又出售给渤某贸易公司。渤某贸易公司与富某德公司在框架协议项下的焦炭存放在枫某公司租赁的仓库中，并由枫某公司负责货物的管理。渤某贸易公司与富某德公司双方在框架协议项下的焦炭出口系枫某公司与富某德公司指定国外客户进行联络、沟通、商谈。三方协商一致，枫某公司为富某德公司在框架协议及各具体合同项下，富某德公司对渤某贸易公司的债务承担连带保证责任。如出现货物质量或数量问题、富某德公司未按照渤某贸易公司与富某德公司指定客户签订的出口合同及信用证的要求准时交付出运等情形，导致渤某贸易公司对富某德公司指定国外客户违约，富某德公司指定国外客户要求渤某贸易公司承担违约责任的情况，富某德公司和枫某公司应当负责与富某德公司指定国外客户进行协商处理，如果富某德公司指定国外客户以诉讼或仲裁程序，要求渤某贸易公司承担违约责任，富某德公司和枫某公司应当按照渤某贸易公司的指令办理诉讼或仲裁，相应费用由富某德公司和枫某公司承担，因此给渤某贸易公司造成经济损失或者名誉损失由富某德公司和枫某公司承担。

2016年6月6日，枫某公司与繁某公司、吴某民签订《保证合同》，吴某民系保证人、繁某公司系债权人、枫某公司系债务人，约定鉴于繁某公司与枫某公司合作签订一系列的《委托出口焦炭协议》，枫某公司委托繁某公司在天津港向枫某公司指定的国外采购商出口焦炭，并授权繁某公司与枫某公司指定的国外采购商签订《出口合同》，为保障签订的一系列《委托出口焦炭协议》《出口合同》及枫某公司向繁某公司出具的任何声明和承诺（委托出口焦炭协议、出口合同及任何声明承诺以下统称主债权合同）的顺利履行，以及为确保繁某公司履行主债权合同项下的全部义务和责任，吴某民自愿向繁某公司提供连带责任保证担保。2016年9月18日，枫某公司向繁某公司出具《确认函》，表示枫某公司委托繁某公司与来某公司拟签订的出口合同（合同号：NOBLE CONTRACT：NRIPL-×××××/8HP），枫某公司确认其所有条款，将严格执行合同，如超出出口合同和信用证中规定的最迟延期交货期限仍未装船出运，由此产生的一切法律责任、经济赔偿概由枫某公司承担；给繁某公司造成的一切损失，概由枫某公司赔偿。如按合同规定装船出运后，由此产生的包括但不限于品质扣费、信用证议付单据被拒付等一切费用及一切风险由枫某公司承担，由此产生的一切法律责任、经济赔偿概由枫某公司承担；给繁某公司造成的一切损失，概由枫某公司赔偿。2017年6月1日，枫某公司向繁某公司出具《承诺函》，表示枫某公司在委托繁某公司代理出口焦炭合作中，由于枫某公司与来某公司就出口合同（编号：NRIPL-×××××/8HP）信用证项下焦炭出口事宜的贸易纠纷，导致来某公司将繁某公司引入该纠纷，并在香港国际仲裁中心进行仲裁（案号：HKIAC/A17039），枫某公司证实该次纠纷为枫某公司与来某公司的贸易纠纷，繁某公司作为代理方，不承担该次纠纷的任何责任。同时，枫某公司承诺该次仲裁过程中繁某公司产生的一切费用（包括但不仅限于仲裁费、赔偿款、律师费等）由枫某公司全部承担。仲裁结果给繁某公司造成的一切责任和损失均由枫某公司全部承担。

（三）关于当事人的异议情况

1. HKIAC/A16171（A17037；A17038；A17039）号部分最终仲裁裁决及案涉仲裁裁决的相关记载

HKIAC/A16171（A17037；A17038；A17039）号部分最终仲裁裁决（以下简称此前仲裁裁决）"C. 仲裁程序背景"记载：来某公司于2016年12月16日以仲裁通知的方式开始仲裁，分别以枫某公司、新某公司和渤某贸易公司作为第一、第二和第三被申请人。香港国际仲裁中心就此案件分配的案件编号为HKIAC/A16171。来某公司于2017年2月20日以仲裁通知开始以下仲裁程序：针对枫某公司的仲裁申请，香港国际仲裁中心分配的案件编号为HKIAC/A17037；分别以枫某公司和渤某贸易公司为第一被申请人和第二被申请人的仲裁申请，香港国际仲裁中心分配的案件编号为HKIAC/A17038；分别以枫某公司和繁某公司为第一被申请人和第二被申请人的仲裁申请，香港国际仲裁中心分配的案件编号为HKIAC/A17039。2017年7月25日，来某公司提出合并申请的请求，要求按照《2013机构仲裁规则》第28条，将上述四项仲裁程序合并为一项仲裁程序。2017年9月12日，香港国际仲裁中心决定按照《2013机构仲裁规则》第28条将HKIAC/A17037号、HKIAC/A17038号和HKIAC/A17039号案件合并。现有程序中已经指定或确认的仲裁员任命作废，合并后的程序，案件编号为HKIAC/A16171（A17037；A17038；A17039）。2017年9月15日，香港国际仲裁中心将其决定通知了各当事方，并邀请各方于2017年9月19日前提供意见。香港国际仲裁中心并未收到任何意见和反对。2017年10月13日，按照《2013机构仲裁规则》第28.6条，香港国际仲裁中心指定了仲裁程序合并后的当前仲裁庭。案涉仲裁裁决第27段则记载："来某仲裁申请中针对第三方被申请人提起的仲裁申请所依据的每份第三方'合同'都含有相同条款的仲裁条款。"对于管辖权，第三方被申请人均未提出任何异议。

2. 夏某文律师致函相关记载

在天津市第三中级人民法院审查过程中，来某公司在仲裁程序中委托夏某文律师致函该院，在其中"仲裁程序由来"部分，夏某文律师表示，收到来某公司启动HKIAC/A16171号案件仲裁通知后，应香港国际仲裁中心要求，来某公司、枫某公司、新某公司、渤某贸易公司就该案采取单个仲裁程序的适当性和合理性提交了意见书，枫某公司、新某公司、渤某贸易公司均被给予了充分的机会就单个仲裁程序发表意见，2017年1月20日，其通过电子邮件提交了详细的意见书，然而，枫某公司、新某公司、渤某贸易公司就单个仲裁程序的意见不足以说服香港国际仲裁中心就 HKIAC/A16171 号案件不采用"多份合同，单个仲裁"程序。2017 年 1 月 25 日，香港国际仲裁中心发函通知当事各方决定依照单个仲裁程序进行仲裁，并清楚表述香港国际仲裁中心是在收到当事各方的意见书，仔细审阅并慎重考虑后作出决定的，且其决定明确不妨碍仲裁庭对单个仲裁程序异议的审理决定权限。在对 HKIAC/A16171 号案件通知的回复中，枫某公司、新某公司、渤某贸易公司明确保留向相关仲裁庭就香港国际仲裁中心所作的单个仲裁程序决定提出抗辩的权利，枫某公司、新某公司、渤某贸易公司采用了实质上相同的措辞："关于香港国际仲裁中心 [根据来某公司和特定被申请人之间的合同] 作出的继续进行本仲裁的命令/决定，[特定被申请人] 在此明确保留其在合适时候向仲裁庭申请对第 29 条适用的问题或异议进行决定的权利。"然而，枫某公司、新某公司、渤某贸易公司均未向仲裁庭提出实际申请或提出任何此类异议。在 HKIAC/A17038 号案件以及 HKIAC/A17039 号案件（涉及枫某公司、渤某贸易公司和繁某公司）中，相关情形与上述情形相似，枫某公司、渤某贸易公司、繁某公司虽向香港国际仲裁中心提交保留意见，但其后均未向仲裁庭提出实际申请或提出任何此类异议。在来某公司于 2017 年 7 月 25 日提交合并仲裁的书面请求后，香港国际仲裁中心再次邀请上述四个仲裁案件的被申请人枫某公司、新某公司、渤某贸易公司和繁某公司发表意见，上述四公司均提交了详细的意见。2017 年 9 月 12 日，收到来某公司简短的回复后，香港国际仲裁中心通知各方其决定将四个仲裁合并为一个仲裁。枫某公司、新某公司、渤某贸易公司和繁某公司其后均未向仲裁庭提出实际申请或提出任何此类异议。

3. 当事人相关陈述及证据

在天津市第三中级人民法院询问时，枫某公司陈述，该公司曾向案涉仲裁庭直接回复表示异议，但并未提交相应证据，且表示对该公司在案涉仲裁程序中委托代理律师的相应陈述不清楚。新某公司、渤某贸易公司的陈述与枫某公司基本一致。渤某贸易公司提交了相关电子邮件证据，其中来某公司在仲裁程序中委托的夏某文律师 2017 年 8 月 15 日在"回复—合并申请"中指出，收到了 HKIAC/A16171 号案件枫某公司和新某公司、HKIAC/A17038 号案件枫某公司和渤某贸易公司、HKIAC/

A17039号案件枫某公司和繁某公司的意见，但对HKIAC/A17037号案件未收到意见，在收到意见的案件中，"被告方"提出反对合并申请。繁某公司亦提交了其向案涉仲裁庭直接回复表示异议的电子邮件证据，其中包括：（1）2017年3月20日"重庆繁某（第二被申请人）对于仲裁通知的回复"（涉及NRIPL-×××××/8HP合同，针对HKIAC/A17039号案件)，该回复表示：对于香港国际仲裁中心作出的针对多个合同进行仲裁的决定，繁某公司在此明确表态保留其在仲裁庭一旦成立之后依据仲裁条例第29条所享有的相关权利。（2）"繁某回复仲裁中心邮件针对案件：HKIAC/A17039"（涉及NRIPL-×××××/8HP合同，针对HKIAC/A17039号案件），该邮件表示：繁某公司不同意来某公司提出的合并四项仲裁的申请，如果仲裁合并，将有损繁某公司作为正在执行的仲裁案中独立当事人的地位，要求香港仲裁中心驳回来某公司申请将HKIAC/A17039号案件与其他仲裁案件合并的请求。

此外，繁某公司还提交了枫某公司向案涉仲裁庭直接回复表示不同意的电子邮件证据，其中包括：（1）2017年3月1日枫某公司就HKIAC/A17038号案件的回复，该回复表示：枫某公司反对来某公司提出的对第一份修订合同（即NRIPL-×××××HP）以及第二份合同（NRIPL-×××××/7HP）项下产生之相关争议纠纷进行单一仲裁的要求。（2）2017年3月1日枫某公司就HKIAC/A17039号案件的回复，该回复表示，枫某公司反对来某公司提出的对第一份修订合同（即NRIPL-×××××HP）以及第二份合同（NRIPL-×××××/8HP）项下产生之相关争议纠纷进行单一仲裁的要求。（3）2017年8月11日枫某公司就HKIAC/A17038号案件的回复，该回复表示，由于枫某公司和渤某贸易公司各自承担独立保密义务，因此不应对四项仲裁进行合并。（4）2017年8月11日枫某公司就HKIAC/A16171号案件的回复，该回复表示，由于枫某公司和新某公司各自承担独立保密义务，因此不应对四项仲裁进行合并。（5）2017年8月11日枫某公司就HKIAC/A17039号案件的回复，该回复表示，由于枫某公司和繁某公司各自承担独立保密义务，因此不应对四项仲裁进行合并。

（四）关于案涉仲裁裁决中仲裁员杨某宜的不同意见

仲裁员之一杨某宜对案涉仲裁裁决提出不同意见并附具异议书，其表示，同意来某公司与新某公司、渤某贸易公司和繁某公司单独签署的合同系真正的合同且"表明了他们说过的意思"，但仲裁庭必须检视证据，并整体考虑这些合同是否属于具有法律约束力的合同。现在仅有"一批货物/一笔交易"，但是两份合同是一模一样的，随后对合同更有一个接着一个（且一模一样）的修订。杨某宜表示不接受多数仲裁员关于在商业领域具有一批货物/一笔交易涉及不同的当事方且合同不只一份的意见，本案与提单/信用证情形存在很大区别，且枫某公司与第三方的任何关系、任何交易均与来某公司无关，不能理解枫某公司和新某公司、渤某贸易公司及繁某公司对来某公司需负连带责任的依据。杨某宜还认为，鉴于关键时刻的事实环境或情况，不能确定来某公司和新某公司、渤某贸易公司和繁某公司签订合同时，合同意图究竟是方便付款，还是建立独立具有法律约束力的合同。

（五）关于此前仲裁裁决认可和执行情况

此前仲裁裁决于 2018 年 2 月 27 日作出，裁决如下：1. 枫某公司须支付来某公司 5182872.8 美元款项，另付自 2016 年 9 月 10 日起至付款之日止这一期间的利息，利率为年复利 6%，每季度一期；2. 上述金额自 2016 年 4 月 8 日起至 2016 年 9 月 10 日止这一期间的利息索赔，仲裁庭保留至以后裁决时一并裁决的权利；3. 枫某公司须支付来某公司申请部分最终裁决的仲裁费用和相关的费用支出，费用的具体金额，仲裁庭保留至以后裁决时一并裁决的权利。2018 年 4 月 27 日，天津市第二中级人民法院对来某公司申请认可和执行该仲裁裁决予以立案，申请人为来某公司，被申请人为枫某公司，枫某公司在该案中的意见为：请求不予认可和执行来某公司的申请，具体理由如下：因环保和天气等不可抗力的原因，利息部分枫某公司不予支付；来某公司没有提供案件所涉的实际合同，程序违法。天津市第二中级人民法院于 2018 年 6 月 27 日对该仲裁裁决予以认可和执行。

（六）关于《2013 机构仲裁规则》的弃权条款

《2013 机构仲裁规则》第 28 条"仲裁的合并"、第 29 条"多份合同，单个仲裁"、第 31 条"弃权"均规定了弃权条款。

第 28 条规定：只要可以有效放弃（in so far as such waiver can validly be made），当事各方放弃基于香港国际仲裁中心作出的合并仲裁的决定而就仲裁庭在合并后的程序中作出的任何裁决的效力和/或执行提出任何的异议。

第 29 条规定：只要可以有效放弃（in so far as such waiver can validly be made），当事各方放弃基于依第 29 条开始单个仲裁而对仲裁庭作出的任何裁决的效力和/或执行提出任何的异议。

第 31 条规定：当事人知道或理应知道未按本规则（包括一个或多个仲裁协议）的规定或其引发的要求行事，但仍继续参与仲裁而未立即提出异议的，应视为已放弃提出异议的权利。

六、我院审查意见

我院审查中，多数意见认为应同意天津市第三中级人民法院意见，拟部分不予认可和执行案涉仲裁裁决，少数意见与此相反，认为应全部认可和执行案涉仲裁裁决。

（一）本案是否构成《最高人民法院关于内地与香港特别行政区相互执行仲裁裁决的安排》第七条第一款第一项规定情形

《最高人民法院关于内地与香港特别行政区相互执行仲裁裁决的安排》第七条第一款第一项规定："在内地或者香港特区申请执行的仲裁裁决，被申请人接到通知后，提出证据证明有下列情形之一的，经审查核实，有关法院可裁定不予执行：（一）……该项仲裁协议依约定的准据法无效；或者未指明以何种法律为准时，依仲裁裁决地的法律是无效的。"

枫某公司主张，来某公司与枫某公司的合同中存在仲裁条款，来某公司与繁某公司、渤某贸易公司、新某公司分别签订的合同中存在仲裁条款，属多份合同存在不同仲裁条款，同一份合同不能同时约束多名被申请人。新某公司、渤某贸易公司相应主张与枫某公司一致。繁某公司相应主张与枫某公司相似。

我院多数意见认为，本问题的实质是案涉仲裁条款是否对相关主体产生约束力问题，属于认定案涉仲裁条款效力范畴。依照《最高人民法院关于内地与香港特别行政区相互执行仲裁裁决的安排》第七条第一款第一项规定，应按"仲裁条款约定法律—仲裁裁决地法律"的顺序确定相关准据法。案涉四份仲裁条款均约定"本仲裁条款管辖法律应为香港法"或者"仲裁条款法律依照香港法"，参照最高人民法院此前复函[《最高人民法院关于对唐山市博鳌煤业有限责任公司、盛美证券私人有限公司与青岛新永安实业有限公司买卖合同纠纷一案中仲裁条款效力问题的请示的复函》，（2021）最高法民他267号]，应认定案涉四份仲裁条款均单独约定了仲裁条款效力适用的法律，即香港法规定。按照此前我院在"林某恩"[（2017）津民终494号民事裁定]一案中查明的《香港仲裁条例》第19条的规定，"仲裁协议"是指当事人同意将他们之间一项确定的契约性或非契约性的法律关系中已经发生或可能发生的一切争议或某些争议交付仲裁的协议，仲裁协议可以采取合同中的仲裁条款形式或单独的协议形式。故此，本案中，虽然来某公司与枫某公司、新某公司、渤某贸易公司、繁某公司均签订了仲裁条款，但枫某公司、新某公司、渤某贸易公司、繁某公司彼此之间并未签订符合《香港仲裁条例》第19条规定的仲裁条款，案涉仲裁裁决第一项、第三项、第四项认定枫某公司与新某公司、枫某公司与渤某贸易公司、枫某公司与繁某公司分别向来某公司承担连带支付责任，以及第六项（b）项认定枫某公司、新某公司、渤某贸易公司、繁某公司连带支付相应仲裁费用，并无当事人达成的仲裁条款基础。本案构成《最高人民法院关于内地与香港特别行政区相互执行仲裁裁决的安排》第七条第一款第一项规定情形。

我院少数意见认为，虽然枫某公司、新某公司、渤某贸易公司、繁某公司彼此之间不存在仲裁协议，但案涉仲裁条款均约定"香港国际仲裁中心应按照仲裁通知提交时现行有效的仲裁规则进行仲裁"或者"应移交香港国际仲裁中心，依照该仲裁机构的仲裁规则进行仲裁"，即当事人明确选择了香港国际仲裁中心的仲裁规则，在本案中即《2013机构仲裁规则》。当事人选定的仲裁规则虽非严格意义上的仲裁条款，但该仲裁规则应属于广义的"仲裁组织契约"，当事人与仲裁机构均应受该契约约束。按照现有证据，在HKIAC/A16171、HKIAC/A17038、HKIAC/A17039号案件中，枫某公司、新某公司、渤某贸易公司、繁某公司对多份合同、单个仲裁提出了异议；在HKIAC/A16171、HKIAC/A17038、HKIAC/A17039号案件中，枫某公司、新某公司、渤某贸易公司、繁某公司对合并仲裁提出了异议。但在香港国际仲裁中心先后通知采用多份合同、单个仲裁以及合并仲裁后,枫某公司、新某公司、渤某贸易公司、繁某公司其后均未向仲裁庭提出实际申请或提出任何此类异议,并全程参与了仲裁程序,应依照《2013机构仲裁规则》第28条、第29条、第31条的规定,认定当事人构成弃权,枫某公司、新某公司、渤某贸易公司、繁某公司彼此之间存在符合《香港仲裁条例》第十九条规定的仲裁条款。案涉仲裁裁决第一项、第三项、第四项认定枫某公司与新某公司、枫某公司与渤某贸易公司、枫某公司与繁某公司分别向来某公司承担连带支付责任,以及第六项(b)项认定枫某公司、新某公司、渤某贸易公司、繁某公司连带支付相应仲裁费用,具有当事人达成的仲裁条款基础。本案不构成《最高人民法院关于内地与香港特别行政区相互执行仲裁裁决的安排》第七条第一款第一项规定情形。

(二)本案是否构成《最高人民法院关于内地与香港特别行政区相互执行仲裁裁决的安排》第七条第一款第三项规定情形

《最高人民法院关于内地与香港特别行政区相互执行仲裁裁决的安排》第七条第一款第三项规定:"在内地或者香港特区申请执行的仲裁裁决,被申请人接到通知后,提出证据证明有下列情形之一的,经审查核实,有关法院可裁定不予执行:(三)裁决所处理的争议不是交付仲裁的标的或者不在仲裁协议条款之内,或者裁决载有关于交付仲裁范围以外事项的决定的;但交付仲裁事项的决定可与未交付仲裁的事项划分时,裁决中关于交付仲裁事项的决定部分应当予以执行。"

枫某公司主张,案涉仲裁裁决事项超出申请人、被申请人约定仲裁事项。案涉合同约定仲裁适用英国法,英国法属无令状无权利。来某公司在仲裁申请中没有主张仲裁庭认定枫某公司与新某公司、渤某贸易公司、繁某公司之间的法律关系,仲裁庭却认定了存在代理关系,并据此裁定新某公司、渤某贸易公司、繁某公司承担连带责任。仲裁庭的裁决事项已超出当事人赋予其仲裁的权利范围,属严重违反程序,不应予以认可和执行。新某公司、渤某贸易公司相应主张与枫某公司一致。繁某公司主张,仲裁裁决繁某公司、枫某公司对来某公司承担连带责任,但该裁决事项并无各方当事人的仲裁约定,裁决内容已超出仲裁协议范围。

我院多数意见认为，如前述第一种情形所述，枫某公司、新某公司、渤某贸易公司、繁某公司彼此之间并无仲裁条款，即不存在枫某公司、新某公司、渤某贸易公司、繁某公司相互承担连带责任的基础，此外，案涉四份仲裁条款约定可仲裁争议事项范围虽为"凡因执行本合同而产生的与本合同相关的一切争议、分歧或索赔，包括关于合同的存在性、有效性、解释、履行、违约或合约终止的情况，或因执行非合同义务而产生的或与之相关的一切争议"或者"由本合同引起的或与本合同相关的任何纠纷、争论、异议或索赔包括合同存续、效力、解释、违约或终止，以及由本合同引起的或与本合同相关的任何非合同义务纠纷"，但按照合同相对性理解，难以涵盖涉及非合同当事人第三方的纠纷在内。在此情形下，案涉仲裁裁决第一项、第三项、第四项认定枫某公司与新某公司、枫某公司与渤某贸易公司、枫某公司与繁某公司分别向来某公司承担连带支付责任，以及第六项（b）项认定枫某公司、新某公司、渤某贸易公司、繁某公司连带支付相应仲裁费用，其裁决所处理的争议不在仲裁协议条款之内，故繁某公司的主张成立。至于枫某公司、新某公司、渤某贸易公司关于"超裁"的具体理由，多数意见认为，结合来某公司的申请，仲裁庭在审理其是否成立时势必将对枫某公司、新某公司、渤某贸易公司、繁某公司之间的法律关系作出判断，故枫某公司、新某公司、渤某贸易公司的相应理由显然不能成立。尽管如此，但本案中被申请人之一提出的主张，应认定对全体被申请人均产生效力，故繁某公司的相应成功主张亦可适用于其他被申请人。本案构成《最高人民法院关于内地与香港特别行政区相互执行仲裁裁决的安排》第七条第一款第三项规定情形。

我院少数意见认为，如前述第一种情形所述，枫某公司、新某公司、渤某贸易公司、繁某公司彼此之间存在符合《香港仲裁条例》第19条规定的仲裁条款，此外，案涉四份仲裁条款约定可仲裁争议事项范围足够宽泛，可包括关联合同之间当事人的权利义务分配事项在内，在此情形下，案涉仲裁裁决第一项、第三项、第四项认定枫某公司与新某公司、枫某公司与渤某贸易公司、枫某公司与繁某公司分别向来某公司承担连带支付责任，以及第六项（b）项认定枫某公司、新某公司、渤某贸易公司、繁某公司连带支付相应仲裁费用，其裁决所处理的争议在仲裁协议条款之内，故本案不构成《最高人民法院关于内地与香港特别行政区相互执行仲裁裁决的安排》第七条第一款第三项情形。此外,少数意见还认为,本案被申请人之一提出的主张仅能对其自身产生效力,至多还对与其可能承担连带责任的被申请人产生效力,故繁某公司的相应主张即使成立,亦至多适用于枫某公司,但不适用于新某公司、渤某贸易公司。

(三)本案是否构成《最高人民法院关于内地与香港特别行政区相互执行仲裁裁决的安排》第七条第一款第四项规定情形

《最高人民法院关于内地与香港特别行政区相互执行仲裁裁决的安排》第七条第一款第四项规定:"在内地或者香港特区申请执行的仲裁裁决,被申请人接到通知后,提出证据证明有下列情形之一的,经审查核实,有关法院可裁定不予执行:(四)仲裁庭的组成或者仲裁庭程序与当事人之间的协议不符,或者在有关当事人没有这种协议时与仲裁地的法律不符的。"

枫某公司主张,案涉仲裁程序错误,理由如下:1.来某公司与枫某公司的合同中存在仲裁条款,来某公司与繁某公司、渤某贸易公司、新某公司分别签订的合同中存在仲裁条款,属多份合同存在不同仲裁条款,同一份合同不能同时约束多名被申请人,仲裁庭将来某公司与枫某公司、来某公司与新某公司的仲裁合并,违反仲裁规则,仲裁程序与各方当事人之间的约定不符。2.仲裁案件中不仅有买卖合同关系,还存在代理关系,两种法律关系在一个仲裁裁决中出现,且案涉仲裁条款中没有将两种法律关系一并仲裁的约定,合并仲裁违反程序,不应认可和执行。新某公司、渤某贸易公司相应主张与枫某公司一致。繁某公司主张,香港国际仲裁中心在各被申请人之间没有仲裁协议的情况下,错误适用《2013机构仲裁规则》第28条、第29条,将多份合同进行单个仲裁,并对多个单个仲裁进行合并仲裁,属重大程序错误,且繁某公司已向香港国际仲裁中心明确表态,保留其依据《2013机构仲裁规则》第29条所享有的相关权利,并明确表态反对依据《2013机构仲裁规则》第28条的合并仲裁,但香港国际仲裁中心仍适用该程序,属仲裁程序不当。

我院多数意见认为,按照案涉四份仲裁条款约定,虽可适用《2013机构仲裁规则》,但本案中适用"多份合同,单个仲裁"的条件不具备。

依照《2013机构仲裁规则》第29条的规定，适用"多份合同，单个仲裁"的相关条件应同时具备，但如前述第一种情形所述，枫某公司、新某公司、渤某贸易公司、繁某公司彼此之间不存在符合《香港仲裁条例》第19条规定的仲裁条款，"导致仲裁的各仲裁协议分别约束仲裁所有当事人"这一条件并不具备，且枫某公司、新某公司、渤某贸易公司、繁某公司亦提出了异议。至于合并仲裁，依照《2013机构仲裁规则》第28条，其相关条件符合其一即可，本案符合"请求依据多于一个的仲裁协议提出，而两个或所有仲裁中存在相同的法律或事实问题，请求救济的权利均涉及或源于同一交易或同一系列交易，且香港国际仲裁中心认定各仲裁协议彼此兼容"条件，且已履行《2013机构仲裁规则》第28条规定的程序，故案涉仲裁进行合并仲裁并不违反当事人的协议，即使当事人提出异议亦不例外。综上所述，本案构成《最高人民法院关于内地与香港特别行政区相互执行仲裁裁决的安排》第七条第一款第四项规定情形。此外，如前述第二种情形所述，本案中被申请人之一繁某公司提出的成功主张，应认定对全体被申请人均产生效力。

我院少数意见认为，如前述第一种情形所述，枫某公司、新某公司、渤某贸易公司、繁某公司彼此之间存在符合《香港仲裁条例》第19条规定的仲裁条款，故适用"多份合同，单个仲裁"的相关条件中"导致仲裁的各仲裁协议分别约束仲裁所有当事人"这一条件具备，而"导致仲裁的各仲裁协议涉及共同的法律或事实问题""请求救济的权利均涉及或源于同一交易或同一系列交易""请求所依据的仲裁协议彼此兼容"等条件亦均具备，且如前述第一种情形所述，当事人亦构成弃权。故案涉仲裁进行"多份合同，单个仲裁"并不违反当事人的协议。基于与多数意见相同的理由，案涉仲裁进行合并仲裁并不违反当事人的协议。故本案不构成《最高人民法院关于内地与香港特别行政区相互执行仲裁裁决的安排》第七条第一款第四项规定情形。此外，如前述第二种情形所述，本案中被申请人之一提出的主张仅能对其自身产生效力，至多还对与其可能承担连带责任的被申请人产生效力，故繁某公司关于"多份合同，单个仲裁"程序违法的相应主张即使成立，亦至多还可适用于枫某公司，但不适用于新某公司、渤某贸易公司。

（四）本案是否构成《最高人民法院关于内地与香港特别行政区相互执行仲裁裁决的安排》第七条第三款规定情形

《最高人民法院关于内地与香港特别行政区相互执行仲裁裁决的安排》第七条第三款规定，内地法院认定在内地执行该仲裁裁决违反内地社会公共利益，或者香港特区法院决定在香港特区执行该仲裁裁决违反香港特区的公共政策，则可不予执行该裁决。

枫某公司主张，来某公司存在恶意，裁决结果违背了内地社会公共利益。新某公司未提出相关主张。渤某贸易公司、繁某公司均主张，因香港仲裁程序错误，导致突破合同相对性、混淆合同权利义务、中国法院失去对国内法律关系的管辖权、严重损害中国企业利益的相关后果。

对此，我院意见一致，认为本案并不构成违反内地社会公共利益的情形，理由在于：对于内地社会公共利益，应从严掌握，一般指认可和执行香港仲裁裁决将导致违反内地法律基本原则、危害公共安全、违反善良风俗等足以影响内地根本性社会公共利益的情形，在最高人民法院相关复函中，以此为由拒绝认可和执行香港仲裁裁决的复函仅有一例，即《最高人民法院关于不予执行国际商会仲裁院第18295/CYK号仲裁裁决一案请示的复函》[（2016）最高法民他8号]，在该案中，案涉仲裁裁决是仲裁员在认定案涉仲裁条款有效的前提下作出，但与内地人民法院就案涉仲裁条款作出的生效裁定冲突，故违反内地社会公共利益。而本案尚不存在此种人民法院生效裁定。除此之外，现有证据亦不能证明来某公司存在恶意。渤某贸易公司、繁某公司关于突破合同相对性、混淆合同权利义务、中国法院失去对国内法律关系的管辖权、严重损害中国企业利益的相关后果等主张，依据与证据亦均不足。故本案不构成《最高人民法院关于内地与香港特别行政区相互执行仲裁裁决的安排》第七条第三款规定情形。

（五）本案是否应许可来某公司撤回对新某公司提出的申请

在天津市第三中级人民法院审查过程中，来某公司以已与新某公司达成和解，新某公司已按照和解协议支付全部和解款项为由，申请撤回在本案中对新某公司提出的认可和执行仲裁裁决的申请。对此，我院多数意见认为，来某公司与新某公司达成和解是对案涉仲裁裁决事项的自愿履行，不影响在本案中对该事项的不予认可和执行。少数意见认为，此系当事人自由处分权利，对该申请应予以许可。因案涉仲裁裁决中涉及新某公司事项为第一项、第六项的（b）项，来某公司撤回对新某公司提出的申请后，对上述事项排除新某公司部分后予以认可和执行。

至于枫某公司主张案涉仲裁裁决适用法律不当、案涉仲裁裁决结果错误、不公正，新某公司与渤某贸易公司主张与来某公司之间无任何业务关系等，并非《最高人民法院关于内地与香港特别行政区相互执行仲裁裁决的安排》项下审查事项，故应不予审查。

综上所述，我院多数意见认为，案涉仲裁裁决构成《最高人民法院关于内地与香港特别行政区相互执行仲裁裁决的安排》第七条第一款第一项、第三项、第四项规定情形，应同意天津市第三中级人民法院拟处理意见，即：（1）认可和执行香港特别行政区香港国际仲裁中心 HKIAC/A16171（A17037；A17038；A17039）号第二部分最终仲裁裁决第二项、第五项、第六项的（a）项；（2）不认可和执行香港特别行政区香港国际仲裁中心 HKIAC/A16171（A17037；A17038；A17039）号第二部分最终仲裁裁决第一项、第三项、第四项、第六项的（b）项。案件申请费500元，由枫某公司负担。我院少数意见认为，案涉仲裁裁决不构成《最高人民法院关于内地与香港特别行政区相互执行仲裁裁决的安排》第七条第一款第一项、第三项、第四项以及第三款规定任何一种情形，不同意天津市第三中级人民法院拟处理意见，除因来某公司撤回对新某公司申请，就香港特别行政区香港国际仲裁中心 HKIAC/A16171（A17037；A17038；A17039）号第二部分最终仲裁裁决第一项、第六项的（b）项涉及新某公司部分不予处理外，案涉仲裁裁决其他部分均应予以认可和执行。

以上意见当否，请批复。

（五）申请承认和执行外国仲裁裁决案件

最高人民法院
关于青岛传某国际贸易有限公司申请不予承认和执行俄罗斯联邦工商会国际商事仲裁院 M-150/2017 号仲裁裁决一案的复函

2021 年 11 月 18 日　　　　　　　　　　（2021）最高法民他 267 号

山东省高级人民法院：

你院（2021）鲁民他 8 号《关于申请人 M 公司与被申请人青岛传某国际贸易有限公司申请承认和执行俄罗斯联邦工商会国际商事仲裁院 M-150/2017 号仲裁裁决一案的请示》收悉。经研究，答复如下：

《俄罗斯联邦工商会国际商事仲裁院仲裁规则》（2017 年版）第十条文件的发送和送达规定：（一）国际商事仲裁院按照接收文件一方当事人注明的地址或者另外一方当事人注明的地址向各方当事人发送文件。当事人应当立即将之前注明之地址的变更告知国际商事仲裁院。（二）一方当事人向国际商事仲裁院提交的文件，应当由国际商事仲裁院向另外一方当事人转交，如果这些文件没有在仲裁程序过程中由提交文件的一方当事人转交给另外一方当事人。作为仲裁裁决依据的所有专家报告或者具有证据意义的其他文件均应当向当事人转交。（三）仲裁申请书、书面陈述、开庭通知书、仲裁裁决书、裁定书应以带有送达回证的挂号信或者具有投递记录的其他发送方式予以发送。（四）其他文件可以挂号信、平信、电子方式或其他方式发送，只要发送的讯息有记录证明。（五）通知在其由当事人收到之日，或者在其根据本条前述条款发送而应当被收到之日，视为收到，即使该当事人未收到通知，放弃接收，或不在、不位于通信地址，也应视为收到通知。(六) 在当事人指定代理人时，如果当事人没有向国际商事仲裁院作出其他通知，则案件的文件向该代理人发送或者送达，并视为向该当事人发送和送达。

根据前述仲裁规则第十条第五款，并依据请示报告载明的文书邮寄情况，判断本案是否适当送达的关键在于寄送方式是否满足仲裁规则第十条第三款的规定。本案第二次和第三次寄送皆有投递记录，符合仲裁规则第十条第三款、第五款的规定。你院请示报告载明第一次寄送仲裁申请书没有投递记录，但本案三次寄送皆由一家快递公司完成，可以确定该快递公司提供的服务带有投递记录；特别是考虑到《承认及执行外国仲裁裁决公约》第五条第一款第二项所要求的是指定仲裁员和进行仲裁程序的适当通知，此等通知已经通过第二次、第三次投递向青岛传某国际贸易有限公司寄送。

根据你院查明的事实，仲裁庭寄送地址与案涉合同约定的地址一致，不违反仲裁规则第十条第一款的规定。对于快递单使用的电话号码与案涉合同约定的电话号码不一致的问题，其一，仲裁规则第十条并未对电话号码作出要求，其二，M公司已对快递单电话号码与案涉合同约定的电话号码不一致作出了合理解释。综上所述，不应当认为青岛传某国际贸易有限公司没有被给予指定仲裁员和进行仲裁程序的适当通知。

此复

附：

山东省高级人民法院
关于申请人 M 公司
与被申请人青岛传某国际贸易有限公司申请承认和
执行俄罗斯联邦工商会国际商事仲裁院 M-150/2017 号
仲裁裁决一案的请示

2021 年 7 月 13 日　　　　　　　　　　　　（2021）鲁民他 8 号

最高人民法院：

申请人 M 公司与被申请人青岛传某国际贸易有限公司申请承认和执行俄罗斯联邦工商会国际商事仲裁院 M-150/2017 号仲裁裁决一案，青岛市中级人民法院受理后，经审查拟不予承认和执行俄罗斯联邦工商会国际商事仲裁院 M-150/2017 号仲裁裁决，我院拟同意该意见。根据《最高人民法院关于仲裁司法审查案件报核问题的有关规定》第二条规定，现将该案基本情况及审查意见报请如下。

一、当事人的基本情况

申请人：M 公司。
法定代表人：扎伊采夫·谢尔盖·亚力山德罗维奇，总经理。
委托诉讼代理人：李某华，北京德和衡（济南）律师事务所律师。
被申请人：青岛传某国际贸易有限公司（以下简称传某公司）。
法定代表人：唐某怡，董事。
委托诉讼代理人：王某华，上海锦天城（青岛）律师事务所律师。
委托诉讼代理人：赵某茜，上海锦天城（青岛）律师事务所律师。

二、案件的基本情况

M 公司申请称，其与传某公司于 2015 年 8 月 27 日签署的《合同 1》中第八条约定，因该合同产生的争端应在俄罗斯联邦工商会国际商事仲裁院仲裁。该条款构成双方之间有效的仲裁协议。2018年2月1日，俄罗斯联邦工商会国际商事仲裁院独任仲裁员利·安·奥昆科夫依据M公司的申请和开庭审理情况，作出了M-150/2017号裁决。仲裁结果为：传某公司向M公司支付10068.48美元（基本债务）、1455.45美元（货物供应过期罚金）、3532美元（申请人注册费、仲裁费）。根据以上裁决，传某公司应向M公司支付的金额共计为15055.93美元。M公司请求青岛市中级人民法院承认和执行上述仲裁裁决，并由传某公司承担本案诉讼费和执行费。

传某公司陈述意见称，传某公司没有得到关于指派仲裁员和仲裁程序的适当通知，根据《承认及执行外国仲裁裁决公约》第五条第一款第二项的规定，该仲裁裁决不应被承认和执行。

三、青岛市中级人民法院的审查意见

青岛市中级人民法院查明：2015年8月27日，M公司与传某公司订立了买卖合同《合同1》，约定M公司向传某公司购买合同附件约定的货物。合同第八条仲裁条款约定：一切与本合同有关的买卖双方之间的争端应尽可能通过谈判解决。如果无法通过谈判解决争端，应在俄罗斯联邦工商会国际商事仲裁院仲裁，并遵循俄罗斯联邦共和国实体法与程序法。同时，合同约定卖方传某公司的法定地址为：中国青岛市东海西路××号×号楼，邮编266071，电话为86-53×××××××70。

2017年9月14日，M公司向俄罗斯联邦工商会国际商事仲裁院提交了仲裁申请，将其与传某公司之间订立的《合同1》项下的合同争议提交俄罗斯联邦工商会国际商事仲裁院仲裁。2018年2月1日，俄罗斯联邦工商会国际商事仲裁院独任仲裁员利·安·奥昆科夫依据M公司的申请和开庭审理情况作出了如下裁决：传某公司向M公司支付基本债务金10068.48美元、货物供应过期罚金1455.45美元、申请人注册费和仲裁费3532美元。

在本案所涉仲裁过程中，仲裁庭通过D Express（以下简称D快递公司）给传某公司分别邮寄了三份相关仲裁材料，均未成功送达。1.2017年9月21日投递编号为4489××××33的邮件，寄送文件包括《俄罗斯联邦工商会国际商事仲裁院仲裁规则》、申请书及举证通知书等，该运单因

地址不完整及电话号码不正确未完成交付。2. 2017年10月3日投递编号为4489××××80的邮件,寄送文件包括仲裁员组成、开庭通知。投递记录显示进行了两次投递:第一次投递时间为2017年10月10日,因电话号码错误未联系到收件人;第二次投递时间为2017年10月12日,收件人拒绝收件。3. 2017年11月6日投递编号为9881××××30的邮件,寄送文件包括开庭传票,投递记录显示因未联系到收件人而被退回。仲裁庭在上述三次向传某公司邮寄通知的快递单上填写的收件人地址均为中国青岛市东海西路××号,邮编为266071,电话为86-53×××××××79。仲裁过程中,仲裁庭还参考了案件其他有关资料,包含中华人民共和国企业信用信息公示系统2017年11月9日传某公司的国家企业信用信息公示报告等,并据此作出结论:所有文件中指明的同一被告人传某公司的地址为中国青岛市东海西路××号。仲裁庭认为,传某公司已得到了关于开庭时间和地点的适当通知,其不到庭不妨碍案件如期开庭,进而作出了裁决。

青岛市中级人民法院组织双方当事人进行听证时,当庭登录中华人民共和国企业信用信息公示系统查询传某公司的注册信息,该信用信息公示系统显示传某公司的住所地为山东省青岛市市南区东海西路××号×号楼××户,且显示上述传某公司的住所地地址没有变更过。

经青岛市中级人民法院委托华东政法大学外国法查明研究中心查明,《俄罗斯联邦国际商事仲裁法》第三条规定:"书面通信的收到:1. 除非当事人另有约定:A. 任何书面通讯,如经当面递交收讯人或投递至收讯人的营业地点、惯常住所或通讯地址,或者经合理查询仍不能找到上述任一地点而以挂号信或能提供作过投递企图的记录的其他任何手段投递给收讯人最后一个为人所知的营业地点、惯常住所或通讯地址的,书面通讯即应视为已经被收到;B. 书面通讯以上述方式投递之日即应视为被收到之日。2. 本条规定不适用于法院程序中的通讯送达。"《俄罗斯联邦工商会国际商事仲裁院仲裁规则》(2017年版)第二条规定:"请求的提出:1. 仲裁程序自提交仲裁请求时开始。2. 仲裁请求提交之日是指该请求提交给国际商事仲裁院之日,或者在请求是以邮件提交的情况下,是指请求书寄出地邮局的邮戳日期或者在通过快递投递的情况下是指寄送存根标记之日。"第九条规定:"文件的提交:1. 有关仲裁程序开始和进行的所有文件应当由当事人向国际商事仲裁院提交,一式六份;争议由独任仲裁员仲裁时，一式四份；争议当事人人数超过两人时，应增加相应的份数，除非国际商事仲裁院在必要时另有规定。2. 秘书处或仲裁庭可以建议当事人以电子方式提交本条第一款所要求的文件。"第十条规定："文件的发送和送达：1. 国际商事仲裁院按照接收文件一方当事人注明的地址或者另外一方当事人注明的地址向各方当事人发送文件。当事人应当立即将之前注明之地址的变更告知国际商事仲裁院。2. 一方当事人向国际商事仲裁院提交的文件，应当由国际商事仲裁院向另外一方当事人转交，如果这些文件没有在仲裁程序过程中由提交文件的一方当事人转交给另外一方当事人。作为仲裁裁决依据的所有专家报告或者具有证据意义的其他文件均应当向当事人转交。3. 仲裁申请书、书面陈述、开庭通知书、仲裁裁决书、裁定书应以带有送达回证的挂号信或者具有投递记录的其他发送方式予以发送。4. 其他文件可以挂号信、平信、电子方式或其他方式发送，只要发送的讯息有记录证明。5. 通知在其由当事人收到之日，或者在其根据本条前述条款发送而应当被收到之日，视为收到，即使该当事人未收到通知，放弃接收，或不在、不位于通信地址，也应视为收到通知。6. 在当事人指定代理人时，如果当事人没有向国际商事仲裁院作出其他通知，则案件的文件向该代理人发送或者送达，并视为向该当事人发送和送达。"

青岛市中级人民法院认为，本案属于申请承认与执行外国仲裁裁决案，传某公司的住所地在山东省青岛市，根据《中华人民共和国民事诉讼法》（2017年修正）第二百八十三条及我国加入《承认及执行外国仲裁裁决公约》所作的保留声明，本案所涉仲裁裁决解决的是按照我国法律属于契约性商事法律关系的买卖合同所引起的争议，因此应适用《承认及执行外国仲裁裁决公约》对本案仲裁裁决进行审查。关于双方争议的涉案仲裁程序中仲裁庭是否尽到适当通知义务的问题，涉案合同第八条仲裁条款约定，买卖双方因合同产生的争端提交俄罗斯联邦工商会国际商事仲裁院仲裁，并遵循俄罗斯联邦共和国实体法与程序法，因此，对涉案仲裁程序中仲裁庭是否尽到适当通知义务的审查，应适用《俄罗斯联邦国际商事仲裁法》和《俄罗斯联邦工商会国际商事仲裁院仲裁规则》进行裁判。

根据《俄罗斯联邦国际商事仲裁法》第三条第一款A项及《俄罗斯

联邦工商会国际商事仲裁院仲裁规则》（2017年版）第十条第一款至第五款之规定，仲裁庭在已知受送达人的地址时，应当按照地址发送书面通知，而在地址不能确定时，应当按照受送达人最后众所周知的地址发送书面通知。并且，无论按照哪种地址发送书面通知，必须通过有记录的方式发送，即发送的结果应该显示，或者有收件人签收记录，或者有收件人拒收记录，或者有查无此接收人相应机构的记录。结合本案查明的仲裁程序中仲裁庭的送达过程看，首先，仲裁庭通过D快递公司分别向传某公司发出三次通知，仲裁庭表示均未送达成功，且仲裁庭于三次送达程序中在快递单上填写的收件人传某公司的地址和联系电话均存在不完整且与双方在合同中约定不符的情形：仲裁庭填写的传某公司收件地址是青岛市东海西路××号，而双方在买卖合同中约定的是青岛市东海西路××号×号楼；仲裁庭填写的联系电话为86-53×××××××79，而双方在合同中约定的是86-53×××××××70。一方面，仲裁庭在三次送达通知程序中均遗漏了传某公司的部分地址信息，未能完整填写已知的传某公司的收件地址，亦没有考虑传某公司收件地址与收件人联系电话的相互关联性，特别是国际快递流转中收件人的联系电话是收件地址不可分割的一部分。由仲裁庭发送的三次书面通知，则可被视为按照错误的地址实施的发送，也是传某公司没有收到书面通知的因素之一。另一方面，无论何种情况，仲裁庭均应收到了国际快递公司用作证明的、记录有查无此收件人的有效记录，否则仲裁庭没有尽到适当的通知义务。而本案M公司提交的仲裁庭三次送达通知，其中一份编号为4489×××33的D快递公司快递单缺失投递记录。其次，仲裁庭责令M公司提供传某公司其他地址信息，M公司向仲裁庭提供了中华人民共和国企业信用信息公示系统2017年11月9日传某公司的企业信用公示信息。从该系统中获取的传某公司的地址，要比双方在合同中约定的传某公司地址及M公司之前提供的传某公司的地址更为详细，也符合《俄罗斯联邦国际商事仲裁法》第三条第一款A项规定中"投递给收讯人最后一个为人所知的营业地点、惯常住所或通讯地址"的规定，仲裁庭有义务按照M公司提供的最新已知传某公司的地址发送书面通知。依照已查明的中华人民共和国企业信用信息公示系统显示的传某公司的住所地为山东省青岛市市南区东海西路××号×号楼××户，且该地址没有变更过。但仲裁庭没有再次向传某公司发送书面通知，而是认为前后两个地址完全一致，从而错误认定传某公司得到了适当通知，应属于没有尽到适当的通知义务。综上所述，青岛市中级人民法院认为，仲裁庭没有尽到适当的通知义务。

根据《承认及执行外国仲裁裁决公约》第五条第一款第二项规定，裁决唯有于受裁决援用之一造向申请承认及执行地之主管机关提具证据证明有下列情形之一时，始得依该造之请求，拒予承认及执行：受裁决援用之一造未接获关于指派仲裁员或仲裁程序之适当通知，或因他故，致未能申辩者。青岛市中级人民法院认为，涉案仲裁程序中仲裁庭未能尽到适当通知的义务，具有上述公约规定的拒绝承认及执行的情况，故对俄罗斯联邦工商会国际商事仲裁院 M-150/2017 号仲裁裁决应不予承认及执行。

四、我院的审查意见

我院经审查认为，M 公司申请承认与执行的仲裁裁决由俄罗斯联邦工商会国际商事仲裁院作出，仲裁地在俄罗斯；被执行人传某公司的住所地在中华人民共和国山东省青岛市。中国与俄罗斯均为《承认及执行外国仲裁裁决公约》的成员国，因此，涉案仲裁裁决是否可以得到承认与执行，应当依据《承认及执行外国仲裁裁决公约》的相关规定进行审查。本案双方争议的焦点是，涉案仲裁程序中仲裁庭是否就指派仲裁员和仲裁程序适当地通知了传某公司。

本案双方在涉案合同第八条仲裁条款中约定，双方争端提交俄罗斯联邦工商会国际商事仲裁院仲裁，并遵循俄罗斯联邦共和国实体法与程序法。根据《俄罗斯联邦国际商事仲裁法》及《俄罗斯联邦工商会国际商事仲裁院仲裁规则》（2017 年版）的规定，仲裁庭在知道受送达人地址的情况下，应当按照其地址发送书面通知；在地址不能确定的情况下，应当以受送达人最后一个为人所知的营业地点、惯常住所地或通信地址发送书面通知。

《俄罗斯联邦工商会国际商事仲裁院仲裁规则》（2017 年版）第十条规定："文件的发送和送达：1. 国际商事仲裁院按照接收文件一方当事人注明的地址或者另外一方当事人注明的地址向各方当事人发送文件。当事人应当立即将之前注明之地址的变更告知国际商事仲裁院……3. 仲裁申请书、书面陈述、开庭通知书、仲裁裁决书、裁定书应以带有送达回证的挂号信或者具有投递记录的其他发送方式予以发送。4. 其他文件可以挂号信、平信、电子方式或其他方式发送，只要发送的讯息有记录证明。5. 通知在其由当事人收到之日，或者在其根据本条前述条款发送而应当被收到之日，视为收到，即使该当事人未收到通知，放弃接收，或不在、不位于通信地址，也应视为收到通知……"

青岛市中级人民法院认定，涉案合同约定的卖方传某公司的法定地址为"中国青岛市东海西路××号×号楼"。我院查明，虽然M公司提交的涉案合同中文译本记载，传某公司的法定地址为"中国青岛市东海西路××号×号楼"。但在合同原文中，传某公司的法定地址为266071, DONG-HAIXI ROAD, QINGDAO, CHINA。其中，266071应为邮政编码，合同原文中并无"×号楼"。在合同译文与原文不一致时，应以原文为准，即合同约定的传某公司的法定地址为"中国青岛市东海西路××号"。青岛市中级人民法院对该项事实的认定有误。

仲裁庭在给传某公司送达的快递单上填写的地址为青岛市东海西路××号、联系电话为86-53×××××××79，双方合同中约定的传某公司的地址为青岛市东海西路××号、联系电话为86-53×××××××70，两者地址相同，联系电话不同。传某公司提交为青岛市东海西路××号提供物业服务的物业公司出具的证明一份，内容为：青岛市东海西路××号分为东西两个单元，共有95户，主要为门头网点、住宅和商务办公用房。根据以上证明，青岛市东海西路××号这一地址内有众多居民和公司，在收件地址和收件人名称填写正确，联系电话填写错误的情况下，收件人传某公司很可能无法收到快递信件。M公司称，86-53×××××××79为双方当事人在前期业务合作中较常使用的电话号码，而86-53×××××××70为传某公司的总机号码，无法接通，但没有提交证据证实在仲裁庭向传某公司邮寄送达时86-53×××××××70无法接通。仲裁庭寄送仲裁员组成、开庭通知，快递编号为4489×××80，该邮件的投递结果为"被收件人拒绝接收"。依照《俄罗斯联邦工商会国际商事仲裁院仲裁规则》（2017年版）第十条第五款的规定，应视为传某公司收到了该邮件。仲裁庭发出其他两个快递，寄送仲裁通知、申请书、举证通知书及开庭延期到2017年12月25日的通知，投递结果为因地址不完整及电话号码不正确或未联系到收件人而未完成交付，上述文件不能视为向传某公司送达。

综上所述，我院认为，在涉案仲裁程序中，传某公司未接获仲裁程序之适当通知，符合《承认及执行外国仲裁裁决公约》第五条第一款第二项规定的情形，俄罗斯联邦工商会国际商事仲裁院 M-150/2017 号仲裁裁决应不予承认及执行。我院拟同意青岛市中级人民法院的意见。

以上意见当否，请批复。

【案例评析】

上海埃斯埃医疗技术有限公司诉莱茵技术（上海）有限公司服务合同纠纷案[*]

——格式仲裁条款的司法审查路径

何 云[**]　及小同[***]

【裁判要旨】

对于采用格式条款方式订立仲裁协议的，对其效力的审查应当依据《中华人民共和国合同法》（以下简称《合同法》）第三十九条、第四十条[①]之规定，判断提供格式条款的一方是否已采取合理方式提醒对方注意以及有无限制或排除对方主要权利之情形。第一，对于合同提供方披露义务的审查应作为前提性的审查措施，合同相对方可主张未予合理提醒注意的格式仲裁条款不属于合同内容，进而导致格式仲裁条款不产生订入效力。第二，选择仲裁作为争议解决方式应基于双方真实的仲裁合意，若格式合同提供方难以证明格式仲裁协议系双方自愿协商一致的结果，应视为限制了合同相对方在发生纠纷时选择争议解决方式的权利，从而构成《合同法》第四十条项下排除缔约相对方的主要权利的情形，该仲裁条款依法对合同相对方不发生法律效力。

---

[*] 本文获"全国法院系统2021年度优秀案例分析评选活动"商事案例分析二等奖。
[**] 上海市闵行区人民法院党组成员、副院长、三级高级法官。
[***] 上海市第二中级人民法院商事审判庭商事合同纠纷第二审判团队法官助理。
[①] 《合同法》第三十九条、第四十条对应《中华人民共和国民法典》第四百九十六条、第四百九十七条。

【案件索引】

一审：上海市静安区人民法院（2020）沪 0106 民初 10679 号（2020 年 4 月 26 日）

二审：上海市第二中级人民法院（2020）沪 02 民终 4718 号（2020 年 11 月 26 日）

【基本案情】

2018 年 9 月 4 日，上海埃斯埃医疗技术有限公司（以下简称埃斯埃公司）与德国莱茵技术（上海）有限公司（以下简称莱茵公司）签署《根据 EN ISO 13485：2016 换证和医疗器械指令附录二监督和公司搬迁审核的报价》一份，就莱茵公司为埃斯埃公司提供欧盟认证证书换证等服务进行了报价和权利义务约定。在该报价单尾部的双方当事人签署栏下方，载明："德国莱茵关注环境并且施行纸张节省方案，其中一项努力是鼓励我们客户接受电子版报告并且即时起只会应客户要求而颁发纸质报告。《莱茵 TüV 大中华区一般商业条款和条件》为本报价不可分割的重要组成部分，对贵司和我司均具有约束力。当贵司确认本报价单并以要求的方式同传给我司之后，即视为贵司已经认真阅读并完全理解《莱茵 TüV 大中华区一般商业条款和条件》的全部内容，并同意受其各项条款和条件的约束。本报价单及其所有的附件构成贵司与我司就提供报价单项下的服务所达成的全部书面合同……以上条款，请见 TüV 网上信息（http：//www.tuv.com.《关于莱茵》文件下载）。"后双方就上述服务合同履行发生争议，埃斯埃公司起诉至上海市静安区人民法院，请求判令莱茵公司按照合同约定继续向原告履行医疗器械产品的欧盟认证服务。莱茵公司在提交答辩状期间提出异议称，双方合同中约定有仲裁条款，应将争议提交至中国国际经济贸易仲裁委员会仲裁解决。

本案审理中，莱茵公司提交了上述网络链接指向的《莱茵 TüV 大中华区一般商业条款和条件》（2013 年版）中文文本。该文本第 13.4 条约定："与合同及本条款和条件及其执行有关的任何争议，双方应通过友好协商解决。除非合同中有不同约定，如自争议发生之日起两个月内协商不成或无法就延长协商期限达成一致，双方同意：a) 若作为合同一方的莱茵公司为在中华人民共和国合法注册和存续的实体，应将争议提交至中国国际经济贸易仲裁委员会（CIETAC）按照其当时有效的仲裁规则进行仲裁。仲裁地点由提请仲裁的一方从北京、上海、深圳或重庆四个地点中酌情选择一个适合的仲裁地点……"

就案涉仲裁协议的查阅路径及方式，双方当事人在二审中进行了当庭演示：在电脑上登录 http：//www.tuv.com 网址，进入莱茵公司的"文件下载"页面，页面上显示了"TUV Rheinland LGA Product Gmbh""德国莱茵 TüV 北美""德国莱茵 TüV 大中华区"等栏目。点击"德国莱茵 TüV 大中华区"一栏，显示包括《莱茵 TüV 大中华区一般商业条款和条件》在内的多个文档链接。点击《莱茵 TüV 大中华区一般商业条款和条件》一栏，显示该文档内容（2019 年 5 月版），其中第 19.4 条约定了与前述莱茵公司在本案诉讼中提交的 2013 年版第 13.4 条相同的仲裁条款。

【裁判结果】

上海市静安区人民法院于 2020 年 4 月 26 日作出（2020）沪 0106 民初 10679 号民事裁定：驳回原告埃斯埃公司的起诉。埃斯埃公司不服一审裁定，向上海市第二中级人民法院提起上诉，上海市第二中级人民法院于 2020 年 11 月 26 日作出（2020）沪 02 民终 4718 号民事裁定：（1）撤销上海市静安区人民法院（2020）沪 0106 民初 10679 号民事裁定；（2）本案由上海市静安区人民法院继续审理。

【裁判理由】

上海市第二中级人民法院经审理认为：本案的争议焦点为双方当事人之间是否存在合法有效的仲裁协议。根据案件查明的事实，本案的特殊性在于，双方当事人签署的《根据 EN ISO 13485：2016 换证和医疗器械指令附录二监督和公司搬迁审核的报价》书面文本中并没有直接载明仲裁条款，而是通过约定链接于网络平台上的一份《莱茵 TüV 大中华区一般商业条款和条件》为报价单不可分割的重要组成部分的方式指向了当中的一项仲裁协议。第一，承载案涉仲裁条款的合同文本系为不特定交易对象所设定的通用、一般条款，属于预先拟定而可重复使用，且在订立合同时未与对方协商的条款，符合《合同法》第三十九条规定的格式条款法律特征。第二，对于采用格式条款方式订立仲裁协议的，对其效力的审查应当依据《合同法》第三十九条、第四十条的规定，判断提供格式条款的一方是否已采取合理方式提醒对方注意、有无限制或排除对方主要权利之情形。

关于提示与说明义务。本案中，莱茵公司与埃斯埃公司签订系争报价单时，双方对争议解决方式未进行过协商，报价单虽提及《莱茵TüV大中华区一般商业条款和条件》，但并未将包括仲裁条款在内的该一般条款和条件内容载入报价单文本或作为附件进行显示，故在签署报价单时，埃斯埃公司未能实际看到或知晓仲裁条款，莱茵公司除了报价单约定内容之外亦未提交证据证明其已采取任何合理方式提醒对方注意或进行说明。关于排除或限制主要权利问题。诉讼与仲裁为我国法律规定的两种民事争议解决方式，两者在性质、审理程序、救济途径及维权成本等方面均存在显著差异。选择仲裁还是选择诉讼，这些程序性事项也将不可避免地对当事人的实体权利义务产生重要影响。仲裁的基础是当事人意思自治，当事人之间的仲裁合意是提请仲裁的前提。若将以格式条款订立的仲裁协议完全排除在格式条款的效力评价范围之外，将有可能排除当事人在发生纠纷时选择争议解决方式的权利，也违反《中华人民共和国仲裁法》（以下简称《仲裁法》）第四条所规定的仲裁自愿原则，亦有悖于仲裁所遵循的意思自治和仲裁合意基础。

综上所述，仲裁作为争端解决的方式之一，是合同当事人依法享有的重要程序性权利，对于当事人的实体权益亦具有重要影响，仲裁协议的达成必须基于当事人真实意思表示。本案莱茵公司采用网络格式条款方式订立的仲裁协议，在协议签订时未向埃斯埃公司作出合理的提示与说明，难以认定莱茵公司与埃斯埃公司之间就系争合同的争议解决达成了仲裁合意，根据我国《仲裁法》及《合同法》的相关规定，该仲裁条款依法对上诉人埃斯埃公司不发生法律效力。双方当事人就本案纠纷应通过诉讼解决，一审法院对本案依法享有管辖权。

【案例评析】

格式条款因其在交易效率和交易安全等方面的优势，得以在各个交易场合被普遍应用。除交易场合的逐渐泛化之外，该等条款的定型化效应正由传统的权利义务事项扩展到程序事项,乃至交易的各个层面。因个别磋商的缺失以及缔约者交易地位的失衡,无限泛化的格式条款带来一系列负面效应。对于争议解决领域适用格式条款的正当性以及效力情形,人民法院应作审慎认定。对于格式仲裁条款的司法审查应遵循"形式规制—特殊解释规制—内容规制"的规范路径。在形式审查层面上,应明确信息披露义务以及仲裁合意真实性的审查标准;解释规则上,应在支持仲裁原则和保护弱者原则之间寻找平衡;在内容审查上,应以系争协议的给付均衡性作为审查重点,对格式仲裁条款是否公平、是否构成排除缔约相对人的主要权利作出认定。

一、形式审查——格式仲裁条款的订入效力认定

(一)缔约模式异化下的订入审查需求

格式条款的核心特征在于个别磋商的缺失,尤其是无纸化交易盛行的今天,磋商模式进一步简化,部分新型交易中,缔约基础已逐渐由传统的"合意"异化为"同意",由"同意"再度简化为"拟制同意",甚至由"拟制同意"异化为"内容告知"。缔约模式的转化使得交易更具灵活性和适应性,但也意味着合意基础被严重削弱。[①] 尤其是网络平台协议或以互联网微链接形式承载的协议,相对方基于时间的紧迫、条款的冗长以及对平台的信赖,难以对格式条款中的具体权责分配予以充分关注。

司法实践中,基于契约自由原则,判者倾向于对当事人的意思自治事项保持谦抑,不对条款内容作实质性干预。这种情况下,明确表意行为的真实性和完整性则尤为重要,尤其是在合意基础薄弱的格式合同中。格式条款入典后最重要的一个变化在于明确未合理履行披露义务的法律后果为条款无法订入,区分了格式合同的内容控制及成立控制。[②] 对《合同法》中订入规则与效力评价规则之间的错位进行了纠偏。基于格式合同制度的立法旨意,应将形式审查作为前提性的审查措施,无法满足形

[①] 参见安晋城:《类型化建构与格式条款提示标准的确定》,载《吉林大学学报(社会科学版)》2021年第3期。

[②] 参见王天凡:《〈民法典〉第496条(格式条款的定义及使用人义务)评注》,载《南京大学学报(哲学社会科学版)》2020年第6期。

式审查需求将导致格式仲裁条款无法订入,即缔约相对方可主张格式仲裁条款不属于合同内容。

(二) 信息披露义务审查

基于我国格式条款制度的立法旨意,格式合同的合意质量应当通过"强制披露"规则予以补强,"强制条款提供者披露"即相当于"相对人知悉"。① 具体到《合同法》第三十九条、第四十条之中,披露义务表现为提示注意义务及内容说明义务两项要求。对于披露程度及披露方式,现有法律规范中仅有原则性规定,司法机关具有较大的自由裁量空间。对此,在将交易相对方预设为一般理性人的前提下,提供格式条款的一方应当以明确且显而易见的方式使其得以正常知悉并充分理解与其权益密切相关的信息。司法实践中,对于是否尽到合理提示义务,主要通过载体形式、提示方式、内容清晰度等多个标准予以考量,具体的衡量要素大同小异,一般通过字样、颜色、位置、特殊标记等予以突出显示或通过口头书面予以另行告知;对于说明义务,根据国际交易惯例,格式条款应采用对于一般经济人而言通俗易懂的用语,格式条款表意应遵循透明度原则,② 向简化、缩短、标准化(simplify, shorten, standardize)的方向发展,披露模式应从全面披露转为要点披露,从专业披露转为平实披露。

基于以上披露义务履行的审查标准,未在合同正本中予以约定,而以微链接、合同附件、补充协议等形式承载的格式争议解决条款,且条款提供者无合理依据证明履行了提示义务的格式仲裁协议,将不符合披露要求。本案中,莱茵公司将仲裁条款以微链接形式列明于一份冗长的合同附件中,根据庭审中的操作流程,埃斯埃公司需要另行点击网络链接后,在诸多栏目中选择"德国莱茵 TüV 大中华区"一栏,然后在多个文档链接中进一步点击《莱茵 TüV 大中华区一般商业条款和条件》方能阅看案涉格式仲裁协议,且莱茵公司并无任何依据证实其曾提醒埃斯埃公司微链接中包含相关仲裁条款。

---

① 参见宁红丽:《平台格式条款的强制披露规制完善研究》,载《暨南学报》2020 年第 2 期。

② See Directive 93/13/EEC of 5 April 1993 on Unfair Terms in CosumerContracts (Unfair Terms Directive) [1993] OJ L95/29.

(三) 仲裁合意审查

格式仲裁条款与一般主管或管辖协议的区别在于其成立以明确的仲裁合意为基础,《仲裁法》第十六条第二款第一项规定的"请求仲裁的意思表示"应是缔约各方一致的表意行为而非单方行为,意味着各方缔约时对于将未来争议提交仲裁解决具有理性预期。格式仲裁条款的形式审查中,应就缔约过程中仲裁合意的真实性、完整性进行重点审查。司法实践中,仲裁协议载体形式的合理性经常成为推定仲裁意思表示的重要事由。仲裁协议涉及当事人重要的程序选择权,格式仲裁条款一般应以清晰显著的形式列明于书面合同正本中,以附件、微链接等其他形式承载的格式仲裁条款,无法以直观、显著的方式呈现在缔约相对人的认知范围内的,应当另行合理披露,且条约提供方应就此举证,否则难以认定缔约相对方与条款提供方就仲裁协议内容达成过合意。①

本案二审审理中,埃斯埃公司提出,其直到一审诉讼中莱茵公司提出管辖权异议时才知晓仲裁条款的存在,因此根本不存在仲裁意思表示,且其于 2020 年 4 月 28 日登录报价单载明的链接地址,并未找到莱茵公司所称的《莱茵 TüV 大中华区一般商业条款和条件》。经莱茵公司在二审中当庭演示,其在服务合同中载明的微链接仍未直接指向《莱茵 TüV 大中华区一般商业条款和条件》,需要多次操作后,在多个栏目、多个链接文件中寻找并查阅案涉仲裁条款。以上复杂的操作流程实际对埃斯埃公司获知仲裁内容造成了一定障碍,其抗辩具有一定合理性。

二、解释规则——条款有效性与实质正义观之抵牾

当格式仲裁条款发生争议时,缔约双方因立场不同对于合同解释的侧重点有所不同,但裁判者应在解释条款时保证客观中立。实质正义观下,保护弱者的司法理念贯穿始终。根据限制解释原则,尤其在消费者保护等传统的磋商能力失衡的交易场合中,当对格式仲裁条款内容产生

---

① 如最高人民法院在(2013)民四他字第 1 号就《天津市高级人民法院关于连云港祥顺矿产资源有限公司与无格兰航运有限公司海上货物运输合同纠纷管辖权异议一案的请示》的复函中提到:"尽管提单背面约定了租船合同中的仲裁条款并入提单,但提单背面约定不足以引起受让人充分关注,难以认定缔约方之间存在仲裁意思表示。"

争议时，应当然作出不利于格式条款提供方的解释，对缔约弱势方予以倾斜保护；而在支持仲裁（pro-arbitration）的发展趋势之下，无论是缔约主体对于契约的自主解释，还是诉讼或仲裁程序中裁判者对于仲裁条款的解释，都将遵循善意解释的路径，尤其是对于轻微瑕疵的仲裁条款，倾向于采用有利于仲裁条款效力的解释原则以及排除严格解释的原则。①

一旦倾向性选择支持仲裁或保护弱者的解释路径可能将条款效力指向相反结果。对于格式条款的解释应以缔约方平均而合理的理解能力为基准，保持统一性和可循性。② 对于格式仲裁条款的解释仍应以通常解释为首要原则，以上述限制解释及善意解释等作为特殊解释原则予以补充，避免滥用与误用。本案中，莱茵公司系国际知名大型基础设施及能源供应服务商在中国设立的全资子公司，该公司在相关设施出口认证及检测服务方面具有行业优势，根据双方当事人在本案中的陈述可推知，其在案涉服务合同缔约中处于强势地位，根据莱茵公司合同文本中的阐述，其基于"关注环境并且施行纸张节省方案"而未向对方提供书面仲裁协议。但无纸化契约的使用更应当兼顾契约内容的合理披露，尤其是本案中的仲裁协议，系莱茵公司在交易中反复使用的标准化条款，且涉及合同相对方的重要程序权利，二审判决中裁判者综合考量本案交易背景、仲裁协议的载体形式以及具体内容，遵循了限制解释原则，依法对仲裁协议作出了不利于格式合同提供者的解释，保护了弱势缔约方的权益。

三、内容审查——格式争议解决条款的公平性评价

（一）不合理的格式争议解决条款构成"排除主要权利"

根据《合同法》第三十九条之规定，提供格式条款的一方应当遵循公平原则确定当事人之间的权利与义务。合同效力的法定基础由意思自治与给付均衡构建，格式条款这种合意基础薄弱的情形必须通过给付均衡度的校正来提升正当性。③ 这也是格式条款公平性审查的首要因素，具

---

① 参见季境：《仲裁协议效力认定及解释原则》，载《人民司法》2019年第26期。
② 参见崔建远：《论格式条款的解释》，载《经贸法律评论》2019年第3期。
③ 参见胡安琪、李明发：《网络平台用户协议中格式条款司法规制之实证研究》，载《北方法学》2019年第1期。

体到我国的格式条款制度中,给付失衡表现为不合理地免除或减轻己方责任、加重对方责任、限制对方主要权利。

争议解决条款涉及缔约者重要的程序权利,对于选择将争议提起诉讼或由仲裁解决,以及选择解纷方式之后具体的裁决地点、时间、事项范围等,直接关系缔约者的实体权利义务处理,与缔约者具有重大利害关系。格式合同入典之后的重要调整之一是将提示说明义务的范围由"免除或限制其责任的条款"扩大为"与对方具有重大利害关系的条款",争议解决条款当然落入重大利害关系条款的范围。① 因此,缔约相对方对于救济权利的处分及让渡必须基于其意思自治,且应避免存在明显的权利义务失衡情形,否则将视为被排除或限制了主要权利。诚如埃斯埃公司所辩称,诉讼和仲裁是两种独立的民事纠纷解决机制,仲裁与诉讼在解决纠纷的适用上有着各自的优势与局限,但莱茵公司所提供格式仲裁条款排除了埃斯埃公司的争议解决方式选择权,具体包括将未来争议通过诉诸人民法院的权利,以及仲裁机制下仲裁机构、仲裁地点等仲裁因素的选择权。

(二) 延展思考——显失公平制度在格式争议解决条款领域的适用

一方面,从行为经济学角度出发,将缔约相对方视为一个"理性经济人"的前提下,一旦格式条款内容直观、显著地呈现于其感知范围之内,疏于阅读该等条款将视为其对审查机会的自动放弃或对条款内容的自愿接受。我国传统合同法理论中,只要不存在欺诈、胁迫等严重违法情形,则很难以公平性标准作为条款效力的判断依据。另一方面,虽然经济主体在创设合同内容方面具有高度自治,但若法律过度忽略合同公平性,则可能对公序良俗造成冲击。

我国司法实践中,对于格式争议解决条款的公平性审查较为审慎,即使是对于单方性排除弱势缔约方的程序选择权、权利义务显著失衡的

---

① 根据相关权威观点,《中华人民共和国民法典》第四百七十条列举的合同标的、数量、质量、价款或者报酬、履行期限、地点和方式、违约责任、解决争议的方法等条款均属于与对方有重大利害关系的条款。参见最高人民法院民法典贯彻实施工作领导小组:《中华人民共和国民法典理解与适用·合同编》,人民法院出版社2020年版,第246页。

单方选择性争议解决条款（unilateral option resolution clause），也鲜少在协议效力确认之诉中被否定性评价。① 实际上比较法中已不乏以显失公平为由否定格式争议解决条款效力的立法及审判实践。笔者认为，司法实践中，对于条款是否存在严重的给付失衡情形，除条款内容本身外，还应充分考量基础关系和缔约表现等交易背景，如果一方缔约者处于明显的弱势地位，且契约提供者存在利用优势地位刻意压制缔约相对者的非善意情形，则该条款应符合显失公平情形，即使履行了披露义务，裁判者仍可以显失公平为由否定条款效力。尤其在消费者保护、劳动者保护等典型地位悬殊的交易场合中，如果在争议解决条款既有的程序权利配置中进一步对缔约相对方施加不合理的限制将可视为典型的非善意，如针对格式争议解决协议的解释权归属条款、保留变更权条款、附条件生效条款、单方选择机构或地点条款等。

---

① 参见上海市浦东新区人民法院（2012）浦民二（商）初字第 S3375 号民事判决书、广东省茂名市中级人民法院（2020）粤 09 民特 10 号民事裁定书。

株式会社新韩银行与宁波南衡进出口有限公司信用证纠纷案
——新型交易模式下认定信用证欺诈的构成要件

裘剑锋*　涂诗雨**

【裁判要旨】

根据信用证独立性原则，开证行无须审查货物是否通过提交给银行之外的单据进行交付，只要受益人提交给银行的单据是虚假单据而没有真实的货物，就可以认定构成信用证欺诈。但是，如果有证据证明开证申请人、开证行与受益人之间存在由开证行先收取并控制信用证项下的货物，后通过虚假单据结汇的信用证交易模式，且货物已在开证行同意的情况下交付给收货人，开证行不能以信用证欺诈为由拒付信用证项下的款项。

【案件索引】

一审：宁波市中级人民法院（2020）浙02民初281号（2020年10月29日）

二审：浙江省高级人民法院（2021）浙民终115号（2021年12月10日）

---

* 浙江省高级人民法院民事审判第四庭副庭长、三级高级法官。

** 浙江省高级人民法院民事审判第四庭二级法官助理。

【基本案情】

一审原告（系被上诉人）：宁波南衡进出口有限公司（以下简称南衡公司）；

一审被告（系上诉人）：株式会社新韩银行（Shinhan Bank Corp.，以下简称新韩银行）。

2019年8月21日，南衡公司与韩国中宇互动公司（以下简称中宇公司）订立《买卖合同》，约定由南衡公司向中宇公司出售冷冻切蟹，支付方式为即期信用证。2019年8月23日，新韩银行根据中宇公司之申请，以南衡公司为受益人开立了信用证，约定适用《跟单信用证统一惯例》的最新版本即UCP600，信用证要求所需单据为全套清洁已装船海运提单，提单收货人栏填写为"由新韩银行指定"，注明"运费已付"，被通知人栏填写为"信用证申请人"，信用证附加条款中明确要求承运人的韩国货运代理人必须指定为科恩货运航空有限公司（以下简称科恩公司）。

2019年10月25日，南衡公司向新韩银行提交了单据，要求新韩银行支付信用证项下款项。新韩银行主张南衡公司提交的提单是虚假单据，理由是南衡公司提交的提单显示，宁波甬正国际货运代理有限公司代表承运人南星海运株式会社于2019年10月8日签发提单，装货港为中国宁波港，承运船舶为"STAR EXPRESS"轮，装船日期为2019年10月8日，但据承运人官网记载，真实提单下承运船舶"STAR EXPRESS"轮于2019年8月31日在中国宁波港装货，与南衡公司提交的提单记载的不一致；承运船舶2019年10月8日（提单装船日）不在宁波港。

南衡公司主张货物已经按照要求交付给科恩公司或新韩银行，其二审提交的电放海运提单显示装船日期和提单签发日期均为2019年9月2日；除签发日期外，该提单与南衡公司提交给新韩银行的提单号码、承运船舶及航次号、装卸港、集装箱号、货物名称、数量均一致。此外，根据中华人民共和国出口海关报关单的记载，上述货物的报关日期为2019年8月30日，收货人为中宇公司。韩国海关的进口申报材料显示，案涉货物已于2019年9月5日进入釜山港，完成进口申报后进入三星冷藏综合保税区。

2019年10月8日，新韩银行出具出库申请，申请2019年9月5日、

6日在三星冷藏办理入库的切蟹共29349箱办理出库（含本案信用证项下货物）。同日，新韩银行出具一份内容事实证明书，载明：开证人在新韩银行开立的上述信用证，2019年10月8日，其在新韩银行钟路3街分行申请办理入库的切蟹共29349箱出库；新韩银行钟路3街分行承诺，今后如果开证人和新韩银行就以上信用证所列的切蟹发生法律纠纷，不会对三星冷藏综合保税区提出法律异议。

此外，新韩银行二审提交的韩国釜山地方检察院公诉书记载以下犯罪事实：中宇公司及科恩公司的实际控制人"委托受害人新韩银行钟路3街分行开立信用证，与受害人签订转让担保合同，给人一种要利用受害人信用证进口的物品，以转让担保的形式提供给受害人的错觉""一直以在开立新信用证进口水产品后，新信用证货款结算前，利用科恩公司签发伪造的提货单，指示被告金某熙在未经作为转让担保权人的受害人同意的情况下，暗自将水产品从保税仓出库，以低于市场价10%到30%的价格转卖，再以该销售货款结算原有的未支付信用证货款的所谓'拆东墙补西墙'的方式经营着进口及水产品流通业"。

【裁判理由】

宁波市中级人民法院一审认为，现有证据无法证明南衡公司在基础合同项下存在明显违约行为，虽然其提交的单据有部分内容失实，但未造成开证申请人实质性损害，仍不足以认定其存在恶意利用信用证交易的抽象性或无因性特点，通过欺诈手段请求支付款项的事实，故新韩公司信用证欺诈抗辩理由不能成立。新韩银行应当向南衡公司支付涉案信用证项下款项并赔偿相应的利息损失，还应赔偿南衡公司因迟延支付造成的汇率损失。一审法院于2020年10月29日作出判决：（1）新韩银行于判决生效之日起七日内支付南衡公司M163××××NS00107号信用证项下款项159759美元，并赔偿自2019年11月4日起至实际付款日止以所欠款项为基数按年利率4.05%计算的利息损失；（2）新韩银行于判决生效之日起七日内赔付南衡公司汇率损失人民币15864.07元；（3）驳回南衡公司的其他诉讼请求。

宣判后，新韩银行提出上诉。浙江省高级人民法院二审审理认为：本案主要争议焦点为是否存在信用证欺诈。信用证欺诈是指利用信用证机制中单证相符即予以付款的规则，提供表面记载与信用证要求相符，但实际并不代表真实货物或真实交易基础的单据，从而骗取信用证项下款项的欺诈行为。《最高人民法院关于审理信用证纠纷案件若干问题的规定》第八条规定："凡有下列情形之一的，应当认定存在信用证欺诈：（一）受益人伪造单据或者提交记载内容虚假的单据；（二）受益人恶意不交付货物或者交付的货物无价值；（三）受益人和开证申请人或者其他第三方串通提交假单据，而没有真实的基础交易；（四）其他进行信用证欺诈的情形。"根据查明的事实，南衡公司提交新韩银行的信用证项下的提单，并非真实或可用于提取货物的提单，南衡公司也自认与开证申请人达成了先交付货物，后通过信用证付款的交易方式，故可认定案涉信用证项下的提单属于记载内容虚假的单据。根据信用证的独立性原则，通常情况下，新韩银行无须审查货物是否通过提交给银行之外的单据进行交付，只要受益人提交给银行的单据是虚假单据而没有真实的货物，就可以认定构成信用证欺诈。

但是，本案中南衡公司主张新韩银行明知甚至参与了上述交易方式，故对于本案是否构成信用证欺诈，仍应审查南衡公司是否具有欺诈的主观恶意以及新韩银行是否明知该交易方式。首先，南衡公司二审提交的海运提单、出口报关单、韩国进口申报记录等证据可以相互印证，证实南衡公司已将本案货物实际出运并交付给收货人。因此，本案基础交易已实际履行，南衡公司没有通过欺诈骗取信用证款项的主观恶意。其次，案涉信用证附加条款要求承运人的韩国货运代理人必须指定为科恩公司，新韩银行一审答辩时也认可其已从卸货港堆场取得了案涉货物的真实提单，且根据新韩银行出具的出库申请及内容事实证明书，本案货物已在新韩银行同意的情况下交付给收货人，上述事实说明新韩银行对案涉货物具有实际控制权。结合双方之前也有过类似的信用证交易模式，可以认定新韩银行对该交易方式属于事先明知。新韩银行实际上是通过控制信用证项下的货物来保证开证申请人的付款，其利益并未因这种交易模式而遭受实际损害，故不应认定本案构成信用证欺诈，新韩银行不能以此为由拒付信用证项下的款项。退而言之，即使南衡公司提交虚假单据构成信用证欺诈，但新韩银行已经控制了案涉货物，由于其处置不当导致货物被放行，也应向南衡公司承担损害赔偿之责任。最后，韩国釜山地方检察院公诉书记载的犯罪事实可以说明，本案欺诈并非发生在受益人提交单证的环节，而是发生在开证申请人向开证行的付款赎单环节。虽然上述证据所称的犯罪事实未经法院判决所确认，但该证据系新韩银行所提交，其中对其不利的事实可予认定。

综上所述，南衡公司虽然提供了虚假单据用以结汇，如果新韩银行确系信用证欺诈的受害人，可以根据《最高人民法院关于审理信用证纠纷案件若干问题的规定》第八条确立的"信用证欺诈例外"制度获得保护。但本案已查明开证申请人、开证行与受益人之间存在多起由开证行先收取并控制信用证项下的货物，后通过虚假单据结汇的信用证交易模式。新韩银行在先行收到本案货物并交付给开证申请人的情况下，再利用信用证的独立性原则，以南衡公司提交的单据项下并无相应货物为由拒付信用证款项，有违诚信原则，其应当向南衡公司支付信用证项下的款项及相应利息。遂于2021年12月10日作出判决，驳回上诉，维持原判。

【案例评析】

本案系因开证行未履行信用证规定期限内的付款义务而产生的纠纷，受益人起诉请求开证行支付信用证项下款项，开证行以受益人提交虚假单据构成信用证欺诈为由提出抗辩，故本案的法律争点问题即本案是否存在信用证欺诈，主要涉及对信用证欺诈例外制度的理解与适用问题。

一、从发展沿革探究信用证欺诈例外的严格适用

《跟单信用证统一惯例》（最新版 UCP600）明确了信用证独立性这一基本特征，但对信用证欺诈并未作出规定，留待各国国内法解决。各国逐渐在立法和司法实践中发展出信用证欺诈例外原则，我国司法解释相关规定也参照了这一原则。

（一）信用证欺诈例外与信用证独立性原则的关系

信用证独立性原则是指信用证是独立于基础交易的单据交易，只要受益人所提交的单据表面上符合信用证的要求，开证行就负有在规定期限内付款的义务。关于信用证独立性较有代表性的表述是最新版《跟单

信用证统一惯例》，即："信用证与可能作为其开立基础的销售合同或其他合同是相互独立的交易……银行关于承付、议付或履行信用证项下其他义务的承诺，不受申请人基于与开证行或与受益人之间的关系而产生的任何请求或抗辩的影响。"信用证欺诈例外既是对独立性的突破，也是为弥补以独立性为基础的信用证运行机制的缺陷而产生的。美国最早确立该制度，纽约最高法院1941年审理的Sztejn案开创了法院以欺诈为由下令禁止银行根据信用证规定向受益人付款的先河，该案中发票和提单都注明货物是猪鬃，卖方却以牛毛和其他废物发货，法院在强调信用证独立性的基础上，认为独立性不应该延伸到保护不道德的卖方。① 此后，信用证欺诈例外逐渐为各国司法实践所普遍承认。

（二）欺诈例外在独立性原则基础上的严格适用

信用证欺诈例外在独立性原则的框架下诞生，适用也受到严格限制。比较有代表性的规定是1995年修订的美国《统一商法典》（Uniform Commercial Code，以下简称UCC）第5-109条："某项必要单据属于伪造或实质上的欺诈性，或者兑付此项提示将为受益人对开证人或申请人进行实质欺诈提供便利。"② 将欺诈例外的适用条件限定为受益人对开证行或申请人的"实质性欺诈"。虽然并未对"实质性"作进一步明确，但从UCC官方解释文件及相关案例可以看出，实质性欺诈可表现为欺诈行为对基础交易的参加人有重大影响，或导致坚持开证人付款义务的独立性所谋求的立法目的将不再起作用。③

（三）我国立法及司法实践对欺诈例外的认定

1989年最高人民法院发布的《全国沿海地区涉外、涉港澳经济审判工作座谈会纪要》和中国人民银行、中国银行业监督管理委员会发布的《国内信用证结算办法》（1997年颁布，2016年修订）均对欺诈例外有所涉及，但规定得较为原则。《最高人民法院关于审理信用证纠纷案件若干

---

① 参见刘定华、李金泽：《关于信用证欺诈例外的若干问题研究》，载《中国法学》2002年第3期。

② 王江雨：《美国统一商法典信用证篇》，中国法制出版社1998年版，第33页。

③ 参见金赛波：《美国法上信用证欺诈与禁令》，载《国际商法论丛》第1卷，法律出版社1999年版，第398页。

问题的规定》（2006年实施，2020年修正）第八条列举了信用证欺诈的三种情形，并兜底式规定了"其他进行信用证欺诈的情形"，主要参照了为各国金融界和法律界共同认可的信用证欺诈例外原则，同时根据我国《民法通则》中确立的民事欺诈构成的法律原则，并参考了其他国家相关的法律规定和判例中对构成信用证欺诈条件的描述。① 虽然并未明确信用证欺诈的构成要件，但"伪造单据""不交付货物""货物无价值""没有真实的基础交易"等表述，均指向欺诈例外的严格适用。2000年，最高人民法院在韩国新湖商社与四川欧亚经贸总公司信用证欺诈纠纷管辖权异议案中首次提到"实质性欺诈"，"所谓'信用证欺诈例外原则'是在基础交易存在实质性欺诈的情况下，可以构成信用证关系与基础交易相独立的例外"，② 为欺诈例外构成要件的统一奠定了基础。

二、以本案为例探索信用证欺诈例外的构成要件

本案因提单及其他单据的签发地即当事人主张的欺诈行为实施地在中国，故适用中国法律审理。信用证司法解释并未明确欺诈例外的构成要件，相关问题有待司法实践的探索和完善。

（一）一般要件：当事人具有欺诈的主观恶意

从文义上看，《最高人民法院关于审理信用证纠纷案件若干问题的规定》规定的三种信用证欺诈情形均包含了当事人主观恶意这一构成要件。其中，第一项受益人伪造单据或提交内容虚假的单据，一般认为显然具有主观恶意，目的是骗取信用证项下款项。司法实践中有时会出现倒签提单或者货物未装船却伪造或预借提单的情况，一般认为倒签提单当事人虽存在故意，但未必有骗取信用证款项的主观恶意，故倒签提单往往

---

① 参见《最新法律文件解读》编辑委员会：《民事法官必备法律司法解释解读（第三版）》，人民法院出版社2019年版，第1352页。
② 《韩国新湖商社与四川欧亚经贸总公司信用证欺诈纠纷管辖权异议案》，载《最高人民法院公报》2001年第3期。

被认为不构成欺诈,① 伪造或预借提单则相反。② 此时应根据具体案情,查清受益人是否存在骗取信用证项下款项的主观恶意。第二项明确提到"受益人恶意",第三项"受益人和开证申请人或者其他第三方串通"也指向一种恶意合谋的情况。

从体系上看,民事欺诈的构成一般包含当事人故意。如前所述,《最高人民法院关于审理信用证纠纷案件若干问题的规定》第八条规定的依据之一是《中华人民共和国民法通则》中确立的民事欺诈构成的法律原则。《最高人民法院关于贯彻执行〈中华人民共和国民法通则〉若干问题的意见(试行)》虽已随着《中华人民共和国民法典》的施行而废止,但笔者认为,第六十八条关于民事欺诈构成的相关规定仍可为信用证欺诈的认定提供参考:"一方以故意告知对方虚假情况,或者故意隐瞒真实情况,诱使对方当事人作出错误意思表示的,可以认定为欺诈行为。"可以看出民事欺诈的构成以一方故意为要件,故以民事欺诈为基础建立的信用证欺诈制度适用主观恶意要件有相应依据。

(二) 一般要件:客观上须造成实质性损害

最高人民法院在韩国新湖商社与四川欧亚经贸总公司信用证欺诈纠纷管辖权异议案中首次引入"实质性欺诈"概念。2003 年口福食品公司诉韩国企业银行、中行核电站支行信用证纠纷案进一步明确了信用证欺诈的客观构成要件,认为开证行如无证据证明伪造单据的行为给开证申请人造成了"实质性损害",不能援引信用证欺诈例外原则拒付信用证项下款项。但信用证司法解释并未引入"实质性欺诈"或"实质性损害"要件,而是列举了伪造单据或提交虚假单据、不交付货物或交付货物无价值、没有真实的基础交易等几种足以构成实质性欺诈的情形。

---

① 《受益人的行为不具有主观恶意不构成信用证欺诈——口福食品公司诉韩国企业银行、中行核电站支行信用证纠纷案》,载《最高人民法院公报》2003 年第 5 期。

② 参见叶炳坤:《原告福建省五金矿产厦门进出口公司与被告斯里兰卡 AMM 实业私人有限公司、第三人招商银行股份有限公司厦门分行信用证欺诈纠纷案》,载《人民法院案例选》2006 年第 2 辑(总第 56 辑),人民法院出版社 2006 年版,第 99 页。

(三）特殊要件：开证行对通过虚假单据结汇的信用证交易模式不知情

1. 特殊要件的必要性

随着国际贸易迅猛发展，信用证交易模式逐渐多样化，原有构成要件越来越难满足新型交易模式下对信用证欺诈的认定。本案受益人自认其提交给开证行的提单并非可用于提取货物的真实提单，即本案情况客观上符合《最高人民法院关于审理信用证纠纷案件若干问题的规定》第八条规定的受益人提交记载内容虚假的单据的情形。若仅以当事人主观恶意和实质性欺诈两个一般要件进行判断，首先，主观恶意往往通过客观的欺诈现象来展现，一般只要存在客观欺诈现象如提供了内容虚假的单据，即认为显然存在主观恶意，要排除主观恶意则受益人需承担额外举证责任，且证明自身不存在主观恶意属于对消极事实的证明，举证难度相对更大。其次，法律和司法解释对实质性欺诈标准至今并无明确的界定，需由法官在衡量双方当事人利益后自由裁量，存在较大的不确定性。

2. 特殊要件在法律和司法实践中的依据

如前所述，根据我国法律关于民事欺诈的规定，欺诈行为的构成要件包括"诱使对方当事人作出错误意思表示"。在信用证欺诈纠纷中，若开证行对受益人提交虚假单据结汇的信用证交易模式系事先明知，则不存在被虚假单据诱导进行错误付款的情况，因而不构成信用证欺诈。例如在北海宇能科技发展有限公司等与花旗银行信用证纠纷案中，最高人民法院认为受益人"取得正本提单、装箱单等信用证要求的全部单据后，并未实际将货物发出"构成信用证欺诈，且"案涉信用证载明的最迟装船日期之后又重新发货进行补救的行为并不影响对其此前行为构成信用证欺诈的认定"。[①] 该案受益人向开证行提交了无法用于提货的虚假单据，虽又重新补发了货物，可能并未对开证申请人造成实质性损害，但仍被认定为信用证欺诈。该案与本案最大的区别就是该案开证行对受益人提

[①] 参见最高人民法院（2014）民申字第823号北海宇能科技发展有限公司、中国银行股份有限公司北海分行、中国银行股份有限公司广西壮族自治区分行与花旗银行信用证纠纷案民事裁定书。

交虚假单据的行为事先并不知情。

3. 特殊要件的适用范围和具体内容

特殊要件主要适用于由开证行控制信用证项下的货物，后通过虚假单据结汇的信用证交易模式下产生的信用证欺诈纠纷。这种信用证交易模式在我国向韩国出口冷冻海产品等货物贸易过程中较为常见，原因在于传统交易模式下货物运输时间长，银行一般通过控制单据来控制货物，但随着航运发展和技术进步，冷冻海产品等保鲜要求高的货物流转速度可能比单据更快，故部分银行开始倾向于直接控制货物以保障自身利益。若有证据证明开证行对上述信用证交易模式系事先明知，则受益人提交虚假单据的行为不构成信用证欺诈。由于"开证行明知"系主观要件，一般需通过客观现象来体现，如开证行对货物具有实际控制权，即有证据证明开证行已经取得可用于提货的真实提单，且货物已在开证行同意的情况下交付给收货人或申请人；或开证行及受益人曾经采用过类似的模式进行交易等。

三、参照本案时应当注意的问题

（一）特殊要件与一般要件的关系

信用证欺诈例外的特殊要件与一般要件并不冲突，正因一般要件"实质性欺诈"缺乏明确界定，司法实践中才有必要探究特殊要件用于判定是否存在实质性欺诈。可以认为，信用证欺诈的特殊要件实际是在新型交易模式下对实质性欺诈标准的合理延伸与灵活运用。当特殊要件达成时，开证行能够通过控制信用证项下的货物来保证开证申请人的付款，其利益并未因这种交易模式而遭受实质性损害，故受益人行为不应认为构成实质性欺诈。

（二）特殊要件的举证责任分配

在信用证欺诈纠纷中，开证行或开证申请人主张受益人行为构成信用证欺诈，应遵循"谁主张，谁举证"原则对受益人存在欺诈的主观恶意、欺诈造成实质性损害等承担举证证明责任。开证行对受益人行为"不知情"的举证责任由受益人方承担更为妥当。首先，"不知情"于开证行属于消极事实,让开证行来证明其对某一事实"不知情"的难度极高。其次,根据《最高人民法院关于适用〈中华人民共和国民事诉讼法〉的解释》第九十一条的规定,主张法律关系存在的当事人,应对产生该法律关系的基本事实承担举证证明责任,若受益人抗辩时主张自身行为因开证行事先明知而不构成信用证欺诈,也应就这一主张承担相应举证责任。

(三)是否存在信用证欺诈例外之例外的情形

在认定构成信用证欺诈时,不论适用一般要件或特殊要件,均应关注是否存在"欺诈例外之例外"情形,以保护善意第三人的利益免受损害。《最高人民法院关于审理信用证纠纷案件若干问题的规定》第十条明确规定了"例外之例外"的构成要件:适用主体包括善意地进行了付款或已对信用证项下票据善意承兑的开证行或其指定人、授权人,善意履行了付款义务的保兑行,善意地进行了议付的议付行;主观上为善意且不知欺诈的发生;客观上已经给付了对价。

江苏大唐航运股份有限公司与江苏汉瑞物流供应链管理有限公司航次租船合同纠纷案

——疫情及其防控措施导致的滞期费的分担

何永宏[*]

【裁判要旨】

（1）疫情及其防控措施是构成不可抗力，还是构成情势变更，不能一概而论，而应当在具体的案件中，结合具体的案件事实，依照不可抗力和情势变更的法定构成要件进行判断。

（2）本案中，疫情及其防控措施仅导致船舶靠泊和卸货作业暂时的履行困难，并非完全不能履行，待疫情防控措施允许船舶靠泊和卸货作业后，可以继续完成靠泊和卸货作业，因此，本案中疫情及其防控措施不符合不可抗力"不可克服"的构成要件，不构成不可抗力。

（3）疫情及其防控措施严重破坏了《航次租船合同》赖以签订和履行的基础航运秩序，导致船舶不能及时靠泊和正常卸货，滞期时间大幅度增加，继续按照原合同约定计算滞期费显失公平，故本案中疫情及其防控措施符合情势变更的构成要件，可以适用情势变更规则对其导致的滞期费进行调整。

（4）疫情及其防控措施导致的滞期费的分担，当事人有约定且约定有效的从约定；没有约定或约定无效的，可以根据《中华人民共和国民法典》（以下简称《民法典》）第五百三十三条的规定，依据公平原则

---

[*] 江苏省高级人民法院民四庭三级高级法官。

调整。疫情期间，因当事人采取措施不当扩大的滞期费损失不是疫情及其防控措施直接导致的损失，而是可归责于当事人的人为损失，应当根据过错责任原则，由过错方承担。

【案件索引】

一审：南京海事法院（2020）苏72民初150号

二审：江苏省高级人民法院（2021）苏民终116号

【基本案情】

2020年1月20日，江苏大唐航运股份有限公司（出租人，以下简称大唐公司）与江苏汉瑞物流供应链管理有限公司（承租人，以下简称汉瑞公司）签订《航次租船合同》。合同约定：汉瑞公司租用大唐公司"大唐711"轮第2002航次运输煤炭，保底货量7万吨，运价12.7元/吨。滞期费率1元/吨/天。船舶总装卸时间8天。封港时间双方各担一半。若汉瑞公司在卸货前未付清滞期费，大唐公司有权停止卸货或留置货物，由此造成的延误计入装卸时间。合同签订当日"大唐711"轮抵达黄骅港锚地等待泊位执行任务，于1月28日装货完毕，于2月1日抵达乐清港锚地等泊。1月23日，武汉开始进行管制。1月29日，乐清港务有限公司（以下简称乐清港务公司）发布延迟复工通知，2月4日又发布"封港"通告，2月13日宣布每天20时至次日8时暂停作业。2月13日"大唐711"轮进港开始卸货。其间，大唐公司向汉瑞公司主张剩余运费1.7万元和预估滞期费132万元余元。双方未达成协议，大唐公司指示"大唐711"轮于2月14日17时起停止卸货。汉瑞公司于17:54支付了剩余运费和一半滞期费69万余元。大唐公司因未收到全额滞期费，继续停止卸货。汉瑞公司仍未支付滞期费，大唐公司于2月17日8时自行恢复卸货，至22日17时卸货完成。大唐公司为索要剩余滞期费82万余元，提起诉讼。汉瑞公司则认为疫情及其防控措施构成不可抗力，因此产生的滞期费，其有权免责，亦提起反诉，要求大唐公司返还多支付滞期费50余万元。

【裁判理由】

南京海事法院审理认为：本案中，"大唐711"轮在装货港等待装货时疫情已经暴发，对于港口作业的影响已经能够预见。且大唐公司与汉瑞公司就更改目的港进行过磋商，证明双方已经预见到疫情可能带来的影响。因此，本案中疫情不符合不能预见的构成要件，不构成不可抗力。汉瑞公司关于本案中疫情及其防控措施构成不可抗力，应当免除其受疫情及其防控措施影响期间全部滞期费的主张，不能成立。但是，案涉《航次租船合同》约定"封港时间双方各担一半"，因疫情乐清港采取封港措施而延长的滞期时间，应当根据约定，由大唐公司和汉瑞公司各承担一半。除此之外的滞期时间应当由汉瑞公司全部承担。一审法院据此判决，汉瑞公司给付大唐公司滞期费351522.35元和相应利息。

汉瑞公司不服一审判决，提出上诉。

江苏省高级人民法院审理认为：本案中疫情及其防控措施是否构成不可抗力，取决于是否同时符合不能预见、不能避免和不能克服三个要件，只要不符合其中一个要件，即不构成不可抗力。

本案中疫情及其防控措施是否可以预见应当以案涉《航次租船合同》订立的时间节点进行考察。一审判决以"大唐711"轮等待装货的合同履行阶段为基点考察本案中疫情及其防控措施是否可以预见，适用法律错误，应予纠正。同时，疫情及其防控措施具有地域性，应当以对合同履行产生直接影响地域的疫情及其防控措施作为能否预见的考察对象。本案卸货作业地在乐清港，故应当以乐清港和乐清市的疫情及其防控措施作为考察对象。本案中，在2020年1月20日案涉合同订立前，新闻媒体关于疫情的报道主要集中在武汉市，人们关注的焦点也是武汉市的疫情状况，仅凭这些报道一般人不能预见到乐清市和乐清港的疫情及其防控措施。1月23日武汉采取管制措施，其后乐清市和乐清港采取相应的疫情防控措施，这些均发生在案涉合同订立之后，故一般人不能预见到乐清市和乐清港的疫情及其防控措施，本案中疫情及其防控措施符合"不能预见"的构成要件。但是本案中疫情及其防控措施并不符合"不能克服"的构成要件。一方面，待疫情状况好转，疫情防控措施允许船舶靠泊和卸货作业后，"大唐711"轮即可以继续履行案涉合同，完成卸货作业；另一方面，当事人可以通过更改目的港等方式完成卸货作业。因此，本案中疫情及其防控措施并非不能克服。故本案中疫情及其防控措施因缺少不能克服的构成要件，不构成不可抗力。

虽然本案中疫情及其防控措施不构成不可抗力，但受乐清港疫情及其防控措施的影响，"大唐711"轮不能正常靠泊和卸货，滞期时间长达21.02天。疫情及其防控措施严重破坏了案涉《航次租船合同》赖以签订和履行的基础性条件。如果仍按《航次租船合同》的约定计算滞期费，则汉瑞公司要承担高达1517875元的滞期费，这对汉瑞公司明显不公平。根据《民法典》第五百三十三条的规定，本案中疫情及其防控措施符合情势变更的构成要件，构成情势变更，可以适用情势变更规则对其导致的滞期费进行调整。

关于疫情及其防控措施导致的滞期费的分担。虽然认定本案中疫情及其防控措施构成情势变更，但并不代表只能适用公平原则对全案滞期费进行调整。在适用公平原则时，还要注意与其他民法规则的协调。（1）自愿原则是民法的基本原则。当事人对疫情及其防控措施导致的滞期费的分担有合法约定的，应当根据当事人的约定进行调整。（2）在当事人没有约定的情况下，应本着"风险共担、共渡难关"的疫情司法政策，结合案件具体情况，根据公平原则，合理分担疫情及其防控导致的滞期费。（3）疫情期间，因采取措施不当扩大的滞期费损失不是疫情及其防控措施直接导致的损失，而是可归责于当事人的人为原因导致的损失，应当根据过错责任原则，由过错方承担。据此，江苏省高级人民法院撤销一审判决，改判汉瑞公司给付大唐公司滞期费42459.27元和相应利息。

【案例评析】

一、疫情及其防控措施的定性

疫情及其防控措施的定性至关重要，决定着适用什么样的规则对其导致的滞期费进行调整。关于本案中疫情及其防控措施的定性和法律适用存在三种观点。

第一种观点认为，本案中疫情及防控措施应当定性为不可抗力，滞期费在性质上属于违约责任，应当适用不可抗力规则免除汉瑞公司支付疫情及其防控措施导致的滞期费的责任。

第二种观点认为，一方面，将自然灾害以及自然灾害应对措施认定为不可抗力,是民法理论界的通说,也是我国司法实务界的共识。① 全国人大常委会法工委就疫情防控有关法律问题答记者问时,也将疫情及其防控措施一并认定为不可抗力。② 因此,本案中疫情及其防控措施应当定性为不可抗力。但是,由于滞期费不属于违约责任,故不能适用不可抗力规则免除汉瑞公司支付疫情及其防控措施导致的滞期费的责任。另一方面,虽然本案中疫情及其防控措施定性为不可抗力,但是《民法典》第五百三十三条修改了《最高人民法院关于适用〈中华人民共和国合同法〉若干问题的解释(二)》第二十六条规定的情势变更规则,不可抗力成为情势变更的事由之一。不可抗力导致继续履行合同显失公平的,可以适用情势变更规则对合同进行变更或者解除。本案存在继续履行显失公平的情况,仍然应当适用《民法典》第五百三十三条情势变更规则对疫情及其防控措施导致的滞期费进行调整。

第三种观点认为,疫情及其防控措施是构成不可抗力,还是构成情势变更,不能一概而论,而应当在具体的案件中,结合具体的案件事实和当事人的举证情况,严格依照不可抗力和情势变更的法定构成要件进行判断。本案中,疫情及其防控措施仅导致"大唐711"轮暂时的履行困难,并非完全不能履行,待疫情防控措施允许船舶靠泊和卸货作业后,可以继续完成靠泊和卸货作业,因此,本案中疫情及其防控措施不符合不可抗力"不可克服"的构成要件,不构成不可抗力。故汉瑞公司主张疫情及其防控措施构成不可抗力,免除其支付滞期费的责任,不能成立。但是,本案中疫情及其防控措施符合情势变更的构成要件,可以适用《民法典》第五百三十三条情势变更规则,对疫情及其防控措施导致的滞期费进行调整。

判决采纳了第三种观点,主要基于以下几点考虑。

(1) 公平原则是《民法典》第六条规定的基本原则。"共担风险、共渡难关"是《最高人民法院关于依法妥善审理涉新冠肺炎疫情民事案件若干问题的指导意见(一)》(以下简称《疫情指导意见(一)》)、

---

① 参见王轶:《新冠肺炎疫情、不可抗力与情势变更》,载《法学》2020年第3期。
② 2020年2月10日,全国人大常委会法工委就疫情防控有关法律问题答记者问时指出:"当前我国发生了新型冠状病毒感染疫情这一突发公共卫生事件。为了保护公众健康,政府也采取了相应疫情防控措施。对于因此不能履行合同的当事人来说,属于不能预见、不能避免并不能克服的不可抗力。"

《最高人民法院关于依法妥善审理涉新冠肺炎疫情民事案件若干问题的指导意见（二）》（以下简称《疫情指导意见（二）》）、《最高人民法院关于依法妥善审理涉新冠肺炎疫情民事案件若干问题的指导意见（三）》（以下简称《疫情指导意见（三）》）的基本指导思想，也是我国应对新冠疫情的基本司法政策。公平原则与"共担风险、共渡难关"的司法政策一脉相承，精神实质一致。疫情的发生以及各部门因此而采取的疫情防控措施，是当事人无法控制的客观事件，不能归责于任何一方当事人。如果疫情及其防控措施导致的滞期费全部由一方当事人承担，是不公平的。将疫情及其防控措施定性为情势变更，运用情势变更可以灵活调整合同的规则，在当事人之间合理分担疫情及其防控措施导致的滞期费是较为公平的解决方案。第一种观点将疫情及其防控措施定性为不可抗力，进而免除汉瑞公司支付疫情及其防控措施导致的滞期费责任，则大唐公司要承担全部滞期费损失，这会造成利益的严重失衡，既不符合公平原则的要求，也不符合我国应对疫情的基本司法政策，是不可取的。

（2）将疫情及其防控措施定性为情势变更，符合《疫情指导意见（一）》的具体规定。根据《疫情指导意见（一）》第三条第一项和第二项的规定，疫情或者疫情防控措施导致合同不能履行的情况下，适用不可抗力的规定，也即将疫情及其防控措施定性为不可抗力；在疫情或者疫情防控措施没有导致合同不能履行，仅导致履行困难的情况下，应当参照情势变更规则进行处理。虽然第二项没有明确是情势变更，但对比《疫情指导意见（一）》第三条第二项和《民法典》第五百三十三条的规定，两者基本一致，第二项规定实质上是情势变更规则。因为《疫情指导意见（一）》发布时，《民法典》尚未生效，《最高人民法院关于适用〈中华人民共和国合同法〉若干问题的解释（二）》尚处于有效期，而适用《最高人民法院关于适用〈中华人民共和国合同法〉若干问题的解释（二）》第二十六条情势变更规则时，要向最高人民法院报核，程序过于烦琐，故第二项未明确是情势变更规则。可见，根据《疫情指导意见（一）》第三条的规定，新冠疫情及其防控措施既可以构成不可抗力，也可以构成情势变更，不能一概而论。在疫情及其防控措施没有导致合同不能履行，仅导致合同履行困难的情况下，应当认定为情势变更。本案中，疫情及其防控措施只是导致"大唐711"轮暂时的履行困难，等疫情形势好转，防控措施解除后，可以继续完成合同的履行，故本案中疫情及其防控措施不符合不可抗力"不能克服"的构成要件，不构成不可抗力。但是疫情及其防控措施严重扰乱了《航次租船合同》赖以签订和履行的基础航运秩序，导致船舶不能及时靠泊和正常卸货，滞期时间大幅度增加，继续按照原合同约定计算滞期费显失公平，故本案中疫情及其防控措施符合情势变更的构成要件，可以适用情势变更规则对其导致的滞期费进行调整。

（3）第二种观点虽然在处理结果与第三种观点一致，但在认定疫情及其防控措施构成不可抗力的情况下，同时适用情势变更规则调整滞期费，两种规则交叉适用，容易造成认识的混乱。理论上讲，《民法典》第五百三十三条对《最高人民法院关于适用〈中华人民共和国合同法〉若干问题的解释（二）》第二十六条进行了修改，不可抗力也可以成为情势变更的事由之一。发生不可抗力事件，继续履行合同显失公平的，可以适用情势变更规则进行调整，此时不可抗力事件实质上也符合情势变更的构成要件，此种情形下，可以视为不可抗力被情势变更所吸收、所包含，应当直接认定为情势变更，没有必要先将不可抗力事件单独认定为不可抗力，再适用情势变更规则进行调整。这样保证了规则适用的统一性，也符合法条竞合的理论。①

（4）本案中疫情及其防控措施虽然在理论上具有构成不可抗力的可能性，但本案中，汉瑞公司并没有充分履行不可抗力的举证义务，并未提供证据证明已尽到最大努力，积极采取措施，以克服疫情及其防控措施对装卸作业的不利影响，应当承担举证不能的不利后果。而汉瑞公司提供的证据足以证明本案中疫情及其防控措施符合情势变更的构成要件，可以构成情势变更。②

基于以上考虑，判决采纳了第三种观点，既遵循了《民法典》公平

---

① 这类似于法条竞合。法条竞合是刑法上的一个概念，是指一个犯罪行为同时触犯数个具有包容关系的具体犯罪条文，依法只适用其中一个法条定罪量刑的情况。这一理论对本案具有启发意义。

② 情势变更有四个构成要件：在合同成立之后、合同义务履行完毕之前，发生了情势变更的事实；当事人在订立合同时无法预见；情势变更的发生不可归责于当事人；继续履行合同对于一方当事人明显不公平。当事人主张情势变更一般仅需要证明"不能预见"和"显失公平"两个要件，其余两个要件常常属于双方认可的事实，无须证明，证明责任与不可抗力相比，相对较轻。

- 235 -

原则,又符合"共担风险、共渡难关"司法政策的要求,还保证了规则适用的统一性,较合理地解决了疫情及其防控措施的定性问题,为后续适用情势变更规则合理分担疫情及其防控措施导致的滞期费损失奠定了基础。

二、疫情及其防控措施导致的滞期费的分担

(一) 公平原则与其他民法规则的协调

根据波罗的海航运公会(BIMCO)、国际海事委员会(CMI)、船舶经纪人和代理人联合会(FONASBA)以及国际干散货船舶所有人协会(INTERCARGO)联合发布的《1993年航次租船合同装卸时间解释规则》的定义,滞期费是指非出租人的责任造成的,超过约定装卸时间的船舶延迟而付给出租人约定金额的款项。

关于本案中疫情及其防控措施导致的滞期费如何分担,存在两种观点。

第一种观点认为,在认定本案中疫情及其防控措施构成情势变更的情况下,应根据《民法典》第五百三十三条的规定,统一适用公平原则,对全案的滞期费进行整体调整。

第二种观点认为,虽然认定本案中疫情及其防控措施构成情势变更,但并不代表只能适用公平原则对全案滞期费进行调整。在适用公平原则时,还要注意与其他民法规则的协调。在当事人对意外事件(包括疫情及其防控措施)导致的滞期费的分担有合法约定的情况下,应当尊重当事人的约定,根据当事人的约定进行调整。在当事人没有约定的情况下,才适用公平原则进行调整。此外,疫情期间,当事人因采取措施不当扩大的滞期费损失不是疫情及其防控措施直接导致的损失,而是可归责于当事人的人为原因导致的损失,应当根据过错责任原则,由过错方承担,而不应当适用公平原则在当事人之间分担。

判决采纳了第二种观点,主要理由如下。

(1) 意思自愿原则是《民法典》第五条规定的基本原则。《疫情指导意见(一)》第三条也特别指出,疫情及其防控措施引起的合同纠纷,除当事人"另有约定"的外,才依据其他相应规则处理。虽然《民法

典》第五百三十三条规定了适用公平原则调整或者解除合同，但也规定了情势变更发生后，"受不利影响的当事人可以与对方当事人重新协商；在合理期限内协商不成的，当事人可以请求人民法院或者仲裁机构变更或者解除合同"。即如果当事人协商达成了协议，就应当根据当事人达成的协议处理，不再由人民法院或者仲裁机构依据公平原则变更或者解除合同。当然，如果在疫情发生前，当事人预先在合同中设置了应对意外事件（包括疫情）的有效条款，亦应当根据当事人的约定进行处理。可见，依据当事人的有效约定，调整疫情及其防控措施导致的滞期费，是首先要遵循的原则。只有在当事人事前没有约定，事后又在合理期限内达不成协议的情况下，才适用公平原则进行调整。如本案中，双方约定封港时间双方各担一半。此约定是双方当事人为应对所有意外事件导致的封港，预先在合同中设置的条款，显然包括因疫情而采取的封港措施。该约定符合公平原则，当然有效。二审判决根据这一约定，确定因疫情封港期间的滞期费由双方各分担50%，体现了意思自愿原则的精神。

（2）过错责任原则。疫情期间，当事人可能因如何分担疫情及其防控措施导致的损失问题产生争议，进而可能采取措施不当导致损失扩大。因当事人采取措施不当而扩大损失，虽然发生于疫情期间，但不属于疫情及其防控措施直接导致的损失，而属于可归责于当事人的损失。根据《民法典》第五百九十一条第一款的规定，当事人一方违约后，对方应当采取适当的措施防止损失的扩大；没有采取适当措施致使损失扩大的，不得就扩大的损失要求赔偿。《疫情指导意见（一）》第三条第一项也规定，当事人对于合同不能履行或者损失扩大有可归责事由的，应当依法承担相应的责任。可见，对于当事人采取措施不当而扩大的损失，不能根据公平原则由当事人分担，而应当根据过错责任原则，由过错方承担责任。如本案中，2020年2月14日，双方因滞期费和剩余运费支付问题发生争议，大唐公司指示"大唐711"轮停止卸货。因大唐公司停止卸货导致滞期时间的延长，滞期费的增加，属于扩大的损失。对此扩大的损失，二审判决在分清是非、判明责任的基础上，判决两公司承担各自负有责任的滞期费损失，体现了过错责任的原则。

（二）关于公平原则的适用

如何适用公平原则合理分担疫情及其防控措施导致的滞期费损失是

实践中的难点。笔者认为如何合理分担并无统一的标准，也不是平均分担（如各分担50%）才是公平的。在不同的案件中，要结合具体的案件情况，如疫情及其防控措施原因力的大小、合同的履行情况、各方当事人损失的数额和风险承受能力等各方面因素，综合酌定各方当事人分担的比例。本案中，疫情及其防控措施导致的滞期费有三个时间段共239.1小时，双方未有约定。鉴于该239.1小时中，有"大唐711"轮等泊和用于卸货的时间，而正常条件下，因等泊和卸货产生的滞期费应由汉瑞公司承担。但本案中疫情及其防控措施打乱了"大唐711"轮正常的等泊和卸货秩序，本案难以准确计算出"大唐711"轮正常的等泊和卸货时间。综合以上情况，根据公平原则，二审判决酌定该239.1小时由汉瑞公司承担60%，大唐公司承担40%，是公平合理的。

【调查与研究】

法院参与中国法域外适用法律体系建设的路径
——以司法、立法、执行三种管辖权分配为视角

刘 颖[*] 刁 赟[**]

内容提要：法院参与中国法域外适用的法律体系建设是着眼于统筹推进国内法治和涉外法治的重大命题，同时也是法院通过参与跨国司法治理权分配从而参与全球治理的重要方式。在具体路径构建层面，既要立足司法的基本功能，更要受到司法管辖权、立法管辖权和执行管辖权在各主权国家之间分配的基本规则和国际法限制。为更好发挥法院在中国参与全球治理体系变革与建设中的重要作用，应当构建起积极管辖权理念下的司法管辖权制度、以直接适用的法为工具的立法管辖权制度和以国际司法协作为导向的执行管辖权制度，通过"积极行使司法管辖权、适度行使立法管辖权、互惠行使执行管辖权"，切实履行大国责任并深度参与全球治理。

关键词：中国法域外适用 跨国司法治理 管辖权

引 言

为积极应对世界格局变化，有效防范单边主义、保护主义等外部风险，以习近平同志为核心的党中央将"坚持统筹推进国内法治和涉外法治"确立为新时代全面依法治国必须做到的"十一个坚持"之一，并将加快构建中国法域外适用的法律体系建设作为推进国内法治和涉外法治

---

[*] 南京海事法院综合办公室一级法官。
[**] 南京海事法院综合办公室三级法官助理。

的重要一环。从宏观上看，中国法域外适用的法律体系建设是由立法、司法和执法三个层面组成的系统工程。由于在立法层面赋予重点领域的某些条款域外效力，仅仅是国内法域外适用的基本前提，无法实现国内法域外适用的当然结果，同时在执法层面如果出于维护本国政治、经济、外交利益的考虑，跨国行使执法权造成了对他国企业、个人的正常生产经营活动的不合理干扰，不仅面临违反国际法的严重风险，同时也不免有行使"中国式长臂管辖"的嫌疑，所以在构建国内法域外适用法律体系的过程中，司法的重要性尤其是法院的职能发挥应该得到更多重视。

笔者认为，对于法院如何在国内法域外适用的法律体系建设中发挥作用，存在以下两方面误读：一是过分强调法院在司法功能方面的被动性，认为法院不会主动介入国内法域外适用的过程；① 二是认为法院应该积极发挥审判职能，不加限制地扩大涉外案件管辖权，并在国际纠纷中广泛适用国内法进行裁判。应当认识到的是，法院参与国内法域外适用的法律体系建设，本质是作为司法机关在处理国际纠纷过程中，通过参与跨国司法治理权的分配参与全球治理的动态过程，② 这也意味着对法院的参与路径构建不能孤立、静态和片面考察，而是要置于跨国司法治理权的基本分配规则中加以审视。

一、视角引入：司法、立法、执行管辖权的分配规则

法院处理国际纠纷，实际上就是参与跨国司法治理权的分配过程，具体而言就是对司法管辖权、立法管辖权和执行管辖权三种权力在主权国家间进行分配。区别于国内法语境下的"管辖权"含义，司法管辖权是指国家将相关纠纷纳入司法程序的权力，立法管辖权是指国家对人、财产和行为进行立法规制的权力，执行管辖权则是指国家强行要求遵守其法律的强制执行权力，这三种管辖权都是国家主权权力的具体体现，③ 共同的逻辑起点是所有类型的管辖权都是属地的，首先涉及本国境内的

---

① 参见廖诗评：《中国法域外适用法律体系：现状、问题与完善》，载《中国法学》2019年第6期。
② 参见霍政欣：《论全球治理体系中的国内法院》，载《中国法学》2018年第3期。
③ 参见宋晓：《域外管辖的体系构造：立法管辖与司法管辖之界分》，载《法学研究》2021年第3期。

人、行为和财产，若无国际法上的特别理由，国家不可以行使域外管辖权。[①] 但随着历史发展和各国的司法实践，三种管辖权都已经突破了属地限制，形成了独有的分配规则，在各国间按照不同的自由度开始流动，这也是国内法域外适用何以成为可能的根本原因。

（一）司法管辖权的分配规则：以管辖权竞争为中心

在司法管辖权领域，域外刑事诉讼管辖和域外民事诉讼管辖被严格区分。域外刑事诉讼管辖严格遵循属地原则，各国只对处于法院地国的犯罪嫌疑人、被告人行使管辖权，极少数国家创设了例外，比如《中华人民共和国刑事诉讼法》对经最高人民检察院核准的严重危害国家安全犯罪、恐怖活动犯罪案件设置了缺席审判制度，这两类案件的犯罪嫌疑人、被告人在境外的，可以由法院行使管辖权，所以就域外刑事诉讼管辖权而言，各国的司法管辖权冲突较为少见。

相较于域外刑事诉讼管辖，域外民事诉讼管辖呈现完全不一样的图景。在1927年"荷花号案"中，常设国际法院表明，在缺乏具体限制下国家具有拓展管辖权的自由，也就是说国际法不禁止国家规制那些在领土外但旨在对其领土造成实质影响的行为，[②] 加上当前国际社会尚未形成一个统一的管辖权公约，这就导致大多数国家出于本国利益考虑，通过灵活化和弹性化管辖标准，试图扩大本国的域外民事诉讼管辖权并排斥和拒绝他国的管辖权，这种扩张管辖权的做法，表现最明显的便是美国的"长臂管辖"原则和英国的"实际控制"原则。[③] 对法院而言，在涉外民事诉讼管辖分配规则自由度较高的情况下，完全可以从治理效果和司法政策的角度，通过管辖标准和管辖连接点的设置，自由控制对涉外民事诉讼的管辖范围，达到争夺管辖权或规避管辖权的效果。

[①] 参见宋晓：《域外管辖的体系构造：立法管辖与司法管辖之界分》，载《法学研究》2021年第3期。

[②] 参见孙南翔：《美国法律域外适用的历史源流与现代发展——兼论中国法域外适用法律体系建设》，载《比较法研究》2021年第3期。

[③] 参见刘懿彤：《国际民事诉讼管辖权与和谐国际社会构建》，中国人民公安大学出版社2017年版，第9页。

（二）立法管辖权的分配规则：以单边主义方法和多边主义方法为界分

当法院行使司法管辖权，成功完成跨国司法治理权的初次分配后，相关的涉外诉讼即被置于法院管辖范围，下一步就是行使立法管辖权，根据法律的域外效力选择内国法或外国法进行裁判。立法管辖权的分配规则实践远远早于司法管辖权，最早可追溯至欧洲中世纪的罗马法复兴时代，经过萨维尼的演绎和过去半个世纪的学术发展，公法下的单边主义方法和私法下的多边主义方法构成了当今世界立法管辖权的分配规则。

举例而言，A国法院审理一个案件，案件具有涉外因素：当案件为公法案件时（比如审理涉外刑事案件），A国法院不会依照案件的具体性质选择法律，而是直接适用本国公法（比如刑法）进行裁判，这种不具有法律选择空间的方法即为公法领域的单边主义方法；当案件为私法案件时，A国法院将会根据案件的法律性质确定适用A国法或其他国家法律，这种从一个以上待选法律体系挑选适用法律的方法即为私法领域的多边主义方法，私法领域的多边主义方法实际上也就是当今的国际私法体系。

综上所述，法院参与立法管辖权分配时所受限制更为明显。公法领域由于受到传统国家主权理论的影响，一国法院绝无可能适用别国公法进行裁判。私法领域在国际私法体系框架下，本国法与外国法在适用前处于平等的待选状态，法院必须严格按照所在国冲突规范选择予以适用的法律进行裁判。在此种严格限制下，大部分国家仍对私法领域的多边主义方法创设了例外，比如《中华人民共和国涉外民事关系法律适用法》（以下简称《涉外民事关系法律适用法》）第四条就明确了"直接适用的法"规则，按照相关司法解释的规定，对涉及我国社会公共利益、当事人不能通过约定排除适用，构成了强制性规定的，法院可以不经冲突规范指引直接适用该规定,① 这就为涉外民事诉讼案件直接适用内国法创造了空间。

(三) 执行管辖权的分配规则:以司法领域国际合作为导向

各国通过司法管辖权和立法管辖权完成跨国司法治理权的两次分配后,还会通过审查管辖权是否适当来决定是否承认和执行外国法院判决,这就是执行管辖权的分配过程,前述两种管辖权称为直接管辖权,而执行管辖权也被称为间接管辖权。②

值得注意的是,虽然公法判决也会涉及执行管辖权的问题,如刑法判决的承认和执行,但是由于公法对国家的特殊重要性,公法性判决的域外效力一般难以得到国际社会的承认,所以执行管辖权多存在于国际民商事领域。举例而言,A国法院对一个涉外民商事案件作出判决后,原告(或A国法院)请求B国法院承认与执行该判决。通常情况下,出于加强在司法领域的国际合作的考虑,B国法院将按照本国民事诉讼法的规定对该请求进行审查,③并在符合条件的情况下承认和执行,以使有关的民商事争议得到妥善而圆满解决,使国际民事关系当事人的合法权益得到切实保护。此时执行管辖权的分配体现于以下两个方面:一是在B国法院不承认和执行该判决时,达到阻碍A国法院执行管辖权行使的效果;二是在B国法院承认和执行该判决时,达到认可A国法院执行管辖权行使的效果。跨国司法治理权的分配规则见图1。

---

① 《最高人民法院关于适用〈中华人民共和国涉外民事关系法律适用法〉若干问题的解释(一)》第八条规定:"有下列情形之一,涉及中华人民共和国社会公共利益、当事人不能通过约定排除适用、无需通过冲突规范指引而直接适用于涉外民事关系的法律、行政法规的规定,人民法院应当认定为涉外民事关系法律适用法第四条规定的强制性规定:(一)涉及劳动者权益保护的;(二)涉及食品或公共卫生安全的;(三)涉及环境安全的;(四)涉及外汇管制等金融安全的;(五)涉及反垄断、反倾销的;(六)应当认定为强制性规定的其他情形。"
② 参见李浩培:《国际民事诉讼概论》,法律出版社1996年版,第120页。
③ 部分国家制定了单行法规,如英国为执行外国法院判决先后通过了五个专门法令,日本也在1979年单独制定了《民事执行法》。

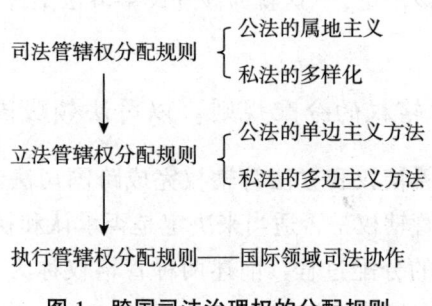

图 1 跨国司法治理权的分配规则

二、实践考察：中国法院参与国内法域外适用的现状检视

广泛的误解是，我国法院在中国法域外适用方面的司法实践还十分缺乏。① 但引入跨国司法治理权的分配这一视角后，不难发现我国法院其实一直在三种管辖权分配规则的框架下，深度参与国内法域外适用：一是行使涉外民事诉讼管辖权。我国法院依照《中华人民共和国民事诉讼法》（以下简称《民事诉讼法》）关于管辖的一般规定和涉外编的特别规定，将符合管辖标准的涉外民事诉讼纳入司法程序；② 二是行使立法管辖权，受理相关涉外民事诉讼后，在《涉外民事关系法律适用法》的指引下适用内国法或外国法，并在某些特定案件中使用单边主义的方法直接适用内国法进行裁判；三是行使执行管辖权，按照国际条约规定或互惠原则，请求外国法院承认和执行自身作出的发生法律效力的判决、裁定，或者依法审查外国法院作出的发生法律效力的判决、裁定。

（一）司法管辖权的行使

以某案为例：2004 年，编号为 MU5××0 的飞机在从包头飞往上海的过程中发生了爆炸，造成 55 人遇难。遇难者家属在境内先后提起三次赔偿起诉均未获受理。多次立案未果的情况下，遇难者家属向美国加利福尼亚州法院提起了诉讼，将加拿大庞巴迪宇航集团、中国的东方航空公

---

① 参见上海市第一中级人民法院课题组：《我国法院参与中国法域外适用法律体系建设的路径与机制构建》，载《法律适用》2021 年第 1 期。

② 参见向在胜：《中国国际民事管辖权的立法体例研究》，载《法律科学（西北政法大学学报）》2019 年第 4 期。

司以及美国的通用电气公司列为被告。

伴随国际社会经济全球化进程的加剧，国际民事争议愈发频繁，国际民事诉讼管辖权的争夺也更加激烈。"包头空难"案所反映的正是以美国为代表的英美法系国家通过更加灵活的管辖权标准实施长臂管辖，以司法管辖权的主动行使争夺跨国司法治理权的现象。回到我国涉外民商事案件管辖权的规定，主要体现在《民事诉讼法》及其相关的司法解释中，由对某些具有特别性质的涉外民商事案件由内国法院行使独占排他的专属管辖、①以涉外民商事案件与某一国地域上或者空间上的联系作为确定管辖权的一般地域管辖、②以某个涉外民商事案件与特定国家的联系作为依据行使的特殊地域管辖③和以协商一致的方式来选择管辖法院的协议管辖构成。

（二）立法管辖权的行使

以某案为例：在瑞典爱立信有限公司、爱立信（中国）有限公司滥用市场支配地位纠纷案中，④TCL方认为，爱立信方存在共同实施不公平过高定价、歧视性定价、滥用禁令请求权等垄断民事侵权行为，要求爱立信方承担垄断侵权的法律责任。法院认为，《中华人民共和国反垄断法》（以下简称《反垄断法》）第二条规定："中华人民共和国境外的垄断行为，对境内市场竞争产生排除、限制影响的，适用本法。"上述规定明确了《反垄断法》的域外适用原则。同时，上述规定也表明，垄断纠纷案件的管辖可以被诉垄断行为产生排除、限制竞争影响的结果地作为管辖连接点，因此中国法院对本案具有管辖权。

本案中，法院认为《反垄断法》第二条具备赋予中国法院对境外垄断行为产生的涉外民事诉讼以管辖权和排除法律选择，直接适用中国法裁判的双重法律功能，但这种解释值得商榷。司法管辖权的行使依据来源于《民事诉讼法》涉外编规定的特殊地域管辖制度，即爱立信方实施不公平过高定价、歧视性定价、滥用禁令请求权等滥用市场支配地位行为，可能对TCL方参与国内相关市场的竞争能力造成直接、实质、显著

---

① 参见《民事诉讼法》第三十四条、第二百七十九条。
② 参见《民事诉讼法》第二十二条。
③ 参见《民事诉讼法》第三十五条。
④ 参见（2019）最高法知民辖终32号民事裁定书。

地排除与限制竞争效果，故 TCL 深圳公司住所地广东省深圳市可以作为本案侵权结果发生地，当地法院应当取得管辖权。《反垄断法》第二条在法律性质上属于前文所提到的直接适用的法，既事关社会公共利益，且不能由当事人不能约定排除，也无须通过冲突规范指引确定准据法，并应直接适用。

由于在立法管辖权行使过程中，多边主义框架下内国法与外国法处于平等状态，本身即具有涉外适用的属性，一经冲突法指引就可以作为涉外纠纷的准据法予以适用，所以为了保护法院地国公共利益，在特别领域排除外国法适用，直接适用的法作为多边主义方法框架下的例外被大多数国家规定。笔者认为，这一制度在我国审判实践中运行过程中也存在一些问题：一是对直接适用的法的调整方式存在误解。在实践中出现了依据《涉外民事关系法律适用法》第四条援引有关法律中的冲突规范，进而又依据冲突规范确定案件准据法的现象。二是对直接适用的法所指的"强制性规定"的范围未能准确把握。存在将国际条约优先适用条款等其他法律规定误作为强制性规定适用的情形。三是把直接适用的法与相关国际私法概念混淆运用。部分法院出现了在理应运用直接适用的法时却最终援引公共秩序保留或法律规避排除外国法的适用，或者在案件裁判说理部分将直接适用的法与公共秩序保留或法律规避混淆论述。

（三）执行管辖权的行使

以某案为例：在高尔集团因与江苏省纺织工业（集团）进出口有限公司（以下简称省纺织公司）买卖合同纠纷案中，新加坡共和国高等法院 2015 年作出 013 号判决，判令省纺织公司偿付 35 万美元及相应利息。因省纺织公司不予理会，且省纺织公司及其财产均在中国境内，高尔集团请求南京市中级人民法院对新加坡法院的判决予以承认和执行。南京市中级人民法院认为，我国与新加坡共和国之间并未地接或者共同参与关于相互承认和执行生效裁判文书的国际条约，但由于新加坡共和国高等法院曾于 2014 年对我国苏州中院的民事判决进行了执行，根据互惠原则，我国法院可以对符合条件的新加坡法院的民事判决予以承认和执行，于是作出裁定，承认和执行新加坡共和国高等法院的 013 号民事判决。①

按照《民事诉讼法》及相关司法解释的规定，我国承认和执行外国法院判决主要是依据国际条约的相关规定和互惠原则。根据公开信息，我国与外国签署的 33 个民商事司法协助条约中包括相互承认和执行法院判决的规定，而我国与新加坡、韩国、比利时和泰国签订的双边民商事司法协助条约中未包括该相互承认和执行法院判决的内容。② 正因为我国目前签订的民商事司法协助条约数量有限，且美国、日本等与我国经贸往来最密切的国家并未与我国签订民商事司法协助条约，所以互惠原则成为我国司法实践中的核心问题。

在法律文件层面上，中国政府结合"一带一路"倡议，陆续出台一系列法律政策，旨在增强与国际的司法互信、积极促进外国判决在承认与执行领域中互惠关系，如最高人民法院颁布的《关于人民法院进一步为"一带一路"建设提供司法服务和保障建议的意见》首次提出"推定互惠"，由被申请人举证互惠关系不能成立的案例，承担举证不能的责任。在司法实践层面上，中国法院坚持共商共建共享，通过履行国际条约义务、倡导"推定互惠"原则，有力促进了判决承认和执行的国际合作。在表 1 列明的 5 个案件中，有的案件来自尚未与中国签订司法协助条约的国家法院，但没有一个案件是因法院认为不存在互惠关系而驳回申请人的承认和执行申请。不仅如此，制度上，为积极促成互惠关系，中国法院在司法程序上减轻申请人对于互惠原则的举证责任。此前，互惠关系的存在依赖于申请人向法院举证证明被请求国存在承认和执行我国法院生效裁判的先例。在"海湾发展集团有限公司案"中，我国法院未要求申请人举出新加坡法院承认和执行我国法院判决的证据，法院仅在裁定书中概括地指出"依照《民事诉讼法》第 282 条的规定，我国法院可以按照互惠原则进行审查，对符合条件的新加坡共和国作出的民事判决可予以承认"。显然，中国法院的上述做法是最高人民法院司法文件中"推定互惠""主动施惠"原则在司法实践中的具体体现。

---

① 参见（2016）苏 01 协外认 3 号。
② 参见徐冬根：《国际私法案例百选》，高等教育出版社 2019 年版，第 350 页。

表1 2018-2020年我国法院承认和执行外国法院判决典型案例

序号	裁定文书号	申请人	审理法院	结果与理由
1	（2017）苏02协外认1号之二	无锡渚社印染有限公司	无锡市中级人民法院	驳回：外国判决不具有终局性
2	（2018）浙02协外认6号	温某川	宁波市中级人民法院院	承认与执行：依据互惠关系
3	（2019）沪01协外认17号	彼克托株式会社	上海市第一中级人民法院	承认与执行：依据互惠关系
4	（2018）粤03民初420号	AMC公司	深圳市中级人民法院	驳回：申请人已基于同一争议向我国法院提起诉讼
5	（2017）浙03协外认7号	海湾发展集团有限公司	温州市中级人民法院	承认：依据互惠关系

三、路径构建：三种管辖权制度的完善方案

（一）司法管辖权制度之完善：秉持积极管辖理念

司法管辖权是法院参与全球治理的基石，也是参与跨国司法治理权分配的前提。长期以来，涉我国企业的跨境纠纷一直呈现"选择境外仲裁或诉讼多，选择境内诉讼少"的局面，这固然是商业谈判博弈的结果，但也从侧面说明我国司法管辖权以及配套的诉讼程序之吸引力尚有待提升。由于司法管辖权的分配规则自由度较高，也不存在国际法限制，所以我国在遵守国际法的前提下，秉持积极管辖理念，利用内国司法资源维护海外利益应当是未来完善司法管辖权制度的基本方向。①

一是增加"适当联系"标准作为国际管辖权基础，适度扩大保护性管辖，同时兼顾国际礼让。目前，《民事诉讼法》规定的六个连接点覆盖面过窄，不能完全适应我国开放型经济发展的需要。以"可供扣押财产所在地"这一连接点为例，司法实践中出现英属维尔京群岛、开曼群岛等地注册的离岸公司，形式上在我国境内无可供扣押财产，但其主要实体财产在我国境内，通过多层级的全资持股结构由该离岸公司间接持有，

---

① 参见刘敬东：《大国司法：中国国际民事诉讼制度之重构》，载《法学》2016年第7期。

因不满足"可供扣押财产所在地"这一连接点,在不具有其他连接点情况下,我国法院往往难以对其行使管辖权。尽管美国的"最低限度联系"标准过度行使管辖权,受到不少诟病,但其提出的"联系说"以及法院在涉外管辖权上具有一定自由裁量空间的思路,值得未来《民事诉讼法》修改时审视和借鉴。

二是尊重当事人意思自治,逐步放宽涉外协议管辖的限制。要求选择法院与争议有实际联系,实质上将导致排除中立法院管辖的可能性,其不利于双方当事人达成国际交易的契约。2005年《协议选择法院公约》没有要求协议选择法院条款必须满足法院与争议具有实际联系的条件,代表了国际社会放宽协议管辖限制的趋向。在方式选择上,可以在自由贸易实验区进行试点改革,探索尊重当事人意思自治,尽可能实现当事人协议选择法院的预期的规定,可以在司法实践中积累经验后,修改民事诉讼法时予以吸收。

三是应适当调整专属管辖制度。可以适当扩大涉外民商事司法管辖权的"负面清单"制度,将我国具有核心保护利益或不适宜交由当事人意思自治选择境外法院管辖的事项,纳入专属管辖范畴。例如因自然人的法律地位和能力产生的纠纷、涉国内登记事项的纠纷、反不正当竞争纠纷、除著作权和邻接权以外的其他知识产权效力纠纷等。

(二)立法管辖权制度之完善:扩充"直接适用的法"范围

私法领域的立法管辖权分配规则以多边主义方法为基础,为了构建符合国际竞争需要、对抗外国法院不当管辖趋势的立法管辖权制度,需要利用好单边主义方法,即直接适用的法这一工具。

从立法现状来看,我国确定可以在涉外民商事领域直接适用的强制性规范主要分布在涉外担保领域、外汇管理领域以及劳动关系领域。尤其是涉外担保和外汇管理,因为这两个领域切实关系到我国的经济社会秩序,属于"直接适用的法"制度立法目的中"保护重大国家、社会利益"的范畴,是为了实现重大社会利益而存在的。《反垄断法》《证券法》明确自身作为强制适用规范后,《期货和衍生品法》也明确了自身作为直接适用的法的地位。一方面,这表明公益要素随着社会的发展和变迁也在不断演变,每一个时期所要保护的社会利益都具有其时代的烙印和特征，正是由于直接适用的强制性规范保护的是国家的社会利益，在这种公益要素的判断上就显得尤为重要；另一方面，也证明了直接适用的法制度以法律的明示为适用前提，为了扩充这一制度的适用范围，在部分公法规范和私法规范混合的部门法中，有必要直接确定法律的域外适用效力，为法院适用单边主义方法，保护我国的社会公共利益提供直接依据。

（三）执行管辖权制度之完善：加大国际司法协助力度

我国《民事诉讼法》仅有两个条文调整外国判决的承认和执行问题，有必要予以增设。除要求外国法院判决不得违反我国专属管辖制度外，列举模式的管辖权标准清晰，具有较强的中立性、客观性和可操作性，不仅能够有效保护本国利益，也比较容易为各国所接受。如在《中华人民共和国最高人民法院和新加坡共和国最高法院关于承认和执行商事案件金钱判决的指导备忘录》即采取了列举式的间接管辖权审查标准。

笔者建议未来民事诉讼法修改时，具体可作如下规定："作出判决的外国法院，符合下列情形之一的，人民法院应当认定其对案件具有管辖权：（1）原告提起诉讼时，被告的住所地或经常居住地在该国境内；（2）被告因其商业活动被提起诉讼时，在该国境内设有代表机构，或者被告在该国境内设有分支机构，而该诉讼是由该分支的商业活动引起的；（3）在涉及合同或者财产权益的案件中，当事人以书面方式明示接受该法院的管辖，或者在原告提起诉讼后被告就争议的实质问题进行了答辩，且未就管辖权提出异议；（4）在物权纠纷案件中，诉讼标的物在原告提起诉讼时位于该国境内；（5）在合同纠纷或其他财产权益纠纷中，合同在该国境内签订，或者已经或应该在该国境内履行，或者诉讼标的物在该国境内；（6）在合同外的侵权案件中，侵权行为地在该国境内；（7）在继承案件中，被继承人死亡时的住所、惯常居所或者遗产在该国境内；（8）在反诉案件中，作出判决的法院对本诉有管辖权；（9）根据我国法律，该外国法院对案件具有管辖权的其他情形。但外国法院管辖权的行使不得与我国法律关于专属管辖的规定相抵触。"

四、结语

全球治理是一个复杂综合的体系，是一个多元行为体参与的全球合作治理模式。① 法院参与中国法域外适用的法律体系建设的路径构建,既不能脱离司法的本质属性和基本功能,同时也要在跨国司法治理权分配规则和国际法限制下综合考察。总体来说,国际法对于司法、立法和执行管辖权分配规则的限制呈现逐级递增状态,故对于司法管辖权尽可以柔化管辖标准,实现"应管尽管";对于立法管辖权则应该妥善利用直接适用的法这一制度在保护国际社会秩序和公共利益层面的作用,小心创设国际司法体系下的单边方法;对于执行管辖权则应该以互惠原则为中心,实现国际私法协作领域的和谐。

---

① 参见吴志成:《全球治理对国家治理的影响》,载《中国社会科学》2016年第6期。

【信息与资料】

中国法院适用国际条约的实践
——以跨境民商事争议为视角

沈红雨[*]

习近平主席深刻指出:"各国和国际司法机构应该共同维护国际法和国际秩序的权威性和严肃性。"[①] 长期以来,中国法院恪守"条约必须信守"的国际法原则,确保国际规则有效遵守和实施。下面,我将围绕"中国法院适用民商事国际条约的实践"这一主题,具体从两个方面展开:一是从实务视角,简要介绍中国法院适用民商事国际条约的基本情况;二是针对涉外民商事审判适用国际条约实践中值得关注的几个问题,提出几点建议,希望法学研究的目光更多地投向国际条约履约实践的实证研究,从审判实践中总结提炼理论成果,促进和提升国际条约的履约效能。

一、中国法院适用民商事国际条约的基本情况

条约是国际法最主要的渊源,现代国际法大多是通过国际条约加以规定并体现的。条约在对外工作中具有重要作用,是中国维护和拓展国家主权、安全、发展利益,积极参与全球治理体系改革和建设的重要手段。其中,涉外民商事审判中适用的国际条约涵盖国际贸易、海事海商、航空运输、知识产权、环境保护、跨境送达与调查取证、承认和执行外

---

[*] 最高人民法院民事审判第四庭庭长,本文系其 2021 年 11 月 20 日在第六届东湖国际法律论坛上的发言。

[①] 中共中央宣传部、中央全面依法治国委员会办公室:《习近平法治思想学习纲要》,人民出版社、学习出版社 2021 年版,第 126 页。

国仲裁裁决、承认和执行外国法院判决等多个领域。中国最高人民法院一直高度重视国际条约的适用，主要采取了以下举措保障国际条约适用的准确性、稳定性和一致性。

(一) 发布司法解释和司法文件，确保国际条约的准确适用

国际贸易方面，1980年《联合国国际货物销售合同公约》（以下简称《销售合同公约》）以统一实体法的形式调整国际货物销售合同关系，减少国际贸易的法律障碍，促进国际贸易发展，堪称国际商法统一化的典范。中国于1981年签署了该公约，并于1986年交存了核准书。中国最高人民法院于1987年"以法（经）发〔1987〕34号"通知转发《对外经济贸易部关于执行联合国国际货物销售合同公约应注意的几个问题》，说明《销售合同公约》的适用条件，为中国法院准确适用《销售合同公约》提供了重要的指导意见。

涉外民事关系法律适用方面，中国最高人民法院于2012年发布"法释〔2012〕24号"《关于适用〈中华人民共和国涉外民事关系法律适用法〉若干问题的解释（一）》（该司法解释于2020年修正）。依据该司法解释第七条的规定，当事人在合同中援引尚未对中华人民共和国生效的国际条约的，人民法院可以根据该国际条约的内容确定当事人之间的权利义务，但违反中华人民共和国社会公共利益或中华人民共和国法律、行政法规强制性规定的除外。该规定首次明确了当事人在合同中援引未生效条约的性质。

海事海商方面，由于海运行业具有很强的国际性，各国为维护自身海事权益，协商制定了大量的海事条约。目前，中国加入的主要海事条约有1931年《统一船舶碰撞某些法律规定的国际公约》、1969年《国际油污损害民事责任公约》及《〈1969年国际油污损害民事责任公约〉1992年议定书》、1972年《国际海上避碰规则公约》、1989年《国际救助公约》、2001年《国际燃油污染损害民事责任公约》等。中国最高人民法院于2011年发布的"法释〔2011〕14号"《关于审理船舶油污损害赔偿纠纷案件若干问题的规定》（该司法解释于2020年修正）第五条第一款、第二十一条第二款分别规定了油轮装载的持久性油类造成油污损害和油污损害赔偿责任限制基金的基金数额，应当适用《1992年国际油

污损害民事责任公约》的相关规定。

民商事司法协助方面，中国民事诉讼法采广义解释，包括送达、调查取证、承认与执行外国法院判决和仲裁裁决。例如，中国最高人民法院发布的"法释〔2013〕11号"《关于依据国际公约和双边司法协助条约办理民商事案件司法文书送达和调查取证司法协助请求的规定》（该司法解释于2020年修正）及其实施细则（法发〔2013〕6号），细化国际司法协助请求的办理程序和审查标准，对于适用《海牙送达公约》《海牙取证公约》以及双边民商事司法协助条约具有重要意义。再如，中国最高人民法院于1987年发布的"法（经）发〔1987〕5号"《关于执行我国加入的〈承认及执行外国仲裁裁决公约〉的通知》，明确适用《纽约公约》的相关问题包括互惠保留以及商事保留的含义。以"法释〔2006〕7号"发布的《最高人民法院关于适用〈中华人民共和国仲裁法〉若干问题的解释》第十一条第二款规定，涉外合同应当适用的有关国际条约中有仲裁规定的，发生合同争议时，当事人应当按照国际条约中的仲裁规定提请仲裁，据此明确了涉外仲裁协议的执行。

从2021年开始，中国最高人民法院的一项重要任务是针对涉外民商事案件适用国际条约和国际惯例的相关问题起草司法解释。在该司法解释起草过程中，得到了国际法学界各位专家学者的大力支持，在此一并致以衷心感谢！

（二）明确司法政策，强调重视国际法规则的司法立场

中国最高人民法院先后以"法发〔2015〕9号""法发〔2019〕29号"发布《关于人民法院为"一带一路"建设提供司法服务和保障的若干意见》《关于人民法院进一步为"一带一路"建设提供司法服务和保障的意见》，强调"要不断提高适用国际条约和惯例的司法能力""积极适用对我国生效的国际条约，尊重国际惯例和国际商事规则"；以"法发〔2016〕12号"发布《关于充分发挥审判职能作用为推进生态文明建设与绿色发展提供司法服务和保障的意见》，鼓励各级人民法院在环境资源审判中依法保障国际环境公约的实施。上述司法意见均是指导各级人民法院准确适用国际法规则的重要司法文件。其他更多的司法文件不再列举。

2017年6月8日召开的第2届中国—东盟大法官论坛通过成果性文件《南宁声明》，其中第七条规定："尚未缔结有关外国民商事判决承认和执行国际条约的国家，在承认与执行对方国家民商事判决的司法程序中，如对方国家的法院不存在以互惠为理由拒绝承认和执行本国民商事判决的先例，在本国国内法允许的范围内，即可推定与对方国家之间存在互惠关系。"与会各国司法机关就中方倡导的"推定互惠"达成共识，为互惠原则注入新内涵，体现了中国发挥互惠原则的积极作用鼓励司法协助的态度，对于中国法院办理承认和执行外国法院民商事判决案件具有重大指导意义。

（三）通过发布指导意见、会议纪要、指导性案例和典型案例等方式，统一对国际条约的解释

中国最高人民法院已经发布两批18个"一带一路"建设典型案例、一批涉外指导性案例，其中就包括适用《销售合同公约》《蒙特利尔公约》《纽约公约》以及民商事司法协助条约的案例。比如，中国最高人民法院审理的中国生物多样性保护与绿色发展基金会诉宁夏瑞泰科技股份有限公司环境污染公益诉讼案（指导性案例75号）中适用了联合国《生物多样性公约》。

新冠疫情期间，中国最高人民法院发布"法发〔2020〕20号"《关于依法妥善审理涉新冠疫情民事案件若干问题的指导意见（三）》，其中对《销售合同公约》第十一条和第七十九条的适用提出指导意见，明确对公约条款的解释，应当依据其用语按其上下文并参照公约的目的及宗旨所具有的通常意义，进行善意解释。该指导意见受到联合国大会的关注，并收入联合国贸法会的法规判例法系统。后续还将发布系列涉"一带一路"建设典型案例与《全国法院涉外商事海事审判工作座谈会会议纪要》，进一步明确适用有关民商事国际条约的规则。

（四）积极参与国际条约的谈判，争取国际规则制定的主动权

长期以来，中国最高人民法院一直积极参与联合国贸法会、海牙国际私法协会相关民商事国际条约和示范法等法律文件的协商谈判工作，其中包括联合国贸法会的《国际商事仲裁示范法》、投资仲裁透明度规

则、快速仲裁规则草案、国际商事调解和调解所产生的国际和解协议示范法草案、《船舶司法出售文书草案》(《北京草案》)、海牙国际私法协会的协议选择法院公约、判决项目和管辖权项目等，积极贡献司法智慧，提出中国方案，生动体现了坚持多边主义的立场。

二、涉外民商事审判适用国际条约实践中值得关注的几个问题

梳理总结当前和今后一段时期中国法院民商事审判适用国际条约的实践需要，有以下几个问题关注。希望国际法学界提供更多智识支持。

（一）中国《民法典》施行后民商事国际条约的司法适用方式

自2021年1月1日起施行的《民法典》未对国际条约的适用问题作出规定，但中国法院适用国际条约的司法实践并未停顿，这与中国法院长期以来对民商事国际条约采取直接适用的理念息息相关。主要表现在以下几个方面。

一是坚持条约必须信守、善意履行条约义务的基本原则。《联合国宪章》序言部分要求各成员国"尊重由条约与国际法其他渊源而起之义务"，1969年《维也纳条约法公约》第二十六条明确"凡在有效期内的条约对各该当事国有拘束力，必须由其善意履行"。中国司法实践一直强调上述国际法基本原则的遵守。

二是中国民商事法律对国际条约作出规定的，基本采用直接适用的方式。例如，《民法通则》第一百四十二条、《海商法》第二百六十八条、《民用航空法》（2021年修正）第一百八十四条、《票据法》（2004年修正）第九十五条、《海洋环境保护法》（2017年修正）第九十六条、《民事诉讼法》（2017年修正）第二百六十条都采取同样的立法技术。

三是中国法院适用国际条约的裁判文书涉及适用国际条约的，将条约的有关条款直接作为生效法律文书的法律依据。中国最高人民法院2015年印发的"法〔2015〕67号"《涉外商事海事裁判文书写作规范》提出，适用公约时，应当援引适用的公约具体条款，引用公约条款的顺序应置于法律、司法解释之前。因此，尽管国际法理论上对国际条约的适用有一元论、二元论的区分，从国家立法层面有将条约纳入（直接适

用）和转化（间接适用）为国内法的区分，但在中国法院涉外民商事审判实践层面，直接适用民商事国际条约的认识是相对比较一致的。对于民商事领域的国际条约被转化为国内立法的（如绝大部分知识产权领域的国际条约），此时中国法院适用的是国内立法，而不是国际条约，国际条约不直接作为裁判的法律依据，但严格执行国内法本身就是信守国际条约的体现。

（二）民商事国际条约的法律位阶

据统计，世界上191个制定成文宪法的国家中，有126个国家在宪法中规定了国际条约或国际法原则在国内的适用。中国《宪法》未就国际条约的法律位阶和国内适用问题作出规定。如前所述，《海商法》第二百六十八条、《民用航空法》（2021年修正）第一百八十四条、《票据法》（2004年修正）第九十五条、《海洋环境保护法》（2017年修正）第九十六条、《民事诉讼法》（2017年修正）第二百六十条均采取同样的适用条约原则，即规定"对我国缔结或参加的国际条约和国内法有不同规定时，除我国声明保留的条款外，适用国际条约的规定"。

至于能否在民商事领域明确一般性的国际条约优先适用规则，在《民法通则》第一百四十二条废止后开始出现争论，在司法解释起草中也出现两种观点。

一种观点认为，《民法通则》第一百四十二条自施行以来效果良好，展现了中国坚持对外开放、积极履行国际义务的良好形象，并未给国家主权、安全和发展利益带来任何负面影响，该原则应予延续，且《维也纳条约法公约》第二十七条规定"一当事国不得援引其国内法规定为理由而不履行条约"，司法审判有义务遵循国际条约优先适用原则。

另一种观点则认为，适用民商事国际条约时，应当按照条约的适用条款予以直接适用，在没有相应上位法时，不能作出民商事国际条约优先适用一般性规定。

从长期的民商事司法实践情况看，实际上并未出现按照条约缔约权的位阶与国内法律、行政法规进行法律位阶高低区分的情况。这可能与中国法院长期以来对法律、行政法规与国际条约作一致解释的原则直接相关。

（三）民商事国际条约和准据法的适用关系

这一问题比较集中体现在如何适用《销售合同公约》。该公约第六条规定："双方当事人可以不适用本公约，或在第十二条的条件下，减损本公约的任何规定或改变其效力。"依据该条规定，在公约的适用上，当事人意思自治原则体现为两方面：一是可以排除公约的适用；二是可以改变公约条款的效果。同时，依据该公约第四条规定，公约不调整销售合同及合同条款的效力、国际贸易惯例的效力以及所有权问题，以避免与各国国内强行法的冲突。目前，中国法院对《销售合同公约》自动适用、对于公约不调整的问题应适用准据法补充调整、当事人可以明示排除公约适用这三类规则已经没有争议。有争议的问题体现在：当事人明确约定了准据法，但又未明示排除公约的适用，此时是否适用默示排除公约适用规则以及应当在何种程度上适用该规则。

针对上述争议问题，在起草《全国法院涉外商事海事审判工作座谈会会议纪要》过程中，就出现三种观点：第一种观点完全不认可默示排除，主张排除适用公约必须明示；第二种观点认为，选择的准据法是公约非缔约国法律的，可以构成默示排除；第三种观点则认为，根据联合国贸法会《〈货物销售合同公约〉判例法摘要汇编》，选择某国实体法就构成默示排除，即使该实体法是公约缔约国的实体法。本人倾向认为，该公约的谈判历史文献资料表明，多数代表不阻止当事人以默示的方法排除适用公约，但同时也主张应防止法院过度轻易地断定公约被排除。默示排除规则要求法院站在主观主义的角度确定当事人的真实合意，人为增加法律适用的难度，事实上也很难根据当事人约定适用非公约缔约国法律这一事实就得出他们合意排除公约的结论，从支持公约适用的角度而言默示排除的规则应当谨慎适用。

除上面列举的三个方面的问题外，我们在审判实践调研中发现，中国法院在适用民商事条约时，不同区域人民法院的法官在司法能力上存在一定程度的不均衡。这既与中国法律体系中尚未建立国际条约适用的一般性规则有关，也有部分法官对国际条约的内容掌握程度不够等因素。展望未来，建议做好以下三个方面的工作。

一是进一步加强对国际条约适用相关理论与实务相结合的研究。例如，国际条约与国内强行法以及公共政策的关系、不同部门批准的条约之间的效力等级、国际条约能否适用于不具有涉外因素的国内民商事案件、不同国际条约的规范配置类型、《华盛顿公约》的具体实施等问题，有必要加强理论与实践的融合性研究。

二是进一步加快中国法院国际条约适用情况的案例数据库建设。中国最高人民法院已经在法信数据库中收录了部分适用国际条约的案例，将不断完善。系统完整的数据库，不仅方便涉外民商事法官准确高效地查明和适用国际条约，也有利于学术界深入研究国际条约的履行情况，充分展示中国法院坚定践行国际法的良好形象。

三是进一步加强涉外民商事法官的培训和交流。除人民法院系统内部培训外，还应进一步加强人民法院与仲裁机构之间、司法实务界与理论界之间的沟通和交流，集思广益，取长补短，增进对国际条约基本理论的共识，提升国际条约适用与解释的一致性。

在新时代新征程上，中国法院将坚持以习近平新时代中国特色社会主义思想为指导，深入贯彻习近平法治思想，深刻领悟"两个确立"的决定性意义，增强"四个意识"、坚定"四个自信"、做到"两个维护"，坚持统筹推进国内法治和涉外法治，恪守条约义务，维护以国际法为基础的国际秩序，完善国际法治，为司法服务保障高质量共建"一带一路"、推动构建人类命运共同体作出新的贡献！

中国审判指导丛书
—— 各级人民法院审判工作权威参考指导用书

《刑事审判参考》：最高人民法院刑事审判第一庭、第二庭、第三庭、第四庭、第五庭共同主办。自 2021 年起，丛书由人民法院出版社出版发行，作为《中国审判指导丛书》的重要组成部分。丛书自 1999 年 4 月创办以来，秉承立足实践、突出实用、重在指导、体现权威的编辑宗旨，在编辑委员会成员、作者和读者的共同努力下，密切联系刑事司法实践，为刑事司法人员提供了有针对性和权威性的业务指导和参考，受到刑事司法工作人员和刑事法律教学、研究人员的广泛欢迎。丛书主要收录指导案例、刑事司法规范及其理解与适用、刑事政策及其解读、理论前沿、实务探讨、编辑部答疑、经验交流、疑案争鸣等内容。2021 年，作者将对丛书的体例、栏目设置及相关内容等进行完善和提升，力求以全新的面貌将更权威、实用的内容展现给读者。全年 6 辑，每辑 68.00 元，共 408.00 元。

《民事审判指导与参考》：最高人民法院民事审判第一庭编。丛书收录最高人民法院关于民事审判工作的司法解释及其理解与适用、指导意见和最新政策精神及其解读、民事审判会议纪要、最高人民法院典型案例评析、示范性裁判文书、实务研讨、理论研究、各地方法院经验交流等内容，旨在传播最高人民法院和地方各级人民法院的优秀民事审判工作经验，对最新疑难经典案例进行探讨与解析，提供审判实践中解决疑难问题的思路，是最高人民法院民事审判第一庭履行对下指导职责的工作平台。全年 4 辑，每辑 68.00 元，共 272.00 元。

《商事审判指导》：最高人民法院民事审判第二庭编。丛书刊登最高人民法院关于商事审判工作的指导意见、司法解释及其理解与适用、典型案例评析文章、示范性裁判文书、地方实务调研成果、理论研究文章等。丛书对各级人民法院商事审判工作具有重要指导作用和参考价值。全年 2 辑，每辑 68.00 元，共 136.00 元。

《知识产权审判指导》：最高人民法院民事审判第三庭编。丛书主要内容包括知识产权审判政策与精神、司法解释理解与适用、调研报告和案例评析，以及反映知识产权审判动态的专题论述和优秀裁判文书等。丛书对各级人民法院知识产权审判工作具有重要指导作用和参考价值。全年 2 辑，每辑 68.00 元，共 136.00 元。

《涉外商事海事审判指导》：最高人民法院民事审判第四庭编。丛书收录当年出台的司法解释、司法指导性文件以及涉外商事案件相关问题的批复和案例评析，重点收录最高人民法院对高级人民法院有关国际商事仲裁裁决司法审查法律问题请示的复函，并附有高级人民法院的请示。丛书对各级人民法院涉外商事海事审判工作具有重要指导作用和参考价值。全年 2 辑，每辑 68.00 元，共 136.00 元。

《立案工作指导》：最高人民法院立案庭编。丛书主要收录有关立案的司法解释理解与适用、各级人民法院立案工作的实践经验、调研报告和案例评析等。丛书对各级人民法院立案工作具有重要指导作用和参考价值。全年 2 辑，每辑 68.00 元，共 136.00 元。

《审判监督指导》：最高人民法院审判监督庭编。丛书主要收录关于审判监督工作的司法解释及其理解与适用、最新的政策与精神及其解读、最高人民法院案例评注、典型案例、会议纪要、优秀裁判文书、业务交流等内容。另外，还设置了审监信箱，回应全国法院审判监督工作中的疑难问题。丛书对各级人民法院审判监督工作具有重要指导作用和参考价值。全年 2 辑，每辑 68.00 元，共 136.00 元。

《中国少年司法》：最高人民法院少年法庭工作办公室编。丛书设置了有关少年司法工作的政策与精神、法官论坛、改革与探索、理论与实务研究、典型案例、裁判文书以及规范性文件等栏目。丛书的出版，旨在切实加强对少年司法工作相关问题的研究、加强对全国少年法庭工作的指导、强化相关方面的调查研究和理论探讨。丛书对各级人民法院少年审判工作、相关政法部门少年司法执法工作和有关社会组织的未成年人权益保护工作，都有重要的指导作用。全年 4 辑，每辑 68.00 元，共 272.00 元。

《执行工作指导》：最高人民法院执行局编。丛书对我国目前执行工作中的重点、热点和难点问题，从不同角度进行理论研究和实践经验的提炼与总结；同时，丛书紧紧围绕最高人民法院执行工作大局，紧密结合执行工作理论与实践，为全国广大法官以及其他法律职业者提供及时、权威的执行工作业务指导和参考，对正确理解相关规定、统一执法标准和破解执行难问题具有重要指导作用。全年 4 辑，每辑 68.00 元，共 272.00 元。

《国家赔偿与司法救助办案指导》：最高人民法院赔偿委员会办公室编。编委会成员分别由全国人大法工委国家法室、最高人民法院赔偿委员会办公室、最高人民检察院刑事申诉检察厅、公安部法制局、司法部法制司、财政部条法司等部委工作人员组成，收录了国家赔偿与司法救助相关的政策、法律法规、司法解释及其理解与适用，有普遍指导意义的请示案件及其答复，重大新型疑难案例评析，国家赔偿理论与实务研究，国家赔偿工作调研报告，地方国家赔偿工作动态等内容，集中反映最高人民法院、最高人民检察院等单位对于国家赔偿工作重要政策、观点、理论研究和实践指导的意见，对国家赔偿与司法救助工作具有重要的指导作用和参考价值。全年 2 辑，每辑 68.00 元，共 136.00 元。

2025 年中国审判指导丛书征订单

银行汇款方式：
开户银行：工行王府井金街支行
账号：0200000709004606170
开户名称：人民法院出版社有限公司
行号：102100000072
邮箱：fysgzzz@163.com

邮局汇款方式：
邮编：100745
地址：北京市东城区东交民巷27号人民法院出版社
联系人：王玺佳 010-67550536/18601031761
　　　　靖存锴 010-67550595/18601032892
传真：010-67550541

订购单位						联系人	
联系电话						邮编	
详细地址							
电子邮箱			纳税人识别号				
代号	书名		全年辑数	定价	邮费	合计	订购份数
202510	《刑事审判参考》		六辑	408.00	61.20	469.20	
202511	《民事审判指导与参考》		四辑	272.00	40.80	312.80	
202512	《商事审判指导》		两辑	136.00	20.40	156.40	
202513	《立案工作指导》		两辑	136.00	20.40	156.40	
202514	《审判监督指导》		两辑	136.00	20.40	156.40	
202515	《知识产权审判指导》		两辑	136.00	20.40	156.40	
202516	《涉外商事海事审判指导》		两辑	136.00	20.40	156.40	
202517	《中国少年司法》		四辑	272.00	40.80	312.80	
202518	《执行工作指导》		四辑	272.00	40.80	312.80	
202519	《国家赔偿与司法救助办案指导》		两辑	136.00	20.40	156.40